学ぶ人は、
変えて
ゆく人だ。

目の前にある問題はもちろん、

人生の問いや、

社会の課題を自ら見つけ、

挑み続けるために、人は学ぶ。

「学び」で、

少しずつ世界は変えてゆける。

いつでも、どこでも、誰でも、

学ぶことができる世の中へ。

旺文社

旺文社

中学

総合的研究

改訂版

問題集

英語

旺文社

はじめに

「もっと知りたくなる気持ち」を湧き立たせる参考書として、旺文社は2006年に『中学総合的研究』の初版を刊行しました。たくさんのかたに使っていただき、お役に立てていることを心からうれしく思っています。

学習意欲を高めて、みなさんの中にあるさまざまな可能性を引き出すきっかけになることが『中学総合的研究』の役割の１つですが、得た知識を定着させ、活用できるようになるには、問題を多く解いてみることが重要です。そのお手伝いをするために『中学総合的研究』に準拠した『中学総合的研究問題集』をここに刊行するものです。

この問題集は、身につけた基礎学力をきちんと使いこなせるようになるために、易しい問題から無理なく実践問題に進んでいける段階的な構成になっています。得意な単元は実践問題から、苦手な単元は易しい問題から、というように、自分の学習レベルに応じて効率的な問題演習をすることができます。

また、近年では中学校の定期テストで知識理解、思考・判断、資料読解・活用などの観点別の問題を取り上げる学校が増えています。この問題集ではそれぞれの問題がどの観点に分類されるかがわかるようになっていますので、その問題を解くことでどのような力が身につくのかを意識しながら取り組むことができます。

ただ、問題を解いているうちに、知識不足で解けない問題が出てくるかもしれません。知識が足りないときはいつでも、『中学総合的研究』を開いてみましょう。知識が足りないと気づくこと、それを調べようとする姿勢は重要な学習の基盤です。

総合的研究本冊とこの問題集をともに使っていただければ、知識を蓄積し、その知識を駆使する力がきっと身につきます。みなさんが、その力を使って、学校の勉強だけではなく、さまざまなことに挑戦をし、みなさんの中にある可能性を広げることを願っています。

株式会社　旺文社　代表取締役社長
生駒大壱

もくじ

動詞の働き編

品詞編

いろいろな文の形編

不定詞・動名詞・分詞編

いろいろな表現編

入試予想問題編

本書の特長と使い方

STEP1 単元の基礎知識を整理

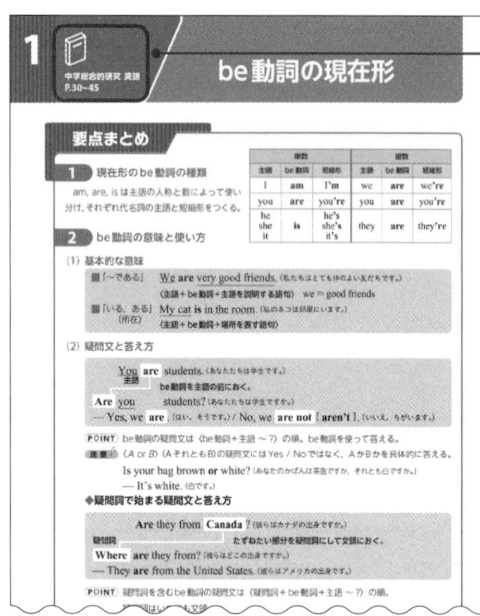

1 中学総合的研究 英語 P.30~45

be動詞の現在形

要点まとめ

1 現在形のbe動詞の種類

am, are, is は主語の人称と数によって使い分け，それぞれ代名詞の主語と短縮形をつくる。

単数			複数		
主語	be動詞	短縮形	主語	be動詞	短縮形
I	am	I'm	we	are	we're
you	are	you're	you	are	you're
he she it	is	he's she's it's	they	are	they're

2 be動詞の意味と使い方

(1) 基本的な意味

「～である」 We are very good friends.（私たちはとても仲のよい友だちです。）
〈主語＋be動詞＋主語を説明する語句〉 we = good friends

「いる，ある」（所在） My cat is in the room.（私のネコは部屋にいます。）
〈主語＋be動詞＋場所を表す語句〉

(2) 疑問文と答え方

You are students.（あなたたちは学生です。）
主語 be動詞を主語の前におく。
Are you students?（あなたたちは学生ですか。）
— Yes, we are.（はい，そうです。）/ No, we are not [aren't].（いいえ，ちがいます。）

POINT be動詞の疑問文は〈be動詞＋主語 ～?〉の順。be動詞を使って答える。

注意 〈A or B〉(AそれともB)の疑問文にはYes / Noではなく，AかBかを具体的に答える。
Is your bag brown or white?（あなたのかばんは茶色ですか，それとも白ですか。）
— It's white.（白です。）

◆疑問詞で始まる疑問文と答え方

Are they from Canada?（彼らはカナダの出身ですか。）
疑問詞 たずねたい部分を疑問詞にして文頭におく。
Where are they from?（彼らはどこの出身ですか。）
— They are from the United States.（彼らはアメリカの出身です。）

POINT 疑問詞を含むbe動詞の疑問文は〈疑問詞＋be動詞＋主語 ～?〉の順。

それぞれの章において重要な項目を整理します。

中学総合的研究 英語 P.○○

各章が「中学総合的研究 英語」のどの部分に該当するかを示しています。

STEP2 基本的な問題で確認

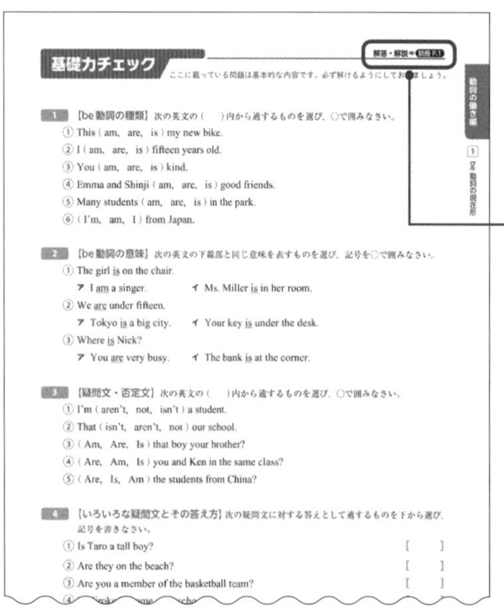

基礎力チェック

ここに載っている問題は基本的な内容です。必ず解けるようにしておきましょう。

解答・解説➡別冊P.1

動詞の働き編 1 be動詞の現在形

1 【be動詞の種類】次の英文の（ ）内から適するものを選び，○で囲みなさい。
① This (am, are, is) my new bike.
② I (am, are, is) fifteen years old.
③ You (am, are, is) kind.
④ Emma and Shinji (am, are, is) good friends.
⑤ Many students (am, are, is) in the park.
⑥ (I'm, am, I) from Japan.

2 【be動詞の意味】次の英文の下線部と同じ意味を表すものを選び，記号を○で囲みなさい。
① The girl is on the chair.
ア I am a singer. イ Ms. Miller is in her room.
② We are under fifteen.
ア Tokyo is a big city. イ Your key is under the desk.
③ Where is Nick?
ア You are very busy. イ The bank is at the corner.

3 【疑問文・否定文】次の英文の（ ）内から適するものを選び，○で囲みなさい。
① I'm (aren't, not, isn't) a student.
② That (isn't, aren't, not) our school.
③ (Am, Are, Is) that boy your brother?
④ (Are, Am, Is) you and Ken in the same class?
⑤ (Are, Is, Am) the students from China?

4 【いろいろな疑問文とその答え方】次の疑問文に対する答えとして適するものを下から選び，記号を書きなさい。
① Is Taro a tall boy? [ ]
② Are they on the beach? [ ]
③ Are you a member of the basketball team? [ ]

基本的な問題を集めた一問一答形式で，「要点まとめ」の内容が理解できているかを確認します。

解答は，別冊の解答解説に掲載されています。

「中学総合的研究問題集　英語　改訂版」は，中学３年間の英語の学習内容を網羅できる問題集です。問題がステップ別になっているので，自分の学習進度に応じて使用することができます。単元ごとに「中学総合的研究　英語　四訂版」の該当ページが掲載されており，あわせて学習することで，より理解を深めることができます。

STEP3 実践的な問題形式で確認

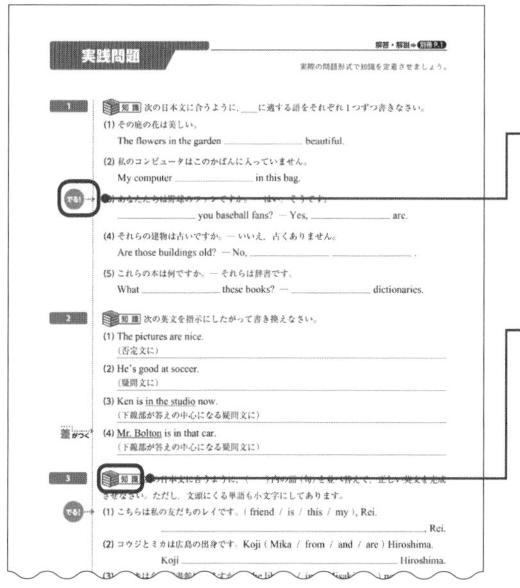

実際の定期テストや入試問題にあわせた形式の問題を掲載しています。

問題の出題頻度を示します。

でる！… 定期テストレベルで問われやすい，重要問題につきます。

差がつく… 難易度の高い問題につきます。

それぞれの問題で必要な力を示します。
これは，観点別評価の観点にもとづいています。

知識　英単語などを正しく使える力。

表現　考えや意見，気持ちなどを書く力。

理解　文章の内容などを読み取る力。

01　各章末にあるリスニング問題です。数字はトラック番号を示しています。

STEP4 入試予想問題で力試し

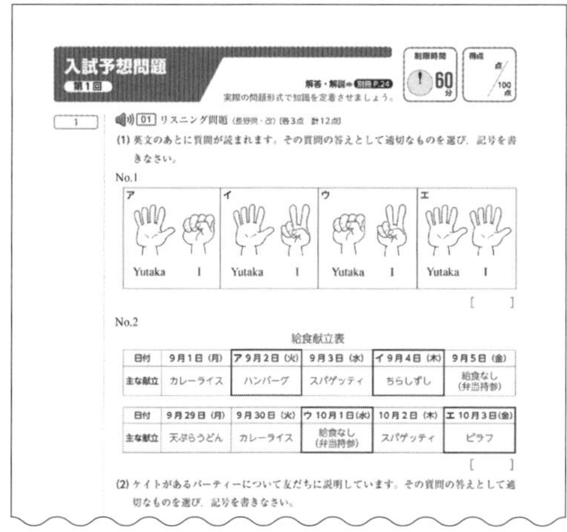

実際の入試問題を想定したオリジナル問題です。入試本番に向けて，力試しをしてみましょう。

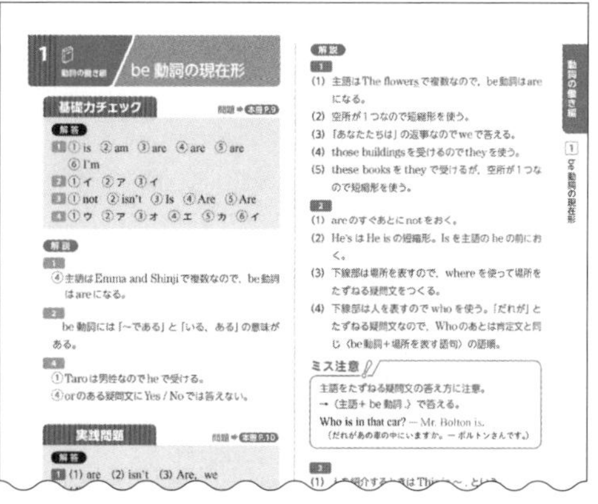

「基礎力チェック」「実践問題」「入試予想問題」の解答・解説は別冊を確認しましょう。

音声について

音声を聞くには下記の専用サイトにアクセスし，この本を選択してください。
https://www.obunsha.co.jp/service/chusoken/

［**収録内容**］
01 のついている次の英語の音声を聞くことができます。
数字は，音声の番号を表しています。

・各章末にあるリスニング問題
・入試予想問題（第１回，第２回）

次の２つの方法からご利用になりたい方法を選択し，画面の指示にしたがってください。

●ダウンロード
すべての音声がダウンロードできる「DOWNLOAD」ボタンをクリックし，ダウンロードしてください。MP3形式の音声ファイルはZIP形式にまとめられています。ファイルを解凍して，オーディオプレーヤーなどで再生してください。くわしい手順はサイト上の説明をご参照ください。

●ストリーミング
聞きたい音声を選択すると，データをインターネットから読み込んで，ストリーミング再生します。こちらの方法では，機械内に音声ファイルが保存されません。再生をするたびにデータをインターネットから読み込みますので，通信量にご注意ください。

注意！
●ダウンロード音声の再生には，MP3ファイルが再生できる機器が必要です。
●スマートフォンやタブレットでは音声ファイルをダウンロードできません。パソコンで音声ファイルをダウンロードしてから機器に転送するか，ストリーミング再生をご利用ください。
●デジタルオーディオプレーヤーへの音声ファイルの転送方法は，各製品の取扱説明書やヘルプをご参照ください。
●ご使用機器，音声再生ソフトなどに関する技術的なご質問は，ハードメーカーもしくはソフトメーカーにお願いします。
●本サービスは予告なく終了することがあります。

監修者紹介

桐朋中学校・桐朋高等学校教諭
秋山安弘

敬愛大学　英語教育開発センター長　国際学部国際学科教授
向後秀明

スタッフ一覧

編集協力 / 株式会社オルタナプロ
校正 / 石川道子，入江泉，敦賀亜希子，山本知子，株式会社東京出版サービスセンター，Jason Andrew Chau
本文デザイン / 平川ひとみ（及川真咲デザイン事務所）　装丁デザイン / 内津剛（及川真咲デザイン事務所）
本文イラスト / 佐藤修一　録音 / ユニバ合同会社
ナレーター / Bianca Allen，Greg Dale，Jenny Skidmore，渡部紗弓

動詞の働き編

1

中学総合的研究 英語
P.30~45

be動詞の現在形

要点まとめ

1 現在形のbe動詞の種類

am, are, is は主語の人称と数によって使い分け，それぞれ代名詞の主語と短縮形をつくる。

単数			複数		
主語	be 動詞	短縮形	主語	be 動詞	短縮形
I	**am**	I'**m**	we	**are**	we'**re**
you	**are**	you'**re**	you	**are**	you'**re**
he she it	**is**	he'**s** she'**s** it'**s**	they	**are**	they'**re**

2 be動詞の意味と使い方

(1) 基本的な意味

■「～である」 We **are** very good friends.（私たちはとても仲のよい友だちです。）
〈主語＋be動詞＋主語を説明する語句〉 we ＝ very good friends

■「いる，ある」（所在） My cat **is** in the room.（私のネコは部屋にいます。）
〈主語＋be動詞＋場所を表す語句〉

(2) 疑問文と答え方

You **are** students.（あなたたちは学生です。）
主語

be動詞を主語の前におく。

Are you students?（あなたたちは学生ですか。）
— Yes, we **are**.（はい，そうです。）/ No, we **are not** [**aren't**].（いいえ，ちがいます。）

POINT be動詞の疑問文は〈be動詞＋主語 ～?〉の順。be動詞を使って答える。

注意 〈*A* or *B*〉（AそれともB）の疑問文にはYes / Noではなく，AかBかを具体的に答える。

Is your bag brown **or** white?（あなたのかばんは茶色ですか，それとも白ですか。）
— It's white.（白です。）

◆疑問詞で始まる疑問文と答え方

Are they from **Canada**?（彼らはカナダの出身ですか。）

疑問詞

たずねたい部分を疑問詞にして文頭におく。

Where **are** they from?（彼らはどこの出身ですか。）
— They **are** from the United States.（彼らはアメリカの出身です。）

POINT 疑問詞を含むbe動詞の疑問文は〈疑問詞＋be動詞＋主語 ～?〉の順。

(3) 否定文

She **is** a student.（彼女は学生です。）

be動詞のすぐあとにnotをおく。

She **is** **not** a student.（彼女は学生ではありません。）

POINT 〈主語＋be動詞＋not ～.〉の順。

be 動詞と not の短縮形
is not ➡ **isn't**
are not ➡ **aren't**
※ am not は短縮しない。

基礎力チェック

ここに載っている問題は基本的な内容です。必ず解けるようにしておきましょう。

1 【be 動詞の種類】次の英文の（　　）内から適するものを選び，○で囲みなさい。

① This (am, are, is) my new bike.
② I (am, are, is) fifteen years old.
③ You (am, are, is) kind.
④ Emma and Shinji (am, are, is) good friends.
⑤ Many students (am, are, is) in the park.
⑥ (I'm, am, I) from Japan.

2 【be 動詞の意味】次の英文の下線部と同じ意味を表すものを選び，記号を○で囲みなさい。

① The girl <u>is</u> on the chair.
ア I <u>am</u> a singer.　イ Ms. Miller <u>is</u> in her room.
② We <u>are</u> under fifteen.
ア Tokyo <u>is</u> a big city.　イ Your key <u>is</u> under the desk.
③ Where <u>is</u> Nick?
ア You <u>are</u> very busy.　イ The bank <u>is</u> at the corner.

3 【疑問文・否定文】次の英文の（　　）内から適するものを選び，○で囲みなさい。

① I'm (aren't, not, isn't) a student.
② That (isn't, aren't, not) our school.
③ (Am, Are, Is) that boy your brother?
④ (Are, Am, Is) you and Ken in the same class?
⑤ (Are, Is, Am) the students from China?

4 【いろいろな疑問文とその答え方】次の疑問文に対する答えとして適するものを下から選び，記号を書きなさい。

① Is Taro a tall boy?　[　　]
② Are they on the beach?　[　　]
③ Are you a member of the basketball team?　[　　]
④ Is Hiroko at home or at school?　[　　]
⑤ How are you today?　[　　]
⑥ What's your favorite food?　[　　]

ア Yes, they are.　イ It's pizza.　ウ Yes, he is.
エ She's at school.　オ No, I'm not.　カ I'm great.

解答・解説➡別冊 P.1

実践問題

実際の問題形式で知識を定着させましょう。

1 知識 次の日本文に合うように，____に適する語をそれぞれ1つずつ書きなさい。

(1) その庭の花は美しい。
The flowers in the garden ________ beautiful.

(2) 私のコンピュータはこのかばんに入っていません。
My computer ________ in this bag.

(3) あなたたちは野球のファンですか。— はい，そうです。
________ you baseball fans? — Yes, ________ are.

(4) それらの建物は古いですか。— いいえ，古くありません。
Are those buildings old? — No, ________ ________ .

(5) これらの本は何ですか。— それらは辞書です。
What ________ these books? — ________ dictionaries.

2 知識 次の英文を指示にしたがって書き換えなさい。

(1) The pictures are nice.（否定文に）

____

でる!
(2) He's good at soccer.（疑問文に）

____

(3) Ken is <u>in the studio</u> now.（下線部が答えの中心になる疑問文に）

____

差がつく
(4) <u>Mr. Bolton</u> is in that car.（下線部が答えの中心になる疑問文に）

____

3 知識 次の日本文に合うように，(　　)内の語(句)を並べ替えて，正しい英文を完成させなさい。ただし，文頭にくる単語も小文字にしてあります。

でる!
(1) こちらは私の友だちのレイです。(friend / is / this / my), Rei.
________________________________, Rei.

(2) コウジとミカは広島の出身です。Koji (Mika / from / and / are) Hiroshima.
Koji ________________________________ Hiroshima.

(3) ミサキは今，図書館にいますか。(the library / in / Misaki / is) now?
________________________________ now?

(4) あの男の子はポールではありません。(is / boy / that / not) Paul.
________________________________ Paul.

(5) あなたの誕生日はいつですか。(your / is / when / birthday)?
________________________________?

4

表現 アユミの学校ではホームページに学校の紹介文を英語でのせることになりました。アユミが担当する項目と内容は，右のメモのとおりです。

	項目	内容
(1)	学校の位置	山中駅（Yamanaka Station）の近くにある
(2)	学校の創立	50年前

あなたがアユミなら，(1)・(2) の各項目の ☐ 内の内容をどのように英語で表しますか。それぞれ6語以上の英文を書きなさい。ただし，I'm などの短縮形は1語として数え，コンマ (,)，ピリオド (.) などは語数に入れません。なお，(1) で Yamanaka Station は2語として数えます。〈三重県・改〉

(1) ______________________________

(2) ______________________________

5

次の会話文を読んで，あとの問いに答えなさい。

Lee　: Hello, Nick.
Nick　: Hi, Lee. Lee, this is my friend Nicole. Nicole, this is my friend Lee.
Nicole: Nice to meet you, Lee.
Lee　: Nice to meet you too, Nicole. Are you from the United States?
Nicole: No, I'm not. I'm from Canada. <u>How about you?</u>
Lee　: I'm from China. Well, do you live near the school?
Nicole: Yes. I live in the dormitory. It's five minutes' walk from the school.

(注) dormitory：寮　～ minutes' walk：歩いて～分

(1) 知識 下線部をほぼ同じ意味の文に書き換えるとき，＿＿に適する語をそれぞれ1つずつ書きなさい。

Where ______________ you ______________ ?

(2) 理解 本文の内容に合うものを選び，記号を書きなさい。

ア Nick is Nicole's brother.
イ Nicole is from the United States.
ウ Lee and Nick are friends.
エ Nicole's house isn't near the school.　[　　]

6

01 新しいALT（外国語指導助手）のグリーン先生の自己紹介のあとに，No.1～3の質問が読まれます。その答えとして適するものを選び，記号を書きなさい。

No.1　ア Canada.　イ Australia.　ウ America.　[　　]
No.2　ア Tennis.　イ Swimming.　ウ Golf.　[　　]
No.3　ア Japanese language.
　　　イ Japanese food.
　　　ウ Japanese history.　[　　]

2

中学総合的研究 英語
P.46~63

一般動詞の現在形

要点まとめ

1 一般動詞の現在形と変化のしかた

I <u>**live**</u> in Sydney.（私はシドニーに住んでいます。）
Ron <u>**lives**</u> in Sydney.（ロンはシドニーに住んでいます。）

POINT 主語が3人称単数のとき，現在形の動詞には語尾に-(e)sをつける。

	3人称単数現在のつくり方	例
通常	-sをつける	know → know**s**
語尾が-s，-sh，-ch，-x，-oの動詞	-esをつける	watch → watch**es**
〈子音字＋y〉で終わる動詞	yをiに変えて-esをつける	study → stud**ies**

注意 haveだけは特別で，形が変わる。 have→**has**

2 一般動詞の種類と使い方

(1) 自動詞と他動詞

■ 自動詞…あとに目的語（「〜を」）を必要としない動詞
■ 他動詞…あとに目的語が必要な動詞

(2) 疑問文と答え方

You **play** tennis.（あなたはテニスをします。）
最初にDoをおき，〈主語＋動詞の原形〉を続ける。
Do you **play** tennis?（あなたはテニスをしますか。）
— Yes, I **do**.（はい，します。）／ No, I **do not** [**don't**].（いいえ，しません。）

POINT 一般動詞の疑問文は〈Do＋主語＋動詞の原形 〜?〉の順。答えではdoを使う。
注意 主語が3人称単数のときは〈Does＋主語＋動詞の原形 〜?〉。答えではdoesを使う。
Does Mark <u>play</u> tennis?（マークはテニスをしますか。）
— Yes, he **does**.（はい，します。）／ No, he **does not**[**doesn't**].（いいえ，しません。）

(3) 否定文

I **like** chocolates.（私はチョコレートが好きです。）
動詞の前にdo not[don't]をおき，動詞の原形を続ける。
I **do not** [**don't**] <u>like</u> chocolates.（私はチョコレートが好きではありません。）

POINT 一般動詞の否定文は〈主語＋do not[don't]＋動詞の原形 〜.〉の順。
注意 主語が3人称単数のとき，does not[doesn't]のあとに動詞の原形がくるので注意。
Rina **does not**[**doesn't**] <u>like</u> coffee.（リナはコーヒーが好きではありません。）

解答・解説➡別冊 P.2

基礎力チェック

ここに載っている問題は基本的な内容です。必ず解けるようにしておきましょう。

1 【一般動詞の現在形】次の英文の（　）内から適するものを選び，○で囲みなさい。

① I (read,　reads) the newspaper every day.

② My mother (go,　goes) to work by train.

③ We (stay,　stays) with our grandfather during the summer vacation.

④ That bird (cry,　cries) early in the morning.

2 【3人称単数現在】次の動詞の3人称単数現在を書きなさい。

① write ＿＿＿＿＿＿　② carry ＿＿＿＿＿＿　③ teach ＿＿＿＿＿＿

④ say ＿＿＿＿＿＿　⑤ do ＿＿＿＿＿＿　⑥ have ＿＿＿＿＿＿

3 【s, es の発音】次の語の下線部を，[s] と発音するものには A，[z] と発音するものには B，[iz] と発音するものには C を［　］に書きなさい。

① help<u>s</u> [　　]　② wash<u>es</u> [　　]　③ play<u>s</u> [　　]

④ see<u>s</u> [　　]　⑤ us<u>es</u> [　　]　⑥ visit<u>s</u> [　　]

4 【疑問文・否定文】次の英文の（　）内から適するものを選び，○で囲みなさい。

① (Do,　Does,　Are) you know that tall player?

② (Do,　Does,　Is) this bus go to City Hall?

③ Does your brother (stay,　stays) at home now?

④ When (do,　does,　are) you do your homework?

⑤ I (do,　does,　am) not like snakes.

⑥ Fred doesn't (use,　uses) the Internet.

5 【疑問文と答え方】次の疑問文に対する答えとして適するものを選び，記号を○で囲みなさい。

① Do you enjoy any sports?

ア Yes, I do.　イ Yes, I am.　ウ No, you don't.

② Does your sister often go shopping with you?

ア No, she isn't.　イ No, she doesn't.　ウ No, I don't.

③ Where do you practice baseball?

ア Yes, we do.　イ No.　We like it.　ウ We practice it in the school yard.

④ Who cleans the kitchen?

ア Joan is.　イ Joan does.　ウ She's Joan.

解答・解説➡別冊 P.2

実践問題

実際の問題形式で知識を定着させましょう。

1

知識 次の(　　)内の語を現在形に変えて，＿＿に書きなさい。変える必要がなければ，そのままの形を書きなさい。

(1) I ＿＿＿＿＿＿ basketball every day. (play)

(2) The museum usually ＿＿＿＿＿＿ at eight. (close)

(3) Ken and Mary ＿＿＿＿＿＿ in the park on Sundays. (run)

(4) David ＿＿＿＿＿＿ a big dog. (have)

(5) My brother doesn't ＿＿＿＿＿＿ a smartphone. (want)

(6) Why does Lucy ＿＿＿＿＿＿ to the park every morning? (go)

2

知識 次の日本文に合うように，＿＿に適する語をそれぞれ1つずつ書きなさい。

(1) 世界中の多くの人がこの歌を歌います。
Many people around the world ＿＿＿＿＿＿ this song.

(2) ベイカーさんを待ちましょう。
Let's ＿＿＿＿＿＿ ＿＿＿＿＿＿ Mr. Baker.

でる!… (3) マキは私の宿題を手伝ってくれます。
Maki ＿＿＿＿＿＿ ＿＿＿＿＿＿ with my homework.

(4) 私は肉があまり好きではありません。
I ＿＿＿＿＿＿ ＿＿＿＿＿＿ meat very much.

(5) あなたのお姉さんはピアノを弾きますか。— はい，弾きます。
＿＿＿＿＿＿ your sister play the piano? — Yes, she ＿＿＿＿＿＿.

でる!… (6) あなたは自由な時間に何をしますか。— テレビを見ます。
＿＿＿＿＿＿ ＿＿＿＿＿＿ you do in your free time? — I watch TV.

3

でる!…

知識 次の英文を指示にしたがって書き換えなさい。

(1) <u>I</u> study English hard. (下線部をMy brotherに変えて)

＿＿＿＿＿＿＿＿＿＿＿＿＿＿＿＿＿＿＿＿＿＿＿＿

(2) You often take pictures. (疑問文に)

＿＿＿＿＿＿＿＿＿＿＿＿＿＿＿＿＿＿＿＿＿＿＿＿

(3) Azusa knows my phone number. (否定文に)

＿＿＿＿＿＿＿＿＿＿＿＿＿＿＿＿＿＿＿＿＿＿＿＿

(4) Kei has <u>two</u> birds. (下線部が答えの中心になる疑問文に)

＿＿＿＿＿＿＿＿＿＿＿＿＿＿＿＿＿＿＿＿＿＿＿＿

(5) <u>Mike</u> uses this room. (下線部が答えの中心になる疑問文に)

＿＿＿＿＿＿＿＿＿＿＿＿＿＿＿＿＿＿＿＿＿＿＿＿

4 知識 次の各組の英文がほぼ同じ意味になるように，____に適する語を書きなさい。

(1) My parents are in Fukuoka now.
My parents ________ in Fukuoka now.

(2) Where is Sara from?
Where ________ Sara ________ from?

(3) Kenji is a good singer.
Kenji ________ ________.

5 知識 次の日本文に合うように，(　　)内の語(句)を並べ替えて，正しい英文を完成させなさい。ただし，文頭にくる単語も小文字にしてあります。

でる!

(1) 私は金曜日はテニスを練習しません。I (practice / don't / on / tennis)Friday.
I ________________ Friday.

(2) このバスはハイド・パークで止まりますか。
(stop / this bus / does / at) Hyde Park?
________________ Hyde Park?

(3) 私たちは時々，夕食後に古い映画を見ます。
We (an old movie / sometimes / watch / after) dinner.
We ________________ dinner.

(4) 彼女はあなたの学校で何を教えていますか。
(she / what / at / teach / does) your school?
________________ your school?

(5) あなたは夏と冬のどちらの季節が好きですか。
(you / season / do / like / which), summer or winter?
________________, summer or winter?

6 知識 次の各組の英文を下線部の意味に注意して日本語に訳しなさい。

(1) I walk to school.
____
We walk our dog before breakfast.
____

(2) Small children play in this park every day.
____
Some students play the guitar in this room after school.
____

でる!

(3) The train for Osaka leaves at 9:35.
____
My father often leaves his umbrella in the train.
____

7 表現 次の日本文を英語に訳しなさい。

(1) 私は毎日ピアノを練習します。

____

(2) 私の父は毎週日曜日に昼食を作ります。

____

(3) 私たちはあの男性を知りません。

____

(4) あなたたちはよく泳ぎに行きますか。

____

(5) この映画は何時に始まりますか。

____

(6) あなたは何の教科が好きですか。

____

8

表現 英語の授業で，昨年の夏に帰国したALT（外国語指導助手）のミラー先生に，自分たちの近況を伝えるEメールを作成することになりました。下の（　　）にあなた自身やあなたのまわりの最近の様子などについての英文を書き，Eメールを完成させなさい。ただし，英文は，15語以上とし，1文以上書いてもかまいません。符号（.,?!など）は語数に含まないものとします。〈和歌山県〉

> Dear Ms. Miller,
> How are you? I'm fine.
>
> (______________________________
> ______________________________
> ______________________________)
>
> Please write to me soon.
> See you.
> Your name（＊あなたの名前を書く必要はありません。）

9 差がつく

理解 次の英文の（　　）内にア～ウの文が入ります。意味が通るように適切な順序に並べ替えなさい。〈秋田県〉

On Sundays my family members usually stay at home. My parents and I enjoy our hobbies. My father makes useful things like boxes and chairs. (　　　) We enjoy talking when we are walking there.

（注）hobbies：hobby（趣味）の複数形　　enjoy -ing：～して楽しむ

ア But sometimes we go to the park together.
イ My mother makes cakes, and I read books.
ウ We usually enjoy doing these different things.

[　　→　　→　　]

10 理解 次のイサオとアグス(Agus)の会話文を読んで，あとの問いに答えなさい。

〈栃木県・改〉

Isao : Agus, what do you eat for breakfast?

Agus: I eat *natto* every morning.

Isao : Every morning? I'm surprised to hear <u>that</u>! I didn't think many people from other countries liked *natto* because of its smell.

Agus: I love *natto*! (A), do you know *tempeh*?

Isao : *Tempeh*? What's that?

Agus: It's a food made from soybeans. It looks like *natto* but the smell is not so strong. People in my country like *tempeh* and eat it very often. You usually eat *natto* on rice, but we eat *tempeh* in a little different way.

Isao : I can't imagine. Please tell me more.

Agus: *Tempeh* is very useful. (B), we can put it in salads, in curry, on pizzas and so on. Some people like to eat *tempeh* instead of meat.

Isao : That's interesting. I want to try *tempeh*. Actually, our ALT says he doesn't eat meat.

Agus: There are a lot of people who don't eat meat. They have their own reasons.

Isao : I see. People in the world have different ideas about food.

(注) smell：におい　soybean：大豆　～ and so on：～など　instead of ～：～の代わりに

(1) 下線部の内容を，具体的に日本語で書きなさい。

____

(2) (A), (B) 内に入る語の組み合わせとして適するものを選び，記号で書きなさい。

ア A：By the way　B：At the same time
イ A：Of course　B：At the same time
ウ A：By the way　B：For example
エ A：Of course　B：For example　[　　]

(3) 次の質問に英語で答えなさい。

Does Isao's ALT eat meat? ______________________________

11 でる! 02 右のメモは英語部の部員がスミス先生の説明を聞いて，書いたものです。スミス先生の説明を聞き，(①)～(③) 内に適する語を書き，メモを完成させなさい。〈山口県・改〉

① ______________
② ______________
③ ______________

The English Club
Meet on Tuesdays, and (①):
— Talk a lot in English.
— Read English books together in the school (②).
— Write and (③) e-mails in the computer room.

3 過去形

中学総合的研究 英語
P.64~81

要点まとめ

1 be動詞と一般動詞の過去形

(1) be動詞の過去形　am, is の過去形→ **was**　are の過去形→ **were**

(2) 一般動詞の過去形

■規則動詞	過去形のつくり方	例
通常	-ed をつける	work → work**ed**
-e で終わる動詞	-d をつける	use → use**d**
〈子音字＋ y〉で終わる動詞	y を i に変えて -ed をつける	study → stud**ied**
〈短母音＋子音字〉で終わる動詞	子音字を重ねて -ed をつける	stop → stop**ped**

■ 不規則動詞　動詞ごとに異なる。go → **went** など　(※本書p.40 不規則動詞変化表)

2 過去形の意味と使い方

(1) 過去形の表す意味

■ be動詞　「～であった（A＝B）」と，「～があった[いた]（所在）」の2つの意味
■ 一般動詞「～した，～だった（過去の動作，出来事，状態）」

(2) 疑問文と答え方

David **was** at school yesterday.（デイビッドは昨日，学校にいました。）
Was[Were]で始め，主語を続ける。
Was David at school yesterday?（デイビッドは昨日，学校にいましたか。）
— Yes, he **was**.（はい，いました。）/ No, he **was not** [**wasn't**].（いいえ，いませんでした。）

POINT be動詞の疑問文は〈Was[Were]＋主語 ～?〉の順。was[were]を使って答える。

You **met** Ken two days ago.（あなたは2日前にケンに会いました。）
最初にDidをおき，〈主語＋動詞の原形〉を続ける。
Did you **meet** Ken two days ago?（あなたは2日前にケンに会いましたか。）
— Yes, I **did**.（はい，会いました。）/ No, I **did not** [**didn't**].（いいえ，会いませんでした。）

POINT 一般動詞の疑問文は〈Did＋主語＋動詞の原形 ～?〉の順。didを使って答える。

(3) 否定文

We **were not** [**weren't**] busy last night.（私たちは昨日の夜，忙しくありませんでした。）

POINT be動詞の否定文は〈主語＋was not[wasn't] / were not[weren't] ～.〉の順。

Lisa **did not** [**didn't**] play tennis last week.（リサは先週，テニスをしませんでした。）

POINT 一般動詞の否定文は〈主語＋did not[didn't]＋動詞の原形 ～.〉の順。

基礎力チェック

解答・解説➡別冊 P.5

ここに載っている問題は基本的な内容です。必ず解けるようにしておきましょう。

1 **【動詞の過去形】** 次の英文の（　）内から適するものを選び，○で囲みなさい。

① My mother (is,　was) at home now.

② We (are,　were) members of the baseball team ten years ago.

③ The people (was,　were) very kind to me.

④ I (live,　lived) in a big city now.

⑤ You (play,　played) the piano very well yesterday.

⑥ My mother (makes,　made) this bag last year.

2 **【一般動詞の過去形】** 次の動詞の過去形を書きなさい。

① talk ＿＿＿＿＿　② like ＿＿＿＿＿　③ plan ＿＿＿＿＿

④ try ＿＿＿＿＿　⑤ have ＿＿＿＿＿　⑥ see ＿＿＿＿＿

3 **【過去形の意味】** 次の日本文に合うように，（　）内から適するものを選び，○で囲みなさい。

① 昨日の試合はすばらしかった。
Yesterday's game (is,　was) wonderful.

② 私は８時にあなたに電話をしました。
I (call,　called) you at eight.

4 **【疑問文・否定文】** 次の英文の（　）内から適するものを選び，○で囲みなさい。

① (Is,　Was,　Does,　Did) Lucy busy last night?

② (Are,　Were,　Do,　Did) you go swimming last Saturday?

③ The students (aren't,　weren't,　don't,　didn't) in their classroom at that time.

④ Peter didn't (write,　writes,　wrote) this novel.

5 **【疑問文と答え方】** 次の疑問文に対する答えとして適するものを選び，記号を○で囲みなさい。

① Were you late for school today?
ア Yes, I am.　**イ** No, I wasn't.　**ウ** Yes, you were.

② Did Eve call you yesterday?
ア Yes, she was.　**イ** Yes, she does.　**ウ** No, she didn't.

③ When was your sports festival?
ア Yes, it was.　**イ** Last Sunday.　**ウ** Tomorrow.

④ Where did you go today?
ア I go to the park.　**イ** I went to the park.

実践問題

実際の問題形式で知識を定着させましょう。

1 知識 次の（　）内の語を適切な形に変えて，____に書きなさい。

(1) I ________ a student at this school three years ago.（am）

(2) All the members ________ in the room at noon yesterday.（are）

(3) John ________ to my house last Friday.（walk）

(4) I ________ Mr. Brown at the restaurant yesterday.（meet）

(5) We ________ a good time in Hokkaido last winter.（have）

(6) Sayaka ________ coffee without sugar yesterday.（try）

でる！ (7) They ________ to China last year.（go）

2 知識 次の日本文に合うように，____に適する語をそれぞれ1つずつ書きなさい。

(1) あなたは昨日，病気で寝ていましたか。
________ ________ sick in bed yesterday?

(2) ジムは今朝，音楽を聞きましたか。
________ Jim ________ to music this morning?

(3) 私はそのとき空腹ではありませんでした。
I ________ ________ hungry at that time.

(4) 私の両親は昨日，泳ぎに行きませんでした。
My parents ________ ________ swimming yesterday.

(5) ハイキングはどうでしたか。— とても楽しかったです。
________ ________ your hiking? — It was a lot of fun.

でる！ (6) あなたたちはいつテニスをしましたか。— この前の週末です。
________ ________ you play tennis? — Last weekend.

3 知識 次の____に適する語をそれぞれ1つずつ書き，会話文を完成させなさい。

(1) *A* : Was Eric in the library this morning?
B : Yes, he was. He and I ________ our homework there.

(2) *A* : Did you go and see the movie yesterday?
B : ________, we ________. It was exciting.

(3) *A* : Where did you buy the T-shirt?
B : I ________ it at AB Store.

(4) *A* : Who was your English teacher last year?
B : Mr. Okada and Ms. Thomas ________.

でる！ (5) *A* : What ________ your sister do as a volunteer?
B : She read books for children.

4 知識 次の英文には1か所ずつ誤りがあります。誤りを直し，正しい文を書きなさい。ただし，下線部は変えないこと。

(1) I practice basketball hard last summer.

____

(2) Did you watched TV last night?

____

(3) My sister does not visit the museum two weeks ago.

____

5 知識 次の英文を指示にしたがって書き換えなさい。

でる!
(1) I take pictures of my family on New Year's Day.（下線部を yesterday に変えて）

____

(2) Angela lives in Okayama now.（下線部を five years ago に変えて）

____

(3) These books were interesting.（疑問文に）

____

(4) We had rice and *miso* soup for breakfast.（否定文に）

____

差がつく
(5) They told the news to Nick by e-mail.（下線部が答えの中心になる疑問文に）

____

6 知識 次の日本文に合うように，（　）内の語（句）を並べ替えて，正しい英文を完成させなさい。ただし，文頭にくる単語も小文字にしてあります。

(1) 私の弟は彼の部屋にいませんでした。(my brother / not / was / in) his room.

______________________________ his room.

(2) マイクは誕生日に何も欲しがりませんでした。

Mike (anything / not / want / did) for his birthday.

Mike ______________________________ for his birthday.

(3) あなたは昨夜このコンピュータを使いましたか。

(use / you / last / computer / did / this) night?

______________________________ night?

(4) あなたはお母さんに何をあげましたか。

(you / what / did / to / give) your mother?

______________________________ your mother?

でる!
(5) 昨日の神戸の天気はどうでしたか。

(in Kobe / how / the weather / was) yesterday?

______________________________ yesterday?

7 表 現 次の日本文を英語に訳しなさい。

(1) 私のイヌは３年前，とても小さかった。

(2) アリス (Alice) は昨日ソウル (Seoul) へ出発しました。

(3) 私たちは２時間前，教室にはいませんでした。

(4) 宿題が終わっていない生徒もいました。

(5) あなたはいつ広島に行きましたか。

(6) あなたはなぜ日本語を学んだのですか。

8 表 現 次の質問に対して，あなた自身のことを英語で書きなさい。

(1) Were you late for school today? (３語で)

(2) Did you do any sports today? (３語で)

(3) What time did you get up this morning?

(4) How was your last English class?

(5) What did you have for breakfast yesterday morning?

(6) How was the weather yesterday?

9  

理 解 次の英文の (　　) 内に**ア**～**ウ**の文が入ります。意味が通るように適切な順序に並べ替えなさい。〈神奈川県・改〉

Ms. Brown is our new English teacher. (　　　) We enjoyed singing in English. Ms. Brown also sang some English songs with us. I like her English class very much.

(注) enjoy -ing : ～して楽しむ

ア We sang some English songs there.
イ I knew one of the songs very well.
ウ Yesterday we had her English class in the music room.

[　　→　　→　　]

10 差がつく

次の英文を読んで，あとの問いに答えなさい。〈鹿児島県・改〉

Grandpa is seventy-five years old and cannot walk. He needs a wheelchair every day. Life is not easy for him. But sometimes something good happens.

One day, my grandparents went on a trip. In a hotel, Grandpa wanted to use the restroom, but he was too heavy for Grandma. So (①). They looked around for someone. Soon a man ②come and said, "Do you need help?" Grandma said, "He wants to use the restroom, but I can't get him out of the chair." The kind man was not large, but he ③take Grandpa to the restroom and got him out of the chair. In a few minutes (④).

After my grandparents said, "Thank you so much," the man turned and walked away. Then (⑤). The man had two prosthetic legs.

(注) wheelchair：車いす　happen：起こる　grandparents：祖父母　want to ～：～したい　restroom：トイレ　get him out of the chair：彼をいすから降ろす　prosthetic leg(s)：義足

(1) 理解 (①)，(④)，(⑤)内に適するものを選び，記号を書きなさい。

ア she could not get him out of his chair

イ he got Grandpa back in his seat and they returned

ウ Grandpa was very surprised because he found something about the man

①[　　] ④[　　] ⑤[　　]

(2) 理解 下線部②，③の語を適切な形に変えて書きなさい。

② ＿＿＿＿　③ ＿＿＿＿

(3) 理解 ～～線部の内容に合うものを選び，記号を書きなさい。

ア 祖父母が海外旅行に招待されたこと。

イ 祖父母が食事会に出席して楽しんだこと。

ウ 見知らぬ男性が車いすの祖父を助けたこと。

エ 見知らぬ男性が祖父の車いすを修理したこと。

[　　]

11

 03 英文のあとで質問が読まれます。その質問の答えとして適切なイラストを選び，記号を書きなさい。〈秋田県〉

ア

イ

ウ

エ

[　　]

4

中学総合的研究 英語
P.82~97

未来を表す言い方

要点まとめ

1 未来を表す表現の種類と位置

will〈主語＋will＋動詞の原形 ～.〉 be going to〈主語＋be going to＋動詞の原形 ～.〉

I **will** **call** you tomorrow.（私は明日あなたに電話します。）
Sam **is going to** **visit** Paris next week.（サムは来週パリを訪れる予定です。）

POINT willの文では，主語の人称や数に影響されず，常に〈will＋動詞の原形〉の形。
be going toの文では，be動詞は，主語の人称や数によってam，is，areを使い分ける。
be going toのすぐあとの動詞は常に原形。

2 未来を表す言い方の意味と使い方

(1)「未来」が表す意味

- will ～ 「～するだろう（単純未来）」，「～するつもりだ（意志未来：主語の意志を表す）」
- be going to ～ 「～するつもり[予定]だ（主語の意図や予定）」，「～しそうだ，～するだろう（話し手の見込みや予測）」，「～しようとしている（近い未来）」

(2) 疑問文と答え方

Jim **will** **stay** home tonight.（ジムは今夜，家にいるでしょう。）
Will で始め，主語と動詞の原形を続ける。
Will Jim **stay** home tonight?（ジムは今夜，家にいるでしょうか。）
— Yes, he **will**.（はい，いるでしょう。）/ No, he **will** **not**[**won't**].（いいえ，いないでしょう。）

POINT〈Will＋主語＋動詞の原形 ～?〉の順。willを使って答える。

Cathy **is** **going to leave** Japan next Friday.（キャシーは次の金曜日，日本を出発します。）
be動詞で始め，主語，going to，動詞の原形を続ける。
Is Cathy **going to leave** Japan next Friday?（キャシーは次の金曜日，日本を出発しますか。）
— Yes, she **is**.（はい，出発します。）/ No, she **is** **not**[**isn't**].（いいえ，出発しません。）

POINT〈be動詞＋主語＋going to＋動詞の原形 ～?〉の順。be動詞を使って答える。

(3) 否定文

I **will** **not** [**won't**] **watch** the TV program.（私はそのテレビ番組を見るつもりはありません。）

POINT willの否定文は〈主語＋will not[won't]＋動詞の原形 ～.〉の順。

Ai **is** **not** [**isn't**] **going to come** here tonight.（アイは今夜ここに来るつもりはありません。）

POINT be going toの否定文は〈主語＋be動詞＋not going to＋動詞の原形 ～.〉の順。

基礎力チェック

ここに載っている問題は基本的な内容です。必ず解けるようにしておきましょう。

1 **【未来を表す表現】** 次の英文の（　　）内から適するものを選び，〇で囲みなさい。

① I (cooked,　cook,　will cook) breakfast tomorrow.

② The game will (start,　starts) at six thirty.

③ I (joined,　join,　am going to join) the basketball team next year.

④ (I,　I'm,　I will) going to give a speech today.

2 **【未来の意味】** 次の日本文に合うように，（　　）内から適するものを選び，〇で囲みなさい。

① アンディは明日，出発するでしょう。
Andy (will,　is,　was) leave tomorrow.

② 私たちは一生懸命にバスケットボールの練習をするつもりです。
We (practiced,　practice,　will practice) basketball hard.

③ その音楽家たちは来月コンサートを開く予定です。
The musicians (held,　are going to hold,　hold) a concert next month.

④ すぐに雪が降りそうです。
It (snowed,　snows,　is going to snow) soon.

⑤ 私のおばは３月に出産する予定です。
My aunt (is going to have,　have,　had) a baby in March.

3 **【疑問文・否定文】** 次の英文の（　　）内から適するものを選び，〇で囲みなさい。

① (Did,　Do,　Will,　Are) you stay home next Sunday?

② (Will,　Is,　Are,　Were) Betty going to go camping on Sunday?

③ It (did,　does,　will,　is) not be hot tomorrow.

④ I (did,　do,　will,　am) not going to go abroad this year.

4 **【疑問文と答え方】** 次の疑問文に対する答えとして適するものを選び，記号を〇で囲みなさい。

① Will your classes start in September?
ア Yes, they are.　**イ** Yes, they will.　**ウ** No, they don't.

② Is your mother going to visit the temple?
ア Yes, she is.　**イ** No, she doesn't.　**ウ** No, she won't.

③ When will Eric join our meeting?
ア Two days ago.　**イ** Tomorrow.　**ウ** Last Sunday.

④ What are you going to do tomorrow?
ア I played tennis.　**イ** I like tennis.　**ウ** I'm going to play tennis.

実践問題

解答・解説➡別冊 P.7

実際の問題形式で知識を定着させましょう。

1 知識 次の日本文に合うように，＿＿に適する語をそれぞれ１つずつ書きなさい。

(1) 私はすぐに戻ります。
I ＿＿＿＿ ＿＿＿＿ back soon.

でる！ (2) 私は毎日，英語の手紙を書くつもりです。
＿＿＿＿ ＿＿＿＿ an English letter every day.

(3) フレッドとシュンは明日サッカーをするつもりです。
Fred and Shun ＿＿＿＿ ＿＿＿＿ to play soccer tomorrow.

(4) 彼女はあなたのプレゼントを気に入るでしょう。
＿＿＿＿ ＿＿＿＿ your present.

(5) あなたはその映画をみる予定ですか。
＿＿＿＿ ＿＿＿＿ going to see that movie?

でる！ (6) 私は明日，動物園に行くつもりはありません。
I ＿＿＿＿ ＿＿＿＿ to the zoo tomorrow.

2 知識 次の＿＿に適する語をそれぞれ１つずつ書き，会話文を完成させなさい。

(1) *A* : Will Tina come here soon?
B : Yes, she ＿＿＿＿. Look! That's her car.

(2) *A* : Is Tim going to come to the party today?
B : ＿＿＿＿, he ＿＿＿＿. He has a lot of homework.

(3) *A* : Where are you going to meet your friends tomorrow?
B : ＿＿＿＿ ＿＿＿＿ to meet them at the station.

でる！ (4) *A* : ＿＿＿＿ will the weather ＿＿＿＿ tomorrow?
B : It will be sunny.

3 知識 次の各組の英文がほぼ同じ意味になるように，＿＿に適する語をそれぞれ１つずつ書きなさい。

(1) The movie is going to begin soon.
The movie ＿＿＿＿ ＿＿＿＿ soon.

(2) I will call Tom this afternoon.
＿＿＿＿ ＿＿＿＿ to call Tom this afternoon.

(3) What is your plan today?
What ＿＿＿＿ you ＿＿＿＿ to ＿＿＿＿ today?

4 知識 次の英文には1か所ずつ誤りがあります。誤りを直し，正しい文を書きなさい。ただし，下線部は変えないこと。

(1) My mother is going to comes home soon.

____

(2) I will busy tomorrow morning.

____

差がつく (3) How long will you going to stay in Canada?

____

5 知識 次の英文を指示にしたがって書き換えなさい。

(1) I play tennis every Saturday. (下線部をnextに変えて)

____

でる! (2) The people clean the beach. (be going toを加えて)

____

(3) Peter will use this computer tonight. (疑問文に)

____

(4) We are going to visit New York. (否定文に)

____

でる! (5) Yuka is going to make a cake tomorrow. (下線部が答えの中心になる疑問文に)

____

(6) Steve will come here first. (下線部が答えの中心になる疑問文に)

____

6 知識 次の日本文に合うように，(　　) 内の語を並べ替えて，正しい英文を完成させなさい。ただし，文頭にくる単語も小文字にしてあります。

(1) ジュディは早朝に到着する予定です。

Judy (arrive / going / is / to) early in the morning.

Judy ______________________________ early in the morning.

でる! (2) 私はこの週末は忙しくないでしょう。I (not / will / busy / be) this weekend.

I ______________________________ this weekend.

(3) 彼は留学する予定がありません。(not / to / going / he's / study) abroad.

______________________________ abroad.

(4) ボビーはこのパーティーを楽しんでくれるでしょうか。

(Bobby / enjoy / this / will) party?

______________________________ party?

(5) あなたはどうしてインドへ行くつもりなのですか。

(to / why / you / going / are / go) to India?

______________________________ to India?

7 表現 次の日本文を（　）内の語を使って，英語に訳しなさい。

(1) この選手は将来，有名になるでしょう。(will)

____

(2) あなたはいつあなたの車を洗うつもりですか。(going)

____

差がつく (3) この窓はどうしても開きません。(will)

____

8 表現 あなたは次のメモの内容を英語で書いて，友だちのアンに旅行先の京都から絵はがきを送ることにしました。（ ① ），（ ② ）に，それぞれ５語以上の英語を書きなさい。

〈山口県・改〉

メモ

- 今日は京都に来て３日目。
- 昨日兄に会った。
- 明日はバスで奈良に行く。
- たくさんの場所で写真を撮る予定。

Hi, Ann,
Today is our third day in Kyoto.
I met my brother yesterday. Tomorrow, we（ ① ）. I'm（ ② ）. See you soon.
Take care.

① ______________________________

② ______________________________

9 でる! 理解 次の英文は，空港でのマモルと入国審査官（Immigration Inspector）の会話です。これを読んで（ ① ）～（ ④ ）内に適するものを下から選び，記号を書きなさい。

Inspector : Hello. Your passport, please.
Mamoru : OK. Here you are.
Inspector : Thank you. What's the purpose of your stay?
Mamoru :（ ① ）
Inspector :（ ② ）
Mamoru : For one month.
Inspector : OK.（ ③ ）
Mamoru : Yes. I'm going to Niagara Falls.
Inspector : How nice! It is a very popular place.
Mamoru : I know.（ ④ ）
Inspector : I see. Enjoy your stay.
Mamoru : I will. Thank you.

ア And I will also visit the Statue of Liberty.
イ It will be rainy during my stay.　**ウ** How long are you going to stay?
エ I'm going to stay with my host family in New York.
オ Are you going to visit any places?

①[　　] ②[　　] ③[　　] ④[　　]

10

差がつく

理解 ジムとケンはおたがいの予定表 (schedule) を見ながら計画を立てています。2人の予定表を見て，（ ① ）～（ ③ ）内に適するものを選び，記号を書きなさい。

〈神奈川県・改〉

Jim : Let's go to the beach on (①). I don't have any plans on that day. Also, I don't see any plans on your schedule.

Ken : Oh, I'll have a baseball game on that day. First, the game was planned for August 3, but it was moved to the next day.

Jim : So you'll be free on August 3.

Ken : No. (②) It's just one day before the game. How about August 12?

Jim : I don't think it's a good idea. My family will be at Mt. Fuji on August 11. We'll come home late at night on that day. I think I'll be too tired the next day. How about August 8?

Ken : You'll have a piano lesson on that day.

Jim : I can change it to the next week.

Ken : Really? Can you?

Jim : Yes, let's go to the beach on August 8.

Ken : I hope the weather will be good.

Jim : That's right. (③)

Jim's schedule

August

Mon.	Tues.	Wed.	Thur.	Fri.	Sat.	Sun.
		1	2 Tennis	3	4	5 Tennis
6	7 Tennis	8 Piano	9 Tennis	10 Going to	11 Mt. Fuji	12

Ken's schedule

August

Mon.	Tues.	Wed.	Thur.	Fri.	Sat.	Sun.
		1 Practicing Baseball	2 Practicing Baseball	3 Baseball Game	4	5 Practicing Baseball
6 Practicing Baseball	7 Baseball Game	8	9	10 Practicing Baseball	11 Practicing Baseball	12

(注) was planned : 計画された　was moved to ～ : ～へ移された

① ア August 3　イ August 4　ウ August 8　エ August 12 [　　]

② ア Our team will practice baseball on that day.
イ I'll be free on that day.
ウ Let's go to the beach on that day.
エ The weather was bad on August 3. [　　]

③ ア We can't play baseball in bad weather.
イ You'll go to the piano lesson if the weather is good.
ウ We can change the schedule, but we can't change the weather.
エ The baseball game will be exciting if the weather is good. [　　]

11

04 対話を聞いて，対話が行われている場所として適するものを選び，記号を書きなさい。〈宮崎県〉

ア 駅のホーム　イ 電車の中
ウ バス停　エ 飛行機の中 [　　]

中学総合的研究 英語
P.98~111

進行形

要点まとめ

1 現在進行形・過去進行形の形

(1) 進行形の基本形

■ 現在進行形 〈am[are / is] + -ing形 (現在分詞)〉
My friends **are playing** tennis now. (私の友人たちは今，テニスをしています。)
■ 過去進行形 〈was[were] + -ing形 (現在分詞)〉
I **was reading** a book at that time. (私はそのとき，本を読んでいました。)

(2) -ing形のつくり方

	-ing 形のつくり方	例
通常	-ing をつける	talk → talk**ing**
-e で終わる動詞	-e をとって -ing をつける	make → mak**ing**
-ie で終わる動詞	-ie を y に変えて -ing をつける	lie → l**ying**
〈短母音＋子音字〉で終わる動詞	子音字を重ねて -ing をつける	run → run**ning**

2 進行形の意味と使い方

(1) 進行形が表す意味

■ 現在進行形 「(今)～している，～しているところだ」…今，進行している動作や出来事
■ 過去進行形 「～していた，～しているところだった」…過去のある時点において進行していた動作や出来事

注意 「(毎日)～している」のような現在の習慣を表す場合には，ふつうの現在形を用いる。

(2) 疑問文と答え方

Meg **is** **cooking** lunch now. (メグは今，昼食を作っています。)
be動詞で始め，主語と-ing形を続ける。
Is Meg **cooking** lunch now? (メグは今，昼食を作っていますか。)
— Yes, she **is**. (はい，作っています。) / No, she **is** not[isn't]. (いいえ，作っていません。)

POINT 進行形の疑問文は〈be動詞＋主語＋-ing ～?〉の順。be動詞を使って答える。

(3) 否定文

We **were** **watching** TV then. (私たちはそのとき，テレビを見ていました。)
be動詞のすぐあとにnotをおき，-ing形を続ける。
We **were** **not** **watching** TV then. (私たちはそのとき，テレビを見ていませんでした。)

POINT 進行形の否定文は〈主語＋be動詞＋not＋-ing ～.〉の順。

解答・解説➡ 別冊 P.10

基礎力チェック

ここに載っている問題は基本的な内容です。必ず解けるようにしておきましょう。

1 **【進行形】** 次の英文の（　　）内から適するものを選び，○で囲みなさい。

① I am (write,　writing) a letter now.

② James was (sleeps,　sleeping) on the chair then.

③ We (are,　were) cleaning our house now.

④ My father (is,　was) listening to music when I came home.

⑤ They (know,　are knowing) Mr. Brown very well.

2 **【-ing形】** 次の動詞の -ing形を書きなさい。

① speak ＿＿＿＿＿＿　② use ＿＿＿＿＿＿　③ plan ＿＿＿＿＿＿

④ look ＿＿＿＿＿＿　⑤ eat ＿＿＿＿＿＿　⑥ sit ＿＿＿＿＿＿

3 **【進行形の意味】** 次の英文の意味を完成しなさい。

① My mother is taking a bath now.
母は今，（　　　　　　　　　　　　　　　　　　　　　　　）。

② When I saw you, you were talking with your friend.
私があなたを見かけたとき，あなたは（　　　　　　　　　　　　　　　　　）。

4 **【疑問文・否定文】** 次の英文の（　　）内から適するものを選び，○で囲みなさい。

① (Is,　Does) Tony doing his homework now?

② Were you (play,　playing) this piano then?

③ I (wasn't,　didn't) using the computer at that time.

④ My sister isn't (runs,　running) around the park now.

5 **【疑問文と答え方】** 次の疑問文に対する答えとして適するものを選び，記号を○で囲みなさい。

① Is Mr. Clark having lunch now?
ア Yes, he is.　**イ** Yes, he does.　**ウ** No, he didn't.

② Were you studying in the library at that time?
ア Yes, we are.　**イ** No, we weren't.　**ウ** No, we didn't.

③ Where are you practicing basketball now?
ア Yes, I am.　**イ** After school.　**ウ** In the park.

④ What was your brother doing when I called you?
ア He is helping his mother.　**イ** He was writing an e-mail.
ウ He read this book.

解答・解説➡別冊 P.10

実践問題

実際の問題形式で知識を定着させましょう。

1 知識 次の（　　）内の語を適切な形に変えて，____に書きなさい。

(1) Emily is ________ Mr. Nakano now. (help)

でる! (2) We are ________ a break now. (have)

(3) He is ________ at the stars. (look)

(4) The students are ________ the class. (enjoy)

でる! (5) You were ________ very fast then. (run)

(6) My father was ________ a car at that time. (drive)

(7) Sandy was ________ on the phone when we arrived. (talk)

2 知識 次の日本文に合うように，____に適する語をそれぞれ1つずつ書きなさい。

(1) 兄は今，野球をしています。

My brother ________ ________ baseball now.

でる! (2) 私が図書館に行ったとき，彼らはそこで勉強していました。

When I ________ to the library, they ________ ________ there.

(3) ルーシーは今，泣いていません。

Lucy ________ ________ now.

(4) あなたはそのときだれかに電話していましたか。

________ ________ calling anyone at that time?

差がつく (5) だれが夕食を作っていますか。― マイクです。

Who ________ making dinner? ― Mike ________.

3 知識 次の英文を指示にしたがって書き換えなさい。

(1) We carried these boxes to our classroom. (過去進行形の文に)

____

(2) My sister plays soccer. (now を加えて，現在進行形の文に)

____

(3) The cat is sleeping now. (疑問文に)

____

(4) Daniel is playing a video game. (否定文に)

____

でる! (5) Koji was <u>using a computer</u> at eight last night. (下線部が答えの中心になる疑問文に)

____

差がつく (6) Sakura is waiting for <u>Nick</u>. (下線部が答えの中心になる疑問文に)

____

4 表現 次の質問に対して，あなた自身のことを英語で書きなさい。

(1) Are you studying at home now?（3語で）

____

(2) Was it raining when you got up this morning?（3語で）

____

でる!… (3) What were you doing at seven last night?

____

5 次の会話文を読んで，あとの問いに答えなさい。

Kota : Hi, Jessica. What's wrong?

Jessica : Hi, Kota. ①(for / just / I'm / looking) my dog. Didn't you see a little white dog?

Kota : Well …. I can't remember.

Jessica : She (②) a yellow T-shirt.

Kota : A yellow T-shirt? She (③) long hair, right?

Jessica : Oh, yes.

Kota : She was at the park when I was taking a picture there. Why don't you go there?

Jessica : Thank you, Kota.

でる!… (1) 知識 下線部①の（　）内の語を並べ替えて，正しい英文を完成させなさい。

________________________________ my dog.

(2) 理解 (②)，(③)内に適するものを選び，記号を書きなさい。

② ア wears　イ wore　ウ is wearing　エ was wearing

③ ア has　イ had　ウ is having　エ was having

②[　　] ③[　　]

差がつく… (3) 理解 本文の内容に合うものを選び，記号を書きなさい。

ア Jessica is walking with her dog now.

イ Jessica's dog likes yellow T-shirts.

ウ Jessica and Kota are talking about a dog.

エ Jessica and Kota are talking in the park now.

[　　]

6

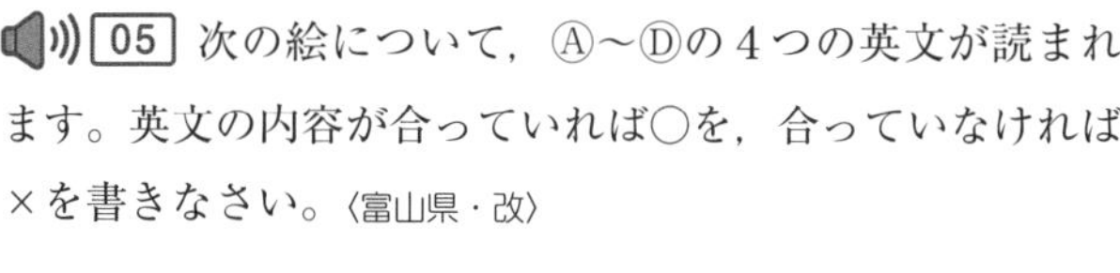

05 次の絵について，Ⓐ～Ⓓの4つの英文が読まれます。英文の内容が合っていれば○を，合っていなければ×を書きなさい。〈富山県・改〉

Ⓐ[　　] Ⓑ[　　]

Ⓒ[　　] Ⓓ[　　]

6 現在完了

中学総合的研究 英語
P.112~128

要点まとめ

1 現在完了の形

(1) 現在完了の基本形〈have [has] ＋過去分詞〉

I **have finished** my homework.（私は宿題を終えました。）

■ 規則動詞の過去分詞…過去形と同じ形。例：stay→**stayed**　live→**lived**

■ 不規則動詞の過去分詞…動詞ごとに異なる。例：go→**gone**（※本書p.40不規則動詞変化表）

(2) 疑問文と答え方

You **have** **been** busy since yesterday.（あなたは昨日からずっと忙しい。）

Have [Has] で始め，主語と過去分詞を続ける。

Have you **been** busy since yesterday?（あなたは昨日から忙しいですか。）

— Yes, I **have**.（はい，忙しいです。）

No, I **have** **not**[**haven't**].（いいえ，忙しくありません。）

POINT 現在完了の疑問文は〈Have [Has] ＋主語＋過去分詞 ～?〉。have [has] を使って答える。

(3) 否定文

Eve **has** **visited** Japan.（イブは日本に行ったことがあります。）

have [has] のあとに not をおき，過去分詞を続ける。

Eve **has** **not** [**hasn't**] **visited** Japan.

（イブは日本に行ったことがありません。）

have [has] の短縮形

I have ➡ **I've**

have not ➡ **haven't**

has not ➡ **hasn't**

POINT 現在完了の否定文は〈主語＋have [has] not ＋過去分詞 ～.〉の順。

2 現在完了の意味

■ 継続「ずっと～している」

I **have lived** in Japan for a long time.（私は長い間，日本に住んでいます。）

He **has been** studying since this morning.（彼は今朝からずっと勉強している。）

■ 完了「～したところだ」

The game **has** just **started**.（試合はちょうど始まったところです。）

■ 結果「～してしまった」

Saki **has gone** to Canada.（サキはカナダへ行きました。）→今，ここにはいないことを意味する。

■ 経験「～したことがある」

Have you ever **been** to Rome?（あなたは今までにローマへ行ったことがありますか。）

	現在完了とともによく使われる表現
継続	for ～「～の間」，since ～「～以来」，how long「どのくらいの間」
完了・結果	just「ちょうど」，already「すでに」，yet「まだ(～ない)」「もう」
経験	before「以前に」，ever「今までに」，never「一度も～ない」

解答・解説➡別冊 P.11

基礎力チェック

ここに載っている問題は基本的な内容です。必ず解けるようにしておきましょう。

1 **【現在完了の基本形】** 次の英文の（　）内から適するものを選び，○で囲みなさい。

① I have (play, played) the piano for ten years.

② Jane (has, have) already taken a bath.

③ We (know, have known) Mr. White since last year.

④ My aunt (goes, has been) to India before.

2 **【過去分詞】** 次の動詞の過去分詞を書きなさい。

① visit ＿＿＿＿　② use ＿＿＿＿　③ come ＿＿＿＿

④ carry ＿＿＿＿　⑤ go ＿＿＿＿　⑥ write ＿＿＿＿

⑦ leave ＿＿＿＿　⑧ open ＿＿＿＿　⑨ stop ＿＿＿＿

3 **【疑問文・否定文】** 次の英文の（　）内から適するものを選び，○で囲みなさい。

① (Are, Do, Have) you washed your hands yet?

② Has Betty (use, uses, used) this bag since last month?

③ I (am, do, have) not finished lunch yet.

④ My brother has not (be, is, been) well for three days.

⑤ We have (no, never) seen such a big tree.

4 **【疑問文と答え方】** 次の疑問文に対する答えとして適するものを選び，記号を○で囲みなさい。

① Have you stayed here since this Monday?

ア Yes, I do.　**イ** Yes, I did.　**ウ** Yes, I have.

② Has James done his homework yet?

ア No, he doesn't.　**イ** No, he hasn't.　**ウ** No, he never has.

③ Has your mother come home yet?

ア Yes, she did.　**イ** No, she isn't.　**ウ** No, not yet.

④ How long have you been playing the guitar?

ア After school.　**イ** For six months.　**ウ** On Sunday.

5 **【現在完了の意味】** 次の下線部の現在完了の意味を下から選び，記号を書きなさい。

① I <u>have watched</u> a baseball game in a ballpark once.　[　　]

② Bobby <u>has</u> already <u>left</u> home.　[　　]

③ We <u>have waited</u> for Fred for thirty minutes.　[　　]

ア 継続　**イ** 完了・結果　**ウ** 経験

解答・解説➡別冊 P.11

実践問題

実際の問題形式で知識を定着させましょう。

1 知識 次の英文の（　　）内に適するものを下から選び，記号を書きなさい。

(1) I have had this dog (　　) seven years. [　　]

(2) My father has (　　) left home. [　　]

(3) Have you (　　) been to the lake? [　　]

(4) Has the TV program started (　　)? [　　]

(5) I have not seen Ken (　　) this morning. [　　]

(6) Lisa has told a lie many (　　). [　　]

ア for　イ since　ウ before　エ yet

オ just　カ once　キ ever　ク times

2 知識 次の（　　）内の語を適切な形に変えて，____に書きなさい。

(1) I have ________ as a doctor for 30 years. (work)

(2) Keith has just ________ the letter. (read)

(3) Angela has ________ a new camera since last spring. (want)

(4) I've ________ Mary's brother once. (see)

(5) He has been ________ for his friend for thirty minutes. (wait)

でる! (6) We've already ________ our homework. (do)

(7) I have ________ this song before. (hear)

3 知識 次の日本文に合うように，____に適する語をそれぞれ1つずつ書きなさい。

(1) 子どもたちは1時からずっと外で遊んでいます。

The children ________ ________ playing outside since one o'clock.

(2) シンディはすでに到着しています。

Cindy ________ ________ arrived.

でる! (3) 祖父は何度も中国へ行ったことがあります。

My grandfather ________ ________ to China many times.

(4) あなたは先週からずっと病気なのですか。

________ ________ been sick since last week?

(5) 彼はもう自分の部屋を掃除しましたか。

________ ________ cleaned his room ________?

(6) マットは先月から私たちと話をしていません。

Matt ________ ________ with us since last month.

でる! (7) 私はこの果物を一度も食べたことがありません。

________ ________ eaten this fruit.

4 知識 次の＿＿に適する語をそれぞれ1つずつ書き，会話文を完成させなさい。

(1) *A* : Have you ever been to Germany?
B : No, I ＿＿＿＿＿＿.

(2) *A* : How long have you lived here?
B : I've lived here ＿＿＿＿＿＿ I was born.

でる! (3) *A* : Maria speaks Japanese very well.
B : Yes. She's lived in Japan ＿＿＿＿＿＿ ten years.

(4) *A* : Hi, Ms. Sato. It's me, Ted.
B : Oh, hi, Ted. I ＿＿＿＿＿＿ seen you for a long time. How are you?

(5) *A* : Do you know him well? 〈沖縄県〉
B : Yes, I've ＿＿＿＿＿＿ him for twenty years.

5 知識 次の各組の英文がほぼ同じ意味になるように，＿＿に適する語を書きなさい。

(1) I came to this farm two weeks ago. I am still staying here.
I ＿＿＿＿＿＿ stayed on this farm ＿＿＿＿＿＿ two weeks.

でる! (2) He lost his watch. He can't find it anywhere. 〈郁文館高〉
He ＿＿＿＿＿＿ ＿＿＿＿＿＿ his watch.

(3) This is our first visit to this place.
We ＿＿＿＿＿＿ ＿＿＿＿＿＿ this place before.

差がつく (4) Tom hasn't seen Nancy for ten years. 〈郁文館高〉
Ten years ＿＿＿＿＿＿ ＿＿＿＿＿＿ since Tom saw Nancy last.

6 知識 次の英文を指示にしたがって書き換えなさい。

(1) I know Mary and her family.（「10年間ずっと」の意味の文に）

＿＿＿＿＿＿＿＿＿＿＿＿＿＿＿＿＿＿＿＿

でる! (2) Emma went to the village.（「一度行ったことがある」の意味の文に）

＿＿＿＿＿＿＿＿＿＿＿＿＿＿＿＿＿＿＿＿

(3) My sister sends a letter to her friend.（「もう手紙を送った」の意味の文に）

＿＿＿＿＿＿＿＿＿＿＿＿＿＿＿＿＿＿＿＿

(4) Jeff has been in the library since this morning.（疑問文に）

＿＿＿＿＿＿＿＿＿＿＿＿＿＿＿＿＿＿＿＿

(5) It is raining.（「今朝からずっと」の意味の文に）

＿＿＿＿＿＿＿＿＿＿＿＿＿＿＿＿＿＿＿＿

でる! (6) They have studied English <u>for three years</u>.（下線部が答えの中心になる疑問文に）

＿＿＿＿＿＿＿＿＿＿＿＿＿＿＿＿＿＿＿＿

でる! (7) Jack has been to the park <u>three times</u>.（下線部が答えの中心になる疑問文に）

＿＿＿＿＿＿＿＿＿＿＿＿＿＿＿＿＿＿＿＿

7 知識 次の日本文に合うように，(　　) 内の語 (句) を並べ替えて，正しい英文を完成させなさい。ただし，文頭にくる単語も小文字にしてあります。

(1) アンはもう寝ました。

Ann (already / gone / to / has) bed.

Ann ________________________________ bed.

(2) 私たちは子どものころから親友です。

We've (good friends / were / we / since / been) children.

We've ________________________________ children.

でる! (3) 私はこれまでに一度もこんな危険な場所に行ったことはありません。〈駒込高・改〉

I (to / been / never / such / have) a dangerous place.

I ________________________________ a dangerous place.

(4) あなたは何度，日光に行ったことがありますか。〈郁文館高・改〉

(have / many / you / how / times / been) to Nikko?

________________________________ to Nikko?

8 表現 次の日本文を英語に訳しなさい。

(1) 私たちは3時間ずっと音楽を聞いています。

____

(2) 彼のスピーチは，まだ始まっていません。

____

でる! (3) あなたは今までに，英語で手紙を書いたことがありますか。

____

9 知識 次の英文を日本語に訳しなさい。

(1) They have been working since last night.

____

(2) Yuka has climbed Mt. Ibuki many times.

____

(3) I've just been to the station.

____

10 表現 次の質問に対して，あなた自身のことを英語で書きなさい。

(1) Have you finished dinner yet? (3 語で)

____

(2) Have you ever seen *rakugo*? (3 語で)

____

(3) How long have you lived in your city? (主語と動詞のある文で)

____

11 差がつく

次の会話文を読んで，あとの問いに答えなさい。〈宮崎県・改〉

Mary : What beautiful cherry blossoms! How old are these cherry trees?
Kana : I don't know. But they have been here (①) my father was a child.
Mary : Some people are sitting under the trees. They look very happy.
Kana : Yes. Eating and talking under cherry trees is popular. We love cherry blossoms. We can find the word for them in old Japanese poems.
Mary : You mean *haiku* or something?
Kana : You know *haiku*?
Mary : Yes. (②) I had a *haiku* class in school.
Kana : Oh, really?
Mary : Yes. The teacher introduced a famous Japanese *haiku*. I don't remember it well, but it was about a frog.
Kana : (③) It's *kaeru* in Japanese.
Mary : *Kaeru*. OK. I've learned a new Japanese word.
Kana : Maybe your *haiku* is like this. "*Furu-ike ya kawazu tobikomu mizu no oto*" *Kawazu* means *kaeru* in this *haiku*.
Mary : Do you know its English version?
Kana : Well, I don't know much about it.
Mary : The teacher said, "How do you feel if his *haiku* has one frog? How do you feel if his *haiku* has many frogs? (④) Many Japanese people feel there is. So the number of frogs is important." After all, how many frogs?
Kana : One frog, I think. But I'm not sure. Let's ask our Japanese teacher about this tomorrow.

(注) cherry blossom：桜の花　poem：詩，歌　*haiku*：俳句　version：訳文

(1) 知識 (①)内に適するものを選び，記号を書きなさい。

ア since　**イ** for　**ウ** from　**エ** during　[　　]

(2) 理解 (②)～(④)内に適するものを選び，記号を書きなさい。

ア Do you feel there is a difference between them?
イ I've read a few *haiku* in English before.
ウ I got it!

②[　　] ③[　　] ④[　　]

12

06 英文の内容に合うように，空所に1語入れて次の質問の答えを完成させなさい。

No.1　How many times has Ms. Johnson come to Japan?
— She has come to Japan ________.

No.2　How long has Ryo played tennis?
— Since he was ________ years old.

不規則動詞変化表

中学総合的研究 英語
P.518~519

原形（意味）	過去形	過去分詞	原形（意味）	過去形	過去分詞
□be（～である，～にいる）	was / were	been	□lose（失う）	lost	lost
□become（なる）	became	become	□make（つくる）	made	made
□begin（始める）	began	begun	□mean（意味する）	meant	meant
□bring（持ってくる）	brought	brought	□meet（会う）	met	met
□buy（買う）	bought	bought	□put（置く）	put	put
□catch（つかまえる）	caught	caught	□read（読む）	read	read
□come（来る）	came	come	□ride（乗る）	rode	ridden
□do（する）	did	done	□run（走る）	ran	run
□drink（飲む）	drank	drunk	□say（言う）	said	said
□drive（運転する）	drove	driven	□see（見る）	saw	seen
□eat（食べる）	ate	eaten	□sell（売る）	sold	sold
□fall（落ちる）	fell	fallen	□send（送る）	sent	sent
□feel（感じる）	felt	felt	□sing（歌う）	sang	sung
□find（見つける）	found	found	□sleep（眠る）	slept	slept
□fly（飛ぶ）	flew	flown	□sit（座る）	sat	sat
□forget（忘れる）	forgot	forgot / forgotten	□speak（話す）	spoke	spoken
□get（得る）	got	got / gotten	□stand（立っている）	stood	stood
□give（与える）	gave	given	□swim（泳ぐ）	swam	swum
□go（行く）	went	gone	□take（持っていく）	took	taken
□have（持っている）	had	had	□teach（教える）	taught	taught
□hear（聞く）	heard	heard	□tell（話す，伝える）	told	told
□hold（催す，抱く）	held	held	□think（思う，考える）	thought	thought
□keep（持ち続ける）	kept	kept	□understand（理解する）	understood	understood
□know（知っている）	knew	known	□win（勝つ）	won	won
□leave（出発する）	left	left	□write（書く）	wrote	written

品詞編

名詞

要点まとめ

1 名詞の種類

(1) 名詞の種類

	種類	特徴	例
数えられる名詞	普通名詞	「本」「友だち」など，ものの名前	book, friend
	集合名詞	人やものの集合体	family, people
数えられない名詞	固有名詞	特定の人や場所などの名前	Ken, Japan
	物質名詞	一定の形をもたないものの名前	paper, water
	抽象名詞	目に見えない性質や状態など	love, peace

(2) 数えられる名詞と数えられない名詞

■ 数えられる名詞
I like **apples**.（私はリンゴが好きです。）

POINT 数えられる名詞の単数形を単独で用いることはない。冠詞などをつけるか，複数形にする。

■ 数えられない名詞
Victoria has a lot of **homework** today.（ビクトリアは今日たくさんの宿題があります。）

POINT 数えられない名詞は，a，an をつけたり，複数形にしたりしない。単数として扱う。

注意 物質名詞の量を表すときは，cup，glass，piece などを単位として使うことができる。
例：**a cup** of coffee（1杯のコーヒー），**two cups** of coffee（2杯のコーヒー）

2 名詞の複数形

	複数形のつくり方	例
通常の語	-s をつける	bird → bird**s**
-s，-x，-ch，-sh で終わる語	-es をつける	bus → bus**es**
〈子音字＋y〉で終わる語	y を i に変えて -es をつける	country → countr**ies**
-o で終わる語	-es をつける	potato → potato**es**
	-s をつける	piano → piano**s**
-f(e) で終わる語	f(e) を v に変えて -es をつける	life → li**ves**
	-s をつける	roof → roof**s**
特別な語	単複同形	sheep → **sheep**
	特別な複数形	child → **children**

注意 〈母音字＋y〉で終わる語は，通常の語のように，語尾に -s をつけるだけでよい。
例：boy → boy**s**

基礎力チェック

ここに載っている問題は基本的な内容です。必ず解けるようにしておきましょう。

1 **【名詞の種類】** 次の下線部の名詞の種類を下から選び，記号を書きなさい。

① This house is nice. [　　]

② That tall man is Mr. Kasper. [　　]

③ They had a lot of snow in January. [　　]

④ This is a picture of my family. [　　]

⑤ Maria studies music in college. [　　]

⑥ Our school has about 400 students. [　　]

ア 普通名詞　**イ** 集合名詞　**ウ** 固有名詞
エ 物質名詞　**オ** 抽象名詞

2 **【単数形と複数形】** 次の英文の（　）内から適するものを選び，○で囲みなさい。

① Our (baby, babies) is sleeping quietly.

② Are your (cat, cats) old?

③ We don't have (time, a time) now.

④ How many (class, classes) do you have today?

⑤ I studied English for three (hour, hours).

⑥ I don't have much (money, moneys).

⑦ We had some (rain, rains) last night.

⑧ Eric and I are (friend, friends).

3 **【物質名詞の量の表し方】** 次の日本語に合うように，＿＿に適する語をそれぞれ１つずつ書きなさい。

① グラス１杯の水　a ＿＿＿＿＿＿ of water

② カップ１杯の紅茶　a ＿＿＿＿＿＿ of tea

③ １枚の紙　a ＿＿＿＿＿＿ of paper

④ ２切れのケーキ　two ＿＿＿＿＿＿ of cake

⑤ カップ２杯の牛乳　two ＿＿＿＿＿＿ of milk

⑥ ３本のチョーク　three ＿＿＿＿＿＿ of chalk

4 **【名詞の複数形】** 次の名詞の複数形を書きなさい。

① girl ＿＿＿＿　② box ＿＿＿＿　③ library ＿＿＿＿

④ photo ＿＿＿＿　⑤ leaf ＿＿＿＿　⑥ woman ＿＿＿＿

⑦ watch ＿＿＿＿　⑧ CD ＿＿＿＿　⑨ day ＿＿＿＿

⑩ city ＿＿＿＿　⑪ room ＿＿＿＿　⑫ tooth ＿＿＿＿

解答・解説➡別冊 P.14

実践問題

実際の問題形式で知識を定着させましょう。

1 知識 次の各組の下線部の発音が同じなら○を，異なるなら×を書きなさい。

(1) { trees / leaves } [　　]　(2) { books / dogs } [　　]　(3) { churches / dishes } [　　]

2 知識 次の（　　）内の語を適切な形に変えて，＿＿に書きなさい。ただし，変える必要がなければ，そのままの形を書きなさい。

(1) I need two ＿＿＿＿＿＿＿＿. (tomato)

でる! (2) My sister has three ＿＿＿＿＿＿＿＿. (child)

(3) Those ＿＿＿＿＿＿＿＿ are old. (dictionary)

(4) Did you catch any ＿＿＿＿＿＿＿＿ yesterday? (fish)

(5) Many ＿＿＿＿＿＿＿＿ live in the forests. (wolf)

(6) We saw many ＿＿＿＿＿＿＿＿ at the party. (people)

3 知識 次の日本文に合うように，＿＿に適する語をそれぞれ１つずつ書きなさい。

(1) アンはSF映画がとても好きです。
Ann likes SF ＿＿＿＿＿＿＿＿ very much.

(2) キャロルと私は５年前に友達になった。
Carol and I became ＿＿＿＿＿＿＿＿ five years ago.

(3) 新宿で電車を乗り換えてください。
Change ＿＿＿＿＿＿＿＿ at Shinjuku.

差がつく (4) 私に紙を何枚かください。〈高知学芸高・改〉
Please give me some ＿＿＿＿＿＿＿＿ of paper.

差がつく (5) 私は水が１杯欲しい。〈高知学芸高〉
I want a ＿＿＿＿＿＿＿＿ of water.

4 知識 次の英文には１か所ずつ誤りがあります。誤りを直し，正しい文を書きなさい。

(1) Steve wants a pair of glass.

＿＿＿＿＿＿＿＿＿＿＿＿＿＿＿＿＿＿＿＿＿＿＿＿

でる! (2) I need some sheets of papers.

＿＿＿＿＿＿＿＿＿＿＿＿＿＿＿＿＿＿＿＿＿＿＿＿

(3) The Browns have lived in a peace for a long time.

＿＿＿＿＿＿＿＿＿＿＿＿＿＿＿＿＿＿＿＿＿＿＿＿

差がつく (4) My sister Nana has a lot of works on Mondays.

＿＿＿＿＿＿＿＿＿＿＿＿＿＿＿＿＿＿＿＿＿＿＿＿

5 知識 次の日本文に合うように，(　　)内の語(句)を並べ替えて，正しい英文を完成させなさい。

(1) 私はこの本を3回読みました。I (this book / times / read / three).

I ____.

でる! (2) コーヒーを1杯いかがですか。How (coffee / about / cup / a / of)?

How ____?

6 次の会話文を読んで，あとの問いに答えなさい。

Cathy, Carla : We really enjoyed lunch. Thank you, Jun.
Jun : Good. Cathy, how do you like your coffee?
Cathy : With (Ⓐ), please.
Jun : I see. How about you, Carla?
Carla : Just sugar, please.
Jun : OK. Here you are.
Cathy, Carla : Thank you, Jun.
Jun : Would you like a (Ⓑ) of cake?
Cathy : Yes, please. I'd like some.
Carla : No, thank you. I'm full.

(1) 知識 (Ⓐ)内に適するものを選び，記号を書きなさい。

ア a milk　**イ** milks　**ウ** milk　[　　]

でる! (2) 知識 (Ⓑ)内に適するものを選び，記号を書きなさい。

ア piece　**イ** glass　**ウ** lot　**エ** cup　[　　]

(3) 理解 本文の内容に合っていれば○を，合っていなければ×を書きなさい。

① カーラはコーヒーに砂糖とミルクを入れて飲むつもりだ。　[　　]

② キャシーはケーキを食べるつもりだ。　[　　]

③ カーラはケーキを食べて，おなかがいっぱいだと言っている。　[　　]

7 07 次の場面で，Ⓐ～Ⓒの3つの英文が読まれます。それぞれの絵の人物の発言として，適切なものを選び，記号を書きなさい。

No.1

[　　]

No.2

[　　]

中学総合的研究 英語
P.140~147

冠詞

要点まとめ

1 不定冠詞 (a, an) の意味と使い方

意味と使い方	例
初めて話題になるものや人につける	My town has **a** lake.
「1つの」, 「1人の」	**a** book, **a** student
「～というもの」	**A** tiger is dangerous.
「～につき」	We have four English classes **a** week.

POINT a, an は数えられる名詞の単数形の前に用いる。
〈a＋子音の発音で始まる語〉 **a** movie [múːvi], **a** uniform [júːnifɔ̀ːrm] など
〈an＋母音の発音で始まる語〉 **an** uncle [ʌ́ŋkl], **an** hour [áuər] など

注意 a か an のどちらがつくかは, あとに続く語の発音で決まる。

2 定冠詞 (the) の意味と使い方

意味と使い方	例
前に出た名詞をくり返すとき	My town has a lake. I went to **the** lake.
「その～」, 「例の～」	Do you often go to **the** library?
この世で1つ[1人]しかないもの	**the** earth, **the** moon
序数(～番目の), 最上級などの前	**the** first week, **the** most difficult question
山脈, 川, 海の名前など	**the** Alps, **the** Shinano
「～というもの」	**The** dog is friendly.
慣用的な表現	play **the** guitar, in **the** morning

POINT the は特定のものや人につけるのが原則。数えられる名詞にも数えられない名詞にも用いる。

注意 子音の発音の語の前では[ðə], 母音の発音の語の前では[ði]と読む。
例：the [ðə] dog　the [ði] elephant

3 名詞に冠詞がつかない場合

冠詞がつかないとき	例
建物・場所などが本来の目的や役割を表すとき	go to **bed**, after **school**
呼びかけるとき	**Mom**, I need your help.
交通や通信の手段を表すとき	by **train**, on **foot**, by **mail**
月・曜日(・季節)を表すとき	in **March**, on **Sunday**

基礎力チェック

ここに載っている問題は基本的な内容です。必ず解けるようにしておきましょう。

1 【不定冠詞の使い方】次の英文の（　）内から適するものを選び，○で囲みなさい。

① They have (a,　an) house by the river.

② Is this (a,　an) interesting book?

③ I will buy (a,　an) used car.

④ You should take (a,　an) umbrella.

⑤ Alice has been talking for (a,　an) hour.

2 【不定冠詞と定冠詞の意味】次の英文の下線部の意味を下から選び，記号を書きなさい。

① A baby needs care. [　　]

② I have a dog. The dog is very big. [　　]

③ Jane is a doctor. [　　]

④ I work four days a week. [　　]

⑤ The monkey is a smart animal. [　　]

ア「１つの」,「１人の」　**イ**「～というもの」
ウ「～につき」　**エ**「その～」,「例の～」

3 【不定冠詞と定冠詞】次の英文の（　）内から適するものを選び，○で囲みなさい。

① Let's eat out. — OK. I know (a,　an,　the) nice restaurant.

② Today is (a,　an,　the) first day of April.

③ (A,　An,　The) sky is blue.

④ I saw a man at the gate. (A,　An,　The) man asked, "Are you Ms. Oka?"

⑤ Suddenly (a,　an,　the) idea came up.

⑥ (A,　An,　The) Thames is a long river through England.

4 【冠詞の有無】次の（　）内の日本語に合うように，＿＿に a, an, the から適する語を書きなさい。ただし，どれも入らない場合は×を書きなさい。

① Ryuji has ＿＿＿＿＿＿ dog. Its name is Taro.（イヌ）

② It will rain in ＿＿＿＿＿＿ afternoon.（午後に）

③ I go to ＿＿＿＿＿＿ school on Saturdays.（通学する）

④ Keith is going to travel by ＿＿＿＿＿＿ bus.（バスで）

⑤ Mr. Miller is ＿＿＿＿＿＿ English teacher.（英語の先生）

⑥ Lucy sometimes watches ＿＿＿＿＿＿ TV.（テレビ放送）

実践問題

実際の問題形式で知識を定着させましょう。

1 知識 次の日本文に合うように，____に適する語をそれぞれ1つずつ書きなさい。

(1) 月がとても美しい。

________ ________ is very beautiful.

(2) ニックは私の家まで歩いて来ました。

Nick came to my house ________ ________.

(3) どうしましたか。— 私はひどい風邪をひいています。

What's wrong? — I have ________ bad ________.

(4) 私は1日に8時間寝ます。

I sleep eight hours ________ ________.

2 知識 次の英文には1か所ずつ誤りがあります。誤りを直し，正しい文を書きなさい。

(1) Bill's brother is an university student.

____

(2) Let's go to the beach by a car.

____

(3) I usually walk my dog in evening.

____

差がつく (4) Ruth and I are in a same class.

____

3 知識 次の各組の英文を下線部の意味に注意して日本語に訳しなさい。

でる！ (1) <u>School</u> is over at three.

____

This <u>school</u> began in 1960.

____

(2) Erika was reading a book on the <u>bed</u>.

____

Erika goes to <u>bed</u> at eleven o'clock.

____

差がつく (3) I can finish my homework in <u>an hour</u>.

____

My father can walk seven kilometers <u>an hour</u>.

____

4 知識 次の日本文に合うように，（　　）内の語を並べ替えて，正しい英文を完成させなさい。ただし，それぞれ１語ずつ補うこと。

(1) 私は週に２回公園へ行きます。I go to (park / week / the / twice).

I go to ______________________________.

でる！ (2) イブは放課後フルートをふきます。Eve (flute / plays / school / after).

Eve ______________________________.

(3) 私たちは祭りを楽しみました。We (time / good / at / had) the festival.

We ______________________________ the festival.

でる！ (4) コウジは１時間前に帰宅しました。Koji (home / ago / returned / hour).

Koji ______________________________.

5 表現 次の日本文を英語に訳しなさい。

でる！ (1) あなたはどのように通学していますか。（６語で）

____

(2) １年の最初の月は１月です。

____

6 次の会話文を読んで，あとの問いに答えなさい。

Kevin : Emi, what does your father do?
Emi : My father is (①) teacher at a high school.
Kevin : Oh, really? Where's (②) school?
Emi : It's in (③) Tokyo.
Kevin : Does your father go to work by car?
Emi : No, he doesn't. He goes to work by bicycle.
Kevin : It's good for his health.
Emi : That's right. It's good for (④) earth, too.

(1) 知識 （ ① ）～（ ④ ）内に a，an，the から適する語を書きなさい。ただし，どれも入らない場合は×を書きなさい。

① ________ ② ________ ③ ________ ④ ________

(2) 理解 ケビンとエミは自転車通勤のよい点を２つあげています。それらを日本語で具体的に書きなさい。

______________________________ ______________________________

7 08 会話文のあとに質問が読まれます。その質問の答えとして適切なものを選び，記号を書きなさい。

No.1 ア No, he doesn't. イ He likes buses. ウ By bus. [　　]
No.2 ア Five days a week. イ Every day. ウ On Mondays. [　　]

品詞編 2 冠詞

3 代名詞

中学総合的研究 英語
P.148~159

要点まとめ

1 人称代名詞と所有代名詞の種類　代名詞は文中での役割によって，形が変化する。

人称	単数				複数			
	主格「～は」	所有格「～の」	目的格「～を［に］」	所有代名詞「～のもの」	主格「～は」	所有格「～の」	目的格「～を［に］」	所有代名詞「～のもの」
1人称	I	my	me	mine	we	our	us	ours
2人称	you	your	you	yours	you	your	you	yours
3人称	he	his	him	his	they	their	them	theirs
	she	her	her	hers				
	it	its	it	—				

POINT 所有格のすぐあとには名詞が続くが，所有代名詞は単独で「～のもの」の意味を表す。

〈所有格〉That is **my** bag.（あれは私のかばんです。）
名詞が続く

〈所有代名詞〉That bag is **mine**.（あのかばんは私のものです。）
単独で用いる

2 再帰代名詞

-selfや-selvesで終わり，「～自身」という意味を表す代名詞を再帰代名詞という。
myself＝「私自身」，himself＝「彼自身」，ourselves＝「私たち自身」，
themselves＝「彼ら［彼女ら，それら］自身」　など。

3 不定代名詞

one, another, some, any, -thing, -one など。不特定のものや人などを表す。

POINT oneは不特定のもの，itは特定のものをさす。

I lost my cap, so I want **one**.（帽子をなくしたので，１つ欲しい。）
I found a nice cap, so I want **it**.（すてきな帽子を見つけたので，それが欲しい。）

注意 the other，another，the othersの使い分け

2つ	3つ以上	3つ以上
■ ↑ one（一方）　● ↑ the other（他方）	■ ↑ one（1つ）　○●○○ ↑ another（別の1つ）	■■ some（いくつか）　●●● the others（残り全部）

4 itの特別用法

itは，時，気候・天候，距離などを表す文の主語になる。その場合，「それは，それが」とは訳さない。
例：**It** is seven o'clock.（7時です。）/ **It** is sunny today.（今日は晴れです。）

解答・解説➡別冊 P.17

基礎力チェック

ここに載っている問題は基本的な内容です。必ず解けるようにしておきましょう。

1 【人称代名詞】CとDの関係がAとBの関係と同じになるように，Dに適する語を書きなさい。

A	B	C	D
I	my	we	①
he	him	she	②
you	your	it	③
I	me	they	④

2 【所有代名詞】次の英文の（　　）内から適するものを選び，○で囲みなさい。

① This desk is (yours,　your,　you).

② Is this your guitar? — Yes, it is. It's (my,　mine,　I).

③ Is that cap Bobby's? — No, this red one is (he,　his,　him).

④ Ryoko is a friend of (our,　us,　ours).

3 【再帰代名詞】次の人称代名詞について，再帰代名詞を書きなさい。

① he ＿＿＿＿＿＿＿＿　② they ＿＿＿＿＿＿＿＿

③ you（単数）＿＿＿＿＿＿＿＿　④ it ＿＿＿＿＿＿＿＿

⑤ you（複数）＿＿＿＿＿＿＿＿　⑥ we ＿＿＿＿＿＿＿＿

4 【人称代名詞】次の英文の（　　）内から適するものを選び，○で囲みなさい。

① I enjoyed (I,　myself,　my) today.

② My opinion is different from (her,　hers,　herself).

③ People are kind to (our,　us,　we).

④ Mr. and Mrs. Smith have many cars. That's (their,　theirs,　them) new one.

⑤ That's easy. Do it (you,　your,　yourself).

5 【不定代名詞とitの特別用法】次の英文の（　　）内に適するものを下から選び，記号を書きなさい。ただし，同じ語を２度使ってはいけません。

① We looked at each (　　　) and laughed.　[　　　]

② I just made some soup. Do you want (　　　)?　[　　　]

③ Wow, (　　　) is nice and warm this morning.　[　　　]

④ My computer is too slow. I want a fast (　　　).　[　　　]

⑤ I want (　　　) cold.　[　　　]

ア it　イ other　ウ some　エ one　オ something

実践問題

解答・解説➡別冊P.17

実際の問題形式で知識を定着させましょう。

1 知識 CとDの関係がAとBの関係と同じになるように，Dに適する語を1つずつ書きなさい。

A	B	C	D
Ken	he	you and I	(1)
you	your	they	(2)
you	yours	he	(3)

2 知識 次の英文の（　　）内に適するものを選び，記号を○で囲みなさい。

(1)（　　　）was very kind to Hikaru.

ア You　イ She　ウ They　エ We

(2) *A* : Did you and your sister go to Bob's concert?〈岩手県〉

B : Yes,（　　　）enjoyed it very much.

ア they　イ we　ウ you　エ he

でる！ (3) *A* : Whose bag is this, Mary?〈秋田県〉

B : Oh, it's（　　　）.

ア she　イ her　ウ I　エ mine

(4) My brother is very popular in his class.（　　　）likes him.〈法政大学第二高〉

ア All people　イ Both of them　ウ Everyone　エ Nobody

(5) We should love one（　　　）.

ア the other　イ others　ウ other　エ another

(6) There is a phone call for you, Meg. — Who's（　　　）?〈灘高・改〉

ア there　イ he　ウ it　エ this

(7) At first Meg and I were just friends, and then we fell in love（　　　）.〈愛光高・改〉

ア each other　イ with each other

ウ each one of us　エ with each one of us

(8) Some people say he is a son of a rich family.（　　　）say his grandfather is the king of his country.

ア Other　イ The other　ウ Another　エ Others

3 知識 次の（　　）内の語を適切な形に変えて，____に書きなさい。

(1) Judy has many friends. Rickey is a friend of ________________.（she）

(2) I love animals. — ________________, too.（I）

(3) I have a cold. — Take care of ________________.（you）

(4) This is my DVD and ________________ are my brother's.（that）

(5) I bought this bag yesterday. I like ________________ color.（it）〈千葉県・改〉

4 知識 次の日本文に合うように，＿＿に適する語をそれぞれ１つずつ書きなさい。

(1) 私は自分の時計が好きではありません。彼らのが好きです。〈法政大学第二高・改〉

I don't like my watch. I like ＿＿＿＿＿＿.

(2) だれも電話に出ませんでした。

＿＿＿＿＿＿ ＿＿＿＿＿＿ answered the phone.

(3) どうぞ自由に取って食べてください。

Please ＿＿＿＿＿＿ ＿＿＿＿＿＿.

(4) やあ，ボブ。調子はどう？〈福島県・改〉

Hi, Bob. How's ＿＿＿＿＿＿?

差がつく (5) 私の両親はどちらも英語を話せません。〈久留米大学附設高〉

＿＿＿＿＿＿ ＿＿＿＿＿＿ my parents is able to speak English.

5 知識 次の各組の英文がほぼ同じ意味になるように，＿＿に適する語を書きなさい。

でる！ (1) These books belong to us. 〈実践学園高〉
These books are ＿＿＿＿＿＿.

(2) He had a good time at the party. 〈実践学園高〉
He enjoyed ＿＿＿＿＿＿ at the party.

(3) I don't know anything about the new plan.
I know ＿＿＿＿＿＿ about the new plan.

でる！ (4) They sometimes have heavy snow there in winter. 〈慶應義塾高・改〉
＿＿＿＿＿＿ sometimes ＿＿＿＿＿＿ heavily there in winter.

でる！ (5) It doesn't rain a lot in June in our country.
We don't have ＿＿＿＿＿＿ ＿＿＿＿＿＿ in June in our country.

差がつく (6) Our electric heater is out of order. 〈青雲高〉
＿＿＿＿＿＿ is wrong with our electric heater.

6 差がつく 知識 次の＿＿に適する語を下から選び，会話文を完成させなさい。ただし，同じ語を２度使ってもかまいません。また，文頭にくる単語も小文字にしてあります。

Clerk : May I help you?
Sayaka : Yes, please. I'm looking for a shirt.
Clerk : What color are you looking for?
Sayaka : (1) ＿＿＿＿＿＿ light.
Clerk : I see. How about this pink (2) ＿＿＿＿＿＿?
Sayaka : I don't like (3) ＿＿＿＿＿＿. Do you have (4) ＿＿＿＿＿＿ in green?
Clerk : Yes, we do. Here you are.

another	it	one	something

7 知識 次のそれぞれの英文の下線部には1か所誤りがあります。その記号を書き，正しい語を書きなさい。

(1) This(ア) is Mr. Brown. He will introduce him(イ) now, so listen to him(ウ) carefully. [　　] ＿＿＿＿

でる! (2) Do you want these white(ア) flowers or(イ) those red one(ウ)? [　　] ＿＿＿＿

差がつく (3) Some(ア) are for my plan, and another(イ) are against it(ウ). [　　] ＿＿＿＿

8 知識 次の日本文に合うように，(　　)内の語を並べ替えて，正しい英文を完成させなさい。ただし，必要があれば下線の語を適切な形に変えること。また，文頭にくる単語も小文字にしてあります。

(1) ここから10分かかります。(minutes / takes / it / ten) from here.

＿＿＿＿＿＿＿＿ from here.

でる! (2) 大きい箱が彼のです。The (is / he / big / box).

The ＿＿＿＿＿＿＿＿.

差がつく (3) 私たちはみんなサッカーが好きです。(we / soccer / of / like / all).

＿＿＿＿＿＿＿＿.

9 表現 次の日本文を英語に訳しなさい。

(1) こちらは晴れてとても暑い。〈香川県・改〉

＿＿＿＿＿＿＿＿

でる! (2) スミス先生 (Mr. Smith) はいつも何か新しいことに挑戦しています。

＿＿＿＿＿＿＿＿

10 差がつく 表現 カナダ出身の高校生のジュディ(Judy)は，トモコの家にホームステイしています。トモコはジュディについて，ジョン先生に紹介します。次の(1)～(3)について，あなたがトモコになったつもりで，それぞれの条件に合う紹介文を，最初の文に続けて書きなさい。

項目	条件
(1) 姉妹	人数は２人
(2) 日本ですでに過ごした期間	３週間
(3) 興味があること	日本の歴史

Judy is a high school student from Canada.

(1) ＿＿＿＿＿＿＿＿

(2) ＿＿＿＿＿＿＿＿

(3) ＿＿＿＿＿＿＿＿

11 理 解 次の英文を読んで，あとの問いに答えなさい。〈島根県・改〉

Fairtrade started about fifty years ago in Europe. At that time in many parts of the world the workers on farms had a big problem; they couldn't make enough money. Shops around the world sold things like coffee or tea and got money, and farm owners got money, too. But the money didn't go to the workers.

Some farm owners made things like coffee quickly because they wanted much money. For ①this reason, they used more chemicals. They used children on farms, too. Those children didn't get money from them. Many children couldn't go to school and had to work on farms.

Then Fairtrade started. When a kilogram of coffee was about 160 yen on average, some shops bought a kilogram of coffee for about 300 yen. Those shops supported Fairtrade. Thanks to Fairtrade, some changes happened. Farm owners stopped using a lot of chemicals. They gave more money to the workers. Children didn't have to work. New schools for children were built.

Now many people around the world are interested in Fairtrade. But in Japan, few people know about Fairtrade. ②It is really sad for me. Fairtrade coffee is expensive. But if we choose Fairtrade coffee, it will help many workers and many children around the world. Each of us should learn about Fairtrade and start something.

(注) Fairtrade：フェアトレード　Europe：ヨーロッパ　farm：農場　enough：十分な
owner：経営者　chemical：化学薬品　kilogram：キログラム
on average：平均して　support：～を支持する　stop -ing：～するのをやめる
be built：建てられる　expensive：高価な

(1) 下線部①，②の内容を，日本語で具体的に書きなさい。

① ______________________

② ______________________

(2) 筆者は結論として，私たちはどうするべきだと考えていますか。その内容を日本語で書きなさい。

____

12 09 会話の最後の文に続く英文として適切なものを選び，記号を書きなさい。

No.1 **ア** Oh, it's mine.　**イ** Yes, it's yours.
ウ No, it's on the chair.　[　　]

No.2 **ア** Enjoy yourself.　**イ** Take care of yourself.
ウ Please help yourself.　[　　]

形容詞

要点まとめ

1 形容詞の働きと文中での位置

■ 限定用法

Ms. Jones is our **new** teacher. (ジョーンズ先生は私たちの新しい先生です。)
名詞や代名詞を直接修飾する。

注意 -thing, -one, -body などを修飾する形容詞は，その語の直後におく。

Did I do anything **wrong**? (私は何か間違ったことをしましたか。)

■ 叙述用法

Ms. Jones is **kind**. (ジョーンズ先生は親切です。)
主語や目的語を説明する。

2 数や量を表す形容詞

意味	数えられる名詞に使う	数えられない名詞に使う
「1つも[少しも]ない」	no	
「少しの」	a few	a little
「多くの」,「たくさんの」	many	much
	a lot of ~／lots of ~	

注意 a few, a little は「少しある」という肯定的な意味を，few, little は「ほとんどない」という否定的な意味を表す。

例：I have **a few** books. (私は本を2，3冊持っています。)
I have **little** money. (私はお金をほとんど持っていません。)

注意 a lot of ~ は数えられる名詞，数えられない名詞のどちらにも使うことができる。

例：a lot of **books** (たくさんの本)，a lot of **rain** (大雨)

3 some と any

some とanyは，使われる文によって意味が変わる。

	肯定文での意味	疑問文の意味	否定文の意味
some	「いくつかの」「いくらかの」	(yes の答えを期待して)「いくつかの」「いくらかの」	—
any	「どんな~も」	「いくつかの」「いくらかの」	「少しも(~ない)」

4 数詞

one, twoのように**数**を表す基数詞と，「~番目の」のように**順序**を表す序数詞がある。

注意 次の基数詞と序数詞のつづりに注意する。

one — **first**「1番目の」，two — **second**「2番目の」，three — **third**「3番目の」，
five — **fifth**「5番目の」，nine — **ninth**「9番目の」，twelve — **twelfth**「12番目の」，
twenty — **twentieth**「20番目の」 など。

基礎力チェック

ここに載っている問題は基本的な内容です。必ず解けるようにしておきましょう。

1 【形容詞の働きと文中での位置】次の英文で（　）内の語を入れるのに適切な位置を選び，記号を○で囲みなさい。

① I bought a bike at that shop.（new）
　ア　イウ　エ

② Watching baseball games is for me .（exciting）
　ア　イウ　エ

③ There is something with my computer .（wrong）
　ア　イ　ウ　エ

2 【数や量を表す形容詞】次の日本文に合うように，（　）内から適するものを選び，○で囲みなさい。

① 私は兄弟が1人もいません。
I have（few, little, no）brothers.

② 弟はテレビゲームをほとんど持っていません。
My brother has（few, little, no）video games.

③ 日本にはジョンのファンがたくさんいます。
John has a lot of（fan, fans）in Japan.

④ 私たちの村には少し雪が降ります。
Our village has a（few, little, no）snow.

3 【some と any】次の___に some，any から適するものを書きなさい。

① 私たちの町には高校がまったくありません。
Our town doesn't have ______________ high schools.

② 私は水が欲しいです。
I want ______________ water.

③ 何かいい案はありますか。
Do you have ______________ good ideas?

④ 英語を上手に話す生徒もいます。
______________ students speak English well.

4 【数詞】次の数字について，序数詞（「～番目の」を表す語）を書きなさい。

① 2 ______________　② 3 ______________
③ 4 ______________　④ 6 ______________
⑤ 12 ______________　⑥ 20 ______________

実践問題

解答・解説➡別冊 P.19

実際の問題形式で知識を定着させましょう。

1 知識 CとDの関係がAとBの関係と同じになるように，Dに適する語句を書きなさい。

《(4)，(5) 実践学園高・改　(6)，(7) 大阪女学院高》

でる!

A	B	C	D
large	small	tall	(1)
America	American	Japan	(2)
many	much	a few	(3)
three	third	nine	(4)
two	second	five	(5)
food	hungry	water	(6)
care	careful	nature	(7)

2 知識 次の英文の（　　）内に適するものを選び，記号を○で囲みなさい。

(1) He is from Australia. His (　　) Japanese word is *mottainai*.
ア early　イ favorite　ウ different　エ famous

(2) When you speak Japanese, *yoroshiku* is a very (　　) word.
ア large　イ careful　ウ happy　エ useful

(3) I'm very (　　) because I worked hard all day.
ア surprised　イ tired　ウ exciting　エ interested

(4) Mike is very (　　) in Japanese paintings.
ア interested　イ bored　ウ excited　エ famous

(5) I am (　　) that you will be a good teacher.
ア sorry　イ sure　ウ afraid　エ worried

(6) *A* : The math test was difficult, wasn't it?
B : No, it was (　　) for me. I answered all the questions.
ア different　イ easy　ウ good　エ popular

でる! (7) Do you need (　　) time to answer the question?
ア many　イ a lot　ウ much　エ a few

でる! (8) *A* : Did you catch many fish in the river yesterday? 〈福島県〉
B : No, I only caught (　　) fish.
ア a few　イ much　ウ too many　エ a lot of

でる! (9) Rick couldn't buy those CDs because he had (　　) money. 〈駒込高〉
ア few　イ little　ウ a few　エ many

差がつく (10) He looked (　　) when he heard the news. 〈郁文館高〉
ア surprise　イ to surprise　ウ surprising　エ surprised

3 知識 次の日本文に合うように，____に適する語をそれぞれ1つずつ書きなさい。

(1) 私は初めてアメリカへ行きました。
I went to America for the ________ time.

でる! (2) その島は大きな古い木で有名です。
The island is ________ for its big old trees.

(3) 劇場は満員です。
The theater is ________ of people.

(4) 12月は1年のうち12番目の月です。
December is the ________ month of the year.

でる! (5) こんな雪の日に山に登る人はほとんどいません。〈久留米大学附設高・改〉
________ people climb the mountain on such a snowy day.

(6) (電話で) 番号を間違っていますよ。
You have the ________ number.

でる! (7) 彼は彼の学校にとても誇りを持っています。
He is very ________ of his school.

でる! (8) 2，3分でそこに着くでしょう。〈高知学芸高〉
I'll get there in a ________ minutes.

差がつく (9) 彼は来日するまで日本の歴史をよく知りませんでした。〈青雲高・改〉
He was not ________ with Japanese history before he came to Japan.

差がつく (10) 4月30日にメンバーが40人，私たちのクラブに加わりました。〈開成高・改〉
________ members joined our club on April the ________.

4 知識 次の各組の（　）内に共通して適する語を____に書きなさい。

(1) She caught a bad (　　), so she did not come to school.
We had snow last night. So it is (　　) today. ________

(2) A (　　) time ago, there was a boy named Momotaro. 〈関西学院高等部〉
How (　　) have you lived in Nishinomiya? ________

差がつく (3) This computer is too (　　). I can't buy it. 〈早稲田大学系属早稲田実業学校高等部・改〉
He gave me such an (　　) thing as a present. ________

5 知識 次の英文には1語ずつ誤りがあります。誤りを直し，正しい文を書きなさい。

(1) Every students knows Mr. Green.

____

(2) There is a few milk in the glass. 〈法政大学第二高・改〉

____

(3) Are you interesting in science? 〈慶應義塾高・改〉

____

6 知識 次の各組の英文がほぼ同じ意味になるように，＿＿に適する語をそれぞれ１つずつ書きなさい。

(1) Ken has no money with him today.
Ken ＿＿＿＿＿ have ＿＿＿＿＿ money with him today.

(2) I don't agree with your idea.
My idea is ＿＿＿＿＿ from yours.

(3) I have never been to Kyoto.
This is my ＿＿＿＿＿ visit to Kyoto.

差がつく (4) A few members were absent from the meeting. 〈慶應義塾高〉
＿＿＿＿＿ ＿＿＿＿＿ was present at the meeting.

7 知識 次の（　）内の語を並べ替えて，正しい英文を完成させなさい。

(1) *A* : May I speak to Mr. Yamazaki?
B : (that / he's / I'm / afraid) out now.
＿＿＿＿＿＿＿＿＿＿ out now.

(2) *A* : Your *yakisoba* is really nice. I love it!
B : Thank you. I'm (cooking / very / at / good).
I'm ＿＿＿＿＿＿＿＿＿＿.

でる! (3) *A* : Are (interested / Japanese / you / in) culture? 〈沖縄県・改〉
B : Yes. I like *kimono* very much.
Are ＿＿＿＿＿＿＿＿＿＿ culture?

でる! (4) *A* : What are you doing, Mike? 〈高知県・改〉
B : I'm watching the news on TV.
A : Is there (interesting / it / in / anything)?
B : A woman in our city will go to the moon next year.
Is there ＿＿＿＿＿＿＿＿＿＿?

8 表現 次の日本文を英語に訳しなさい。

(1) 彼らが私の家を訪ねてくれてうれしいです。

＿＿＿＿＿＿＿＿＿＿

(2) 先週，東京ではほとんど雨が降りませんでした。（Weで始めて）

＿＿＿＿＿＿＿＿＿＿

でる! (3) 私たちはその知らせに驚いています。

＿＿＿＿＿＿＿＿＿＿

(4) 彼女はどんなスポーツでも得意です。

＿＿＿＿＿＿＿＿＿＿

9 理解 次の会話文を読んで，あとの問いに答えなさい。〈和歌山県・改〉

Grandpa : Did you have a good time during winter vacation?

Kenji : Yes. I read some interesting books and enjoyed playing video games. They were Christmas presents from my father.

Grandpa : Is it fun to play video games?

Kenji : Yes. It's exciting. Would you like to play some video games?

Grandpa : I have never played them. Are they (①)?

Kenji : No. They're easy. You can play them with a remote control.

Grandpa : That's great. (②) So I enjoyed some old Japanese games.

Kenji : What kind of games did you play in those days?

Grandpa : I usually flew a kite with my friends in winter. At that time, we all thought, "Whose kite will fly the highest in the sky?" We competed with each other in the cold wind. That was a lot of fun.

Kenji : Great! Where did you get your kites?

Grandpa : I made my own kites with bamboo, paper and so on. That was hard but very (③). I was happy when my kite flew high in the sky.

Kenji : That's nice. Did your friends make their kites, too?

Grandpa : Yes, of course. We talked about kites together and exchanged some ideas. That was a nice experience.

(注) Christmas：クリスマス　remote control：リモコン　in those days：当時
flew：fly（～を飛ばす，飛ぶ）の過去形　kite：たこ　thought：thinkの過去形
high：高く　compete：競争する　each other：おたがい　bamboo：竹
～ and so on：～など　exchange：～を交換する　experience：経験

(1) (①)，(③) 内に適する語の組み合わせを選び，記号を書きなさい。

ア ① hard　③ surprising
イ ① exciting　③ easy
ウ ① difficult　③ interesting
エ ① interesting　③ nice　[　　]

(2) (②) 内に適するものを選び，記号を書きなさい。

ア Winter is a good season for flying kites.
イ Now we can buy a lot of things at shops.
ウ You are very interested in video games.
エ When I was a boy, I didn't have such games.　[　　]

10 10 次の場面で，女性の発言のあとにⒶ～Ⓒの３つの英文が読まれます。男性の応答として適切なものを選び，記号を書きなさい。

No.1［友だちと会って］[　　]　No.2［日本庭園で］[　　]

品詞編 4 形容詞

副詞

要点まとめ

1 副詞の働きと文中での位置

Tatsuya swims **fast**. (タツヤは速く泳ぎます。)
後ろから動詞を修飾する。

Sayo is **very** kind. (サヨはとても親切です。)
前から形容詞を修飾する。

Jeff got up **very** early. (ジェフはとても早く起きました。)
前から副詞を修飾する。

2 副詞(句)の種類

種類	例
時	yesterday (昨日), tomorrow (明日), now (今), then (そのとき)
場所	here (ここに), home (家に), there (そこに)
様態	early (早く), fast (速く), hard (熱心に), well (上手に)
強調	very (とても), too (あまりにも)
頻度	sometimes (時々), often (しばしば), usually (ふつう), always (いつも, 必ず)
否定	not (～ない), never (決して～ない)

注意 副詞(句)がいくつか並ぶときは〈場所+時〉の順にする。
さらに, 同じ種類の副詞を並べるときは〈小さい単位+大きい単位〉の順にする。
I'll get there at ten tomorrow. (私は明日10時にそこに着く予定です。)
場所 時(小) 時(大)

3 注意すべき副詞

副詞	意味	使い方
too / either	～もまた	肯定文でtoo, 否定文でeitherを用いる。
much / far	ずっと, 非常に	比較級を強調する。
enough	十分に	形容詞や副詞を後ろから修飾する。

注意 enoughを形容詞として使うときは, ふつう, 名詞の前におく。
They have **enough** food. (彼らは十分な食べ物を持っています。)

基礎力チェック

ここに載っている問題は基本的な内容です。必ず解けるようにしておきましょう。

1　【副詞の働き】次の下線部が修飾する1語を書きなさい。

① Kana, come here. ＿＿＿＿

② Will you please walk slowly? ＿＿＿＿

③ Breakfast is almost ready. ＿＿＿＿

④ I went to the park yesterday. ＿＿＿＿

⑤ Your box is too heavy. ＿＿＿＿

⑥ Rei got home just now. ＿＿＿＿

⑦ Can you run very fast? ＿＿＿＿

⑧ Jun reads a book every day. ＿＿＿＿

2　【副詞の種類】次の日本文に合うように，(　　)内から適するものを選び，○で囲みなさい。

① ポールは今，昼食をとっています。
Paul is having lunch (now, then, later).

② 向こうでキャッチボールをしましょう。
Let's play catch (here, away, over there).

③ この腕時計は高すぎます。
This watch is (enough, too, a little) expensive.

④ アンディとリンダは遅く出発しました。
Andy and Linda left (early, slow, late).

⑤ 私のお母さんは韓国語をとても上手に話します。
My mother speaks Korean very (well, good, much).

3　【注意すべき副詞】次の＿＿にtoo，either，soから適する語をそれぞれ1つずつ書きなさい。

① I like bananas. — I like them, ＿＿＿＿.

② I sometimes use the Internet. Do you use it, ＿＿＿＿?

③ I won't go to the party. — I won't, ＿＿＿＿.

④ Their songs are great! — I think ＿＿＿＿, too.

4　【副詞(句)の文中での位置】次の英文を(　　)内の語(句)をつけ加えて書き換えなさい。

① You aren't old. (enough)

＿＿＿＿＿＿＿＿＿＿＿＿＿＿＿＿

② I'll do my homework tomorrow. (at Maiko's house)

＿＿＿＿＿＿＿＿＿＿＿＿＿＿＿＿

実践問題

実際の問題形式で知識を定着させましょう。

1 知識 CとDの関係がAとBの関係と同じになるように，Dに適する語をそれぞれ1つずつ書きなさい。

でる!

A	B	C	D
easy	easily	good(上手な)	(1)
fast	slowly	early	(2)
this	that	here	(3)

2 知識 次の英文の（　　）内に適するものを選び，記号を○で囲みなさい。

でる! (1) This is a present for you. (　　　) you are.

ア So　イ And　ウ Here　エ Then

でる! (2) I haven't written a letter to Tomomi and haven't called her, (　　　). 〈栃木県〉

ア either　イ too　ウ also　エ so

(3) I grew (　　　) in the south of Spain. 〈関西学院高等部・改〉

ア on　イ around　ウ up　エ by

差がつく (4) This computer is (　　　) cheaper than the one I bought.

ア far　イ many　ウ very　エ more

3 知識 次の日本文に合うように，＿＿に適する語をそれぞれ1つずつ書きなさい。

(1) 私たちは毎週土曜日に学校へ行きます。

We go to school ＿＿＿＿ ＿＿＿＿.

(2) そのバス停は向こうにあります。

The bus stop is ＿＿＿＿ ＿＿＿＿.

(3) 彼は時々，自分の鼻を触ります。〈法政大学第二高・改〉

He ＿＿＿＿ ＿＿＿＿ his nose.

差がつく (4) 私はできるだけ早く家に帰ります。〈関西学院高等部・改〉

I'll go ＿＿＿＿ as ＿＿＿＿ as possible.

4 知識 次の各組の英文がほぼ同じ意味になるように，＿＿に適する語をそれぞれ1つずつ書きなさい。

(1) He works hard.
He is a ＿＿＿＿ ＿＿＿＿.

でる! (2) My grandfather sang very well. 〈法政大学第二高・改〉
My grandfather ＿＿＿＿ a very ＿＿＿＿ singer.

差がつく (3) I am going to study in a foreign country. 〈実践学園高〉
I am going to study ＿＿＿＿.

5 知識 次の英文を下線部の意味に注意して日本語に訳しなさい。

(1) Yoko practices English very <u>hard</u>.

____

(2) We <u>hardly</u> know each other.

____

6 知識 次の日本文に合うように，(　　) 内の語を並べ替えて，正しい英文を完成させなさい。ただし，文頭にくる単語も小文字にしてあります。

(1) 夏が終わろうとしています。(over / almost / is / summer).

______________________________.

(2) この部屋は十分な広さではありません。This room (enough / large / is / not).

This room ______________________________.

7 次の会話文を読んで，あとの問いに答えなさい。〈岐阜県・改〉

Mary : What subject do you like, Taku?

Taku : My favorite subject is Japanese. I also like calligraphy.

Mary : I like calligraphy, too! I came to Japan two years ago and I've studied it since then. It's very difficult for me, but I really enjoy studying it.

Taku : That's nice. I know you can write *kanji* very <u>well</u>.

Mary : Thank you.

(1) 知識 下線部が修飾する 1 語を書きなさい。 ______________

(2) 理解 次の質問に英語で答えなさい。

When did Mary start studying calligraphy?

____

8 🔊 11 次の絵と表について，Ⓐ～Ⓒの 3 つの英文が読まれます。英文の内容が合っていれば○を，合っていなければ×を書きなさい。

No.1

Ⓐ[　　] Ⓑ[　　] Ⓒ[　　]

No.2

	Jun	Sara	Tim
好きな教科	国語	数学	数学
嫌いな教科	英語	理科	英語

Ⓐ[　　] Ⓑ[　　] Ⓒ[　　]

助動詞

要点まとめ

1 助動詞の働き

Masahiro **can sing** some English songs.（マサヒロは英語の歌を歌うことができます。）

POINT 助動詞のすぐあとには必ず動詞の原形が続く。動詞に 3 人称単数現在の -s, -es はつかない。

注意 助動詞は 2 つ並べて用いることはできない。

2 疑問文・否定文

Ken **can** swim across this river.（ケンは泳いでこの川を渡ることができます。）

助動詞を主語の前におく。

Can Ken swim across this river?（ケンは泳いでこの川を渡ることができますか。）

—Yes, he **can**.（はい，渡ることができます。）

No, he **can't** [**cannot**].（いいえ，渡ることができません。）

POINT 助動詞の疑問文は〈助動詞＋主語＋動詞の原形 ～?〉の順。

Emi **can** run fast.（エミは速く走ることができます。）

notを助動詞のすぐあとにおく。

Emi **can't** [**cannot**] run fast.（エミは速く走ることができません。）

POINT 助動詞の否定文は〈主語＋助動詞＋not＋動詞の原形 ～.〉の順。短縮形に注意。

助動詞と not の短縮形

cannot ➡ can't
must not ➡ mustn't
will not ➡ won't

3 いろいろな助動詞

(1) can / may / must

助動詞	意味
can	[能力・可能] ～できる（be able to ～ はほぼ同じ意味）/ [推量・可能性] ～でありうる / [許可] ～してもよい
may	[許可] ～してもよい / [推量・可能性] ～かもしれない
must	[義務] ～しなければならない（have to ～ はほぼ同じ意味）/ [推量] ～にちがいない

POINT Can [May] I ～? は「～してもいいですか。」という許可を求める表現。

(2) Will you ～? / Shall I [we] ～?

助動詞	意味
Will you ～?	[予定] ～するつもりですか。/ [依頼] ～してくれませんか。
Shall I ～?	[自分から申し出る]（私が）～しましょうか。
Shall we ～?	[誘い]（一緒に）～しましょうか。

基礎力チェック

ここに載っている問題は基本的な内容です。必ず解けるようにしておきましょう。

1 【助動詞の働き】次の英文の（　　）内から適するものを選び，○で囲みなさい。

① You can (use,　used,　using) a cell phone here.

② Tomoko can (speaks,　speaking,　speak) French.

③ We will (can,　be able,　be able to) come next week.

2 【疑問文・否定文のつくり方】次の英文を（　　）内の指示にしたがって書き換えるとき，＿＿に適する語をそれぞれ1つずつ書きなさい。

① Your dog can run fast.（疑問文に）

＿＿＿＿＿ ＿＿＿＿＿ ＿＿＿＿＿ run fast?

② We can go by bus.（否定文に）

We ＿＿＿＿＿ go by bus.

③ They can find your house.（疑問文にして，Yesで答える）

＿＿＿＿ ＿＿＿＿ find your house? — ＿＿＿＿, they ＿＿＿＿.

3 【can / may / must】次の日本文に合うように，（　　）内から適するものを選び，○で囲みなさい。

① ジョンソン先生，部屋を出てもいいですか。

Ms. Johnson, (may,　must) I leave the room?

② 今夜は雪が降るかもしれません。

It (can't,　may) snow tonight.

③ あなたは宿題をしなければなりません。

You (can,　must) do your homework.

④ ジョーンは上手に踊れます。

Joan (can,　must) dance well.

⑤ この公園でボールを使うことは禁止されています。

You (won't,　mustn't) use balls in this park.

⑥ 私は7時までに帰宅しなければなりません。

I (have,　must) to get home by seven o'clock.

4 【Will you ～？ / Shall I[we] ～？】次の＿＿にWill，Shallから適するものをそれぞれ1つずつ書きなさい。

① ＿＿＿＿＿ you turn off the light? — Sure.

② ＿＿＿＿＿ we play tennis? — Yes, let's.

③ ＿＿＿＿＿ you be busy tomorrow? — No, I won't.

④ ＿＿＿＿＿ I go and call a doctor? — No, thank you. I'm OK.

実践問題

実際の問題形式で知識を定着させましょう。

1 理解 次の会話文を読んで，下の (1)，(2) の英文を入れるのに適切な位置を本文中の**ア〜エ**から選び，記号を書きなさい。〈鹿児島県〉

Clerk : May I help you?

Yuki : Yes, please. I like this T-shirt, but it's too big for me. 〈 **ア** 〉

Clerk : 〈 **イ** 〉 How about this one?

Yuki : This is nice. 〈 **ウ** 〉 How much is it?

Clerk : It's 15 dollars. 〈 **エ** 〉

でる! (1) I'll take it. [　　]

(2) Shall I show you a smaller one? [　　]

2 知識 次の英文の（　　）内に適するものを選び，記号を○で囲みなさい。

でる! (1) *A* : Can I go to bed now? 〈福岡県〉

B : (　　) But you have to brush your teeth first.

A : I've already done it.

ア I'm sorry, I can't.　**イ** I can go out.

ウ Sure.　**エ** No, you can't.

差がつく (2) *A* : What is your plan for this weekend? 〈沖縄県・改〉

B : We're going to the beach. Will you join us?

A : (　　)

B : OK, let's meet here at 10:00 on Saturday.

ア I'm so sorry.　**イ** Of course, I will.

ウ I went to the beach.　**エ** That's not interesting.

でる! (3) *A* : My sister and I will dance in a summer festival tomorrow. 〈長野県・改〉

B : That sounds good. I want to go and see your dance.
I have a new camera. (　　)

A : Yes, please.

ア Will you take pictures?　**イ** Do you show me your pictures?

ウ Shall I see your pictures?　**エ** Can I take pictures?

(4) *A* : Hello. This is .... 〈岐阜県・改〉

B : Sorry. I am not here now. Please leave your message. (　　)

A : (発信音のあとで) This is Takuya. I have some questions about the English homework. Please call me back. I'm waiting for your call.

ア I will call you later.　**イ** May I leave a message?

ウ Can I speak to Takuya?　**エ** You're welcome.

3 でる! 差がつく

知識 次の疑問文に対する答えとして適するものを選び，記号を書きなさい。

(1) Shall we come here together again? 〈大阪府・改〉
ア Yes, let's.　イ Yes, it is.
ウ No, there aren't.　エ No, we didn't.　[　　]

(2) May I use your pen? 〈駒込高〉
ア Certainly.　イ You're welcome.
ウ No, I don't like it.　エ All right, I'll use it.　[　　]

(3) You look tired. Shall I help you?
ア No, I'm very busy.　イ Yes, let's.
ウ You're welcome.　エ Thank you. You're kind.　[　　]

(4) Will you go to the supermarket and buy some eggs for dinner?
ア I'm OK. Thank you.　イ I'm happy to see you.
ウ Sure. I'll go right now.　エ I don't remember.　[　　]

でる!
(5) This cake is very good. Can I have another piece?
ア No, thank you.　イ Please help yourself.
ウ See you soon.　エ You can make it.　[　　]

差がつく
(6) Will you be able to come to my party? 〈実践学園高・改〉
ア Yes. I'm really looking forward to it.
イ William and Nancy came to the party.
ウ No, I wasn't able to go.
エ Many people will visit the party.　[　　]

4

知識 次の英文を（　　）内の指示にしたがって書き換えなさい。

(1) Please tell me the way to the station.（willを使って，ほぼ同じ意味を表す文に）

でる!
(2) Let's go to the movies.（shallを使って，ほぼ同じ意味を表す文に）

(3) I can ski well.（willを使って，未来を表す文に）

(4) I have to send an e-mail to Rose.（過去を表す文に）

(5) My father must go to his office today.（ほぼ同じ意味を表す文に）

でる!
(6) You must be quiet in this class.（Don'tで始めてほぼ同じ意味を表す文に）

差がつく
(7) Do I have to leave now?（Mustで始めてほぼ同じ意味を表す文にして，Noで答える）

5 知識 次の日本文に合うように，（　　）内の語を並べ替えて，正しい英文を完成させなさい。ただし，それぞれ1語ずつ補うこと。また，文頭にくる単語も小文字にしてあります。

(1) あなたたちを車で迎えに行きましょうか。(pick / shall / you) up?

__________________________________ up?

(2) 私にアドバイスをしてくれませんか。(give / me / will) some advice? 〈新潟県・改〉

__________________________________ some advice?

差がつく (3) 遅刻してはいけません，カーラ。(you / late / be), Carla.

__________________________________, Carla.

6 表現 次の日本文を英語に訳しなさい。

(1) あなたは次の列車を待つ必要はありません。(haveを使って) 〈鳥取県・改〉

____

(2) 私はそのパーティーに出席できないかもしれません。(mayを使って)

____

7 表現 次のようなとき，英語で何と言うか書きなさい。

でる! (1) コンピュータを使ってよいかたずねるとき。(５語で) 〈茨城県・改〉

____

(2) 相手にアメリカの音楽(American music)について話そうと誘うとき。(shallを使って) 〈三重県・改〉

____

差がつく (3) (気分が悪くて)病院に連れていって欲しいとき。(couldを使って) 〈関西学院高等部・改〉

____

8 表現 次の会話文を読んで，下線部 (1)，(2) に入る英文を（　　）内の語を順に用い，適切な語を補って書きなさい。ただし，文頭にくる単語も小文字にしてあります。〈愛知県・改〉

Keiko : Do you have any plans for next Saturday, Carlo?

Carlo : Nothing. Why do you ask?

Keiko : We're planning a party at my house in the evening. We'll be happy if you join us.

Carlo : I'd love to. (1)(can, walk, your)?

Keiko : Yes, you can. But if you walk, it will take some time. So, you should take a bus.

Carlo : OK. Do I have to bring some food?

Keiko : No. (2)(you, have, anything). Just bring yourself.

(注) Just bring yourself. : 来てくれるだけでいいです。

(1) __________________________________

でる! (2) __________________________________

9 次の会話文を読んで，あとの問いに答えなさい。〈三重県・改〉

(Akira is calling now.)

Jane : Hello, this is Jane.

Akira : Hi, Jane. This is Nakamura Akira, your father's friend. (①)

Jane : I'm sorry. My father isn't at home now. (②) I take a message?

Akira : Yes, please. (③) you write down what I need to tell him?

Jane : Sure. Please wait. I have to get a pen.

Akira : OK.

Jane : Now I have a pen. What is your message?

Akira : I hope he will get to the restaurant at about twelve thirty tomorrow. I also hope he will bring some books about Canada then.

Jane : I see. When my father comes home, I'll tell him.

Akira : Thank you, Jane.

Jane : You're welcome. Goodbye.

Akira : Goodbye.

(注) take a message：伝言をあずかる　write down ～：～を書き留める

(1) 知識 (①)内に適するものを選び，記号を書きなさい。

ア Can you talk about me?

イ Shall we call your friend?

ウ May I speak to your father?

エ Would you like to tell Jane? [ ]

(2) 知識 (②)，(③)内に適する語を選び，記号を書きなさい。

ア Shall　イ Will　ウ Must

②[ ]　③[ ]

(3) 理解 アキラはジェーンの父親への伝言としてどのようなことをジェーンに話したか，その内容を日本語で２つ書きなさい。

______

______

10 12 次の会話を聞いて，会話の最後の文に続く英文として適切なものを選び，記号を書きなさい。〈島根県・改〉

でる!

No.1 ア Yes, I will.　イ Yes, please.
ウ No, I don't.　エ No, you mustn't. [ ]

No.2 ア Of course.　イ I agree.
ウ Thank you.　エ No, thank you. [ ]

差がつく

No.3 ア Where will you go tomorrow?　イ What will you do tomorrow?
ウ Where were you yesterday?　エ What did you do yesterday?
[ ]

前置詞

要点まとめ

1 前置詞の働きと位置

My clock stands **on** the desk.（私の時計は机の上に置いてあります。）
〈前置詞＋名詞〉が前の動詞を修飾する…副詞の働き

The clock **on** the desk is slow.（机の上の時計は遅れています。）
〈前置詞＋名詞〉が直前の名詞を修飾する…形容詞の働き

2 時を表す前置詞

	前置詞＋名詞	例
on	on＋日にち / 曜日	**on** May 1（5月1日に），**on** Sunday（日曜日に）
in	in＋季節 / 月 / 年	**in** summer（夏に），**in** July（7月に）
at	at＋時刻	**at** six（6時に），**at** noon（正午に）

注意 単に午前や午後を言うときはin，特定の午前や午後を言うときはonを用いる。
in the afternoon（午後に），**on** Sunday afternoon（日曜日の午後に）

3 場所を表す前置詞

	意味	例
on	～(の上)に[接触していることを表す]	**on** the chair（いすの上に），**on** the wall（壁に）
in	～(の中)に	**in** Japan（日本に），**in** the box（箱の中に）
at	～に，～で	**at** home（家で），**at** the party（パーティーで）

POINT 原則としてatは地点を示し，inは範囲を示す。したがって，atのすぐあとには狭い場所，inのすぐあとには広い場所が続くことが多い。

4 その他の前置詞

	意味	例
by	～のそばに［近い位置］， ～によって［手段］	go **by** train（電車で行く）
with	～と一緒に［同伴］， ～を使って［道具］	write **with** colored pencils（色鉛筆で書く）
in	～で［手段・材料］	write **in** English（英語で書く）
for	～のために，～に向けて［目的・対象］	a present **for** you（あなたへのプレゼント）

POINT 前置詞は動詞や形容詞と結びついてさまざまな熟語をつくる。
look **at** ～＝「～を見る」，be good **at** ～＝「～が上手だ」

注意 交通手段を表すbyのあとに続く名詞に冠詞はつかない。

解答・解説➡別冊 P.24

基礎力チェック

ここに載っている問題は基本的な内容です。必ず解けるようにしておきましょう。

1 【前置詞の働き】次の下線部が修飾する語（句）を書きなさい。

① The building <u>at the corner</u> is a school. ＿＿＿＿＿＿＿＿

② We will fly <u>from Tokyo to Paris</u>. ＿＿＿＿＿＿＿＿

③ Erika did her homework <u>before dinner</u>. ＿＿＿＿＿＿＿＿

2 【時を表す前置詞】次の英文の（　　）内から適するものを選び，○で囲みなさい。

① It rains a lot (in, on, at) June.

② Andrew got up (in, on, at) seven this morning.

③ We have four classes (in, on, at) the morning.

④ What did you do (at, during, by) the summer vacation?

⑤ Rebecca practices tennis (in, on, at) Saturdays.

⑥ I've lived in this city (from, since, for) 2000.

3 【場所を表す前置詞】次の英文の＿＿に適するものを下から選び，書きなさい。

① 私たちはカナダに住んでいます。
We live ＿＿＿＿＿＿＿＿ Canada.

② 何が壁にとまっていますか。
What's ＿＿＿＿＿＿＿＿ the wall?

③ 教科書の15ページを開いてください。
Please open your textbooks ＿＿＿＿＿＿＿＿ page 15.

④ 私のネコはテーブルの下にいます。
My cat is ＿＿＿＿＿＿＿＿ the table.

to　in　on　under

4 【その他の前置詞】次の日本文に合うように，（　　）内から適するものを選び，○で囲みなさい。

① 私は自転車で通学しています。
I go to school (by, with, in) bike.

② ケビンと私は英語で話します。
Kevin and I talk (at, on, in) English.

③ 彼女はナイフでリンゴを切りました。
She cut an apple (in, for, with) a knife.

④ リンと私は新しい映画について話しました。
Lynn and I talked (about, to, with) a new movie.

実践問題

実際の問題形式で知識を定着させましょう。

1 知識 次の英文の（　）内に適するものを選び，記号を○で囲みなさい。

(1) That picture (　　) the wall is Tim's.
ア over　イ with　ウ in　エ on

(2) Ann went to bed (　　) midnight.
ア to　イ at　ウ in　エ on

(3) (　　) my stay in England, I'll visit the Tower of London. 〈駒込高〉
ア At　イ During　ウ In　エ With

(4) Yuko is sitting (　　) Yuka and Hiromi.
ア during　イ between　ウ for　エ through

でる!→ (5) Will you be able to finish the job (　　) next Wednesday? 〈青雲高〉
ア until　イ at　ウ by　エ since

(6) Dad's eyes were full (　　) tears. 〈関西学院高等部〉
ア of　イ for　ウ over　エ in

でる!→ (7) This museum is famous (　　) its Egyptian artworks. 〈静岡県〉
ア as　イ for　ウ in　エ to

でる!→ (8) *A* : I don't know which girl is Kaori. 〈福島県〉
B : She is that little girl (　　) long hair.
ア on　イ with　ウ for　エ in

差がつく→ (9) We'll have a party (　　) the evening of September 11th. 〈東大寺学園高・改〉
ア in　イ on　ウ at　エ for

(10) We arrived (　　) Toronto International Airport. 〈青山学院高等部・改〉
ア in　イ on　ウ at　エ to

でる!→ (11) *A* : Next year we'll have no school festival in our school. 〈岩手県・改〉
B : Really?　Are you for that plan?
A : No.　I'm (　　) the plan.　I think we need the festival.
ア against　イ with　ウ by　エ on

2 知識 次の（　）内の語を並べ替えて，正しい英文を完成させなさい。

(1) *A* : Where's John? 〈愛媛県・改〉
B : I saw (in / him / of / front) the library two minutes ago.
I saw ________________________ the library two minutes ago.

でる!→ (2) *A* : Could you (me / help / with / homework / my)? 〈千葉県〉
B : Sure.
Could you ________________________?

3 理解 次の会話文は日本の中学校に留学しているアレックスが，ロンドンに住む祖母ケイトとテレビ電話で話しているときのものです。会話文を読んで，あとの問いに答えなさい。〈長崎県・改〉

Alex : Look. This is my class schedule at my school. I like music the best. On the class schedule, it's (①) social studies and English on Wednesday.

Kate : My favorite one was art when I was a student. How about the other classes?

Alex : Japanese and social studies are a little difficult but interesting. The four classes (②) lunch time are a little hard for me because I'm hungry during the fourth period.

Kate : Is that so? Oh, what is cleaning time (③) lunch time?

Alex : All students clean their classrooms and other places in the school.

〈*Class Schedule*〉				
period	time	Monday	Tuesday	Wednesday
1	8:30 〜 9:20	Japanese	math	P.E.
2	9:30 〜 10:20	science	English	social studies
3	10:30 〜 11:20	math	art	music
4	11:30 〜 12:20	home economics	art	English
	12:20 〜 13:35	lunch time		
	13:40 〜 13:55	cleaning time		
5	14:00 〜 14:50	social studies	Japanese	science
6	15:00 〜 15:50	P.E.	science	Japanese

(注) period : 〜時間目　home economics : 家庭（教科名）　P.E. : 体育

(1) (①) 〜 (③) 内に適する語を選び，記号を書きなさい。

ア after　**イ** before　**ウ** between　**エ** during

①[　　] ②[　　] ③[　　]

(2) 次の質問に英語で答えなさい。

How long do the students clean their school each day?

____

4

13 No.1 は英文，No.2 は会話文のあとにそれぞれ質問が読まれます。その質問の答えとして適切なものを絵の中から選び，記号を書きなさい。

No.1　No.2　〈新潟県・改〉

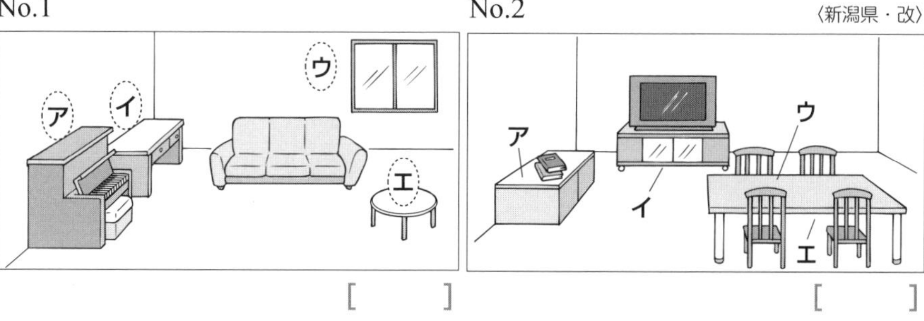

[　　]　[　　]

8 接続詞

中学総合的研究 英語
P.212~222

要点まとめ

1 接続詞の種類と用法

I play baseball **and** soccer.（私は野球とサッカーをします。）
〈語〉 〈語〉 〈語と語〉，〈語句と語句〉，〈文と文〉などを対等の関係で結ぶ
…等位接続詞

I enjoy cooking **when** I am free.（私は時間があるとき，料理をして楽しみます。）
〈主節〉 〈従属節〉 〈従属節〉を導く…従属接続詞

2 いろいろな等位接続詞

接続詞	意味	接続詞	意味
〈*A* **and** *B*〉	AとB，AそしてB	〈*A* **or** *B*〉	AかB，AまたはB
〈*A* **but** *B*〉	AだがB，AしかしB	〈*A* **so** *B*〉	AだからB

POINT 原則として，等位接続詞の前後には同じ形や性質のものをおく。

Where will you play soccer, at school **or** in the park?
（あなたはどこでサッカーをするつもりですか，学校でそれとも公園でですか。）

3 いろいろな従属接続詞

接続詞	意味	接続詞	意味
that ～	［名詞節を導いて］～ということ	**because** ～	［原因・理由］～だから
if ～	［条件］もし～ならば	**when** ～	［時］～するとき
till［**until**］～	［時］～するまで	**though**［**although**］～	［受け入れ］～だけれども

POINT 動詞のあとに続く名詞節を導くthatは省略することができる。

I hope (**that**) you will be a doctor.（あなたが医者になれるといいなと思います。）

4 その他の接続詞

接続詞	意味
〈**both** *A* **and** *B*〉	AもBも両方
〈**either** *A* **or** *B*〉	AかBかどちらか一方
〈**not** *A* **but** *B*〉	AではなくB
〈**not only** *A* **but** (**also**) *B*〉	AだけでなくBも ＝〈*B* **as well as** *A*〉

基礎力チェック

ここに載っている問題は基本的な内容です。必ず解けるようにしておきましょう。

1　【接続詞の用法】次の（　　）内の語を使って，次の２つの英文を１つの文に書き換えなさい。

① I know Susan. I know David. (and)

____

② Kana will go abroad. I know that. (that)

____

③ Could you come to my house? You have time. (when)

____

2　【いろいろな等位接続詞】次の（　　）内の日本語に合うように，____に適する語をそれぞれ１つずつ書きなさい。

① Jessica wants tea ________ milk.（～または…）

② Kaori is not tall, ________ she is good at basketball.（～だが…）

③ We bought a new table ________ two chairs.（～と…）

④ It was rainy, ________ Megumi and Kana did not go out.（～だから…）

⑤ Go along this street, ________ you will find the hotel.（そうすれば）

3　【いろいろな従属接続詞】次の日本文に合うように，____に適する語をそれぞれ１つずつ書きなさい。

① 私はランディの意見は大切だと思います。
I think ________ Randy's opinion is important.

② もしこの週末晴れたら，私たちはピクニックに行くつもりです。
We will go on a picnic ________ it's fine this weekend.

③ 私が家に着いたとき，母は料理をしていました。
My mother was cooking ________ I got home.

④ 私は電車に乗り遅れたので，遅刻しました。
I was late ________ I missed the train.

⑤ 暗くならないうちに戻りましょう。
Let's get back ________ it gets dark.

4　【その他の接続詞】次の英文の（　　）内から適するものを選び，○で囲みなさい。

① I like (either,　both,　but) English and math.

② Mr. and Mrs. Sato grow vegetables as (well,　much,　long) as flowers.

③ We can go to Tokyo (either,　both,　not only) by bus or by train.

④ Linda is not my sister (and,　but,　so) my aunt.

⑤ These computers are (not only,　either,　and) small but also very light.

実践問題

解答・解説➡別冊 P.26

実際の問題形式で知識を定着させましょう。

1 知識 次の英文の（　　）内に適するものを選び，記号を○で囲みなさい。

(1) Hurry up, (　　) you will miss the bus.
ア so　イ and　ウ or　エ that

(2) I can tell you where Ken's house is (　　) I have visited it before.
ア because　イ so　ウ that　エ when

(3) I was tired, (　　) I went to bed early. 〈東大寺学園高〉
ア since　イ because　ウ so　エ for

(4) I jumped out of my bed, washed my face (　　) put on my clothes. 〈沖縄県〉
ア but　イ or　ウ and　エ if

(5) Satoshi started playing golf (　　) he was seven years old. 〈沖縄県〉
ア if　イ when　ウ that　エ but

差がつく (6) I did not know the news (　　) I turned on the radio this morning. 〈青雲高〉
ア either　イ until　ウ by　エ while

差がつく (7) We not only enjoyed ourselves and visited different places, (　　) we also enjoyed doing some volunteer work. 〈青山学院高等部・改〉
ア but　イ and　ウ then　エ or

差がつく (8) My dog started to bark as (　　) as he heard my voice. 〈青雲高〉
ア loud　イ strongly　ウ soon　エ much

2 知識 次の各組の英文がほぼ同じ意味になるように，____に適する語をそれぞれ1つずつ書きなさい。

でる! (1) If you don't wake up early, you'll be late. 〈郁文館高〉
Wake up early, ________ you'll be late.

(2) I know Koji. I know his brother, too. 〈青雲高〉
I know ________ Koji ________ his brother.

(3) It was raining, but I went out.
________ it was raining, I went out.

(4) I felt sick yesterday, so I was absent from school.
I was absent from school ________ I felt sick yesterday.

(5) My uncle died two months ago.
It is two months ________ my uncle died.

でる! (6) If you are kind to people, everyone will like you.
________ kind to people, ________ everyone will like you.

(7) Sing a song, or the baby won't go to sleep. 〈関西学院高等部〉
________ you ________ sing a song, the baby won't go to sleep.

3 差がつく

理解 次の英文の（　　）内には，下のア～ウの文が入ります。意味が通るよう適切な順序に並べ替えなさい。〈高知県・改〉

Today was Mother's Day. Yumi had a plan. It was to make a cake for her mother.（　　）Two hours later, they finished making it. Their mother ate it and said, "This cake is very good. Thank you very much." Yumi was very happy.

ア When they came back, they started making an apple cake.
イ She talked with her sister about the plan.
ウ After they talked about it, they went shopping and bought some apples.

[　　→　　→　　]

4

知識 次の（　　）内の語を並べ替えて，正しい英文を完成させなさい。

(1) *A* : Kate (me / would / told / she / that) go back to her country next month.
B : Really? Then, let's have a farewell party for her.

Kate ______________________ go back to her country next month.

(2) *A* : What were (I / doing / when / you) went to your house?〈神奈川県・改〉
B : I was listening to music then.

What were ______________________ went to your house?

でる！

(3) *A* : Yesterday he was in bed, but now he is better.〈石川県〉
B : Good! Do (come / he / think / will / you) to school tomorrow?
A : Yes, I hope so.

Do ______________________ to school tomorrow?

5

表現 次の日本文を英語に訳しなさい。

(1) もし明日暇なら，私を手伝ってくれませんか。〈高知学芸高・改〉

____

(2) 私は，私たちが一緒に楽しいときを過ごすことができると思います。〈京都府・改〉

____

6 差がつく

表現 次の①と②のどちらか1つを選び，その質問に対する答えを理由を含めて，10語程度の英語で書きなさい。〈福岡県・改〉

① What is your favorite subject?
② What is your favorite sport?　　選んだ番号 [　　]

____

____

7 次の英文を読んで，あとの問いに答えなさい。〈新潟県・改〉

My name is Miki. Every fall, we have a marathon race in our town. Last year my friend Kenta and I worked for it as volunteers all day. It was sunny on the day of the marathon race. ①<u>I was nervous</u> because working for the marathon race as a volunteer was my first experience.

Kenta and I were near the goal with the other volunteers. Our volunteer job was to give runners bottles of water. There were a lot of bottles of water in large boxes in front of us. We carried the boxes, took the bottles out of them, and put them on the tables. It was hard work.

At about 10:30, the first runner got to the goal, and everyone near the goal gave him applause. Many people gathered around him. They looked very excited. Other runners looked satisfied (②) they finished running.

In the afternoon, the last few runners got to the goal. We were very busy. I gave them bottles of water. Some of them said to me, "Thank you for working as a volunteer." (③)

(注) marathon race：マラソン大会　nervous：緊張して　goal：ゴール地点　runner：ランナー
a bottle of water：水の入ったペットボトル　take ～ out of …：～を…から取り出す
applause：拍手　gather：集まる　satisfied：満足して

(1) 理解 下線部①の理由を，日本語で具体的に書きなさい。

____

(2) 知識 (②) 内に適する語を選び，記号を書きなさい。

ア although　**イ** when　**ウ** if　**エ** so　[　　]

(3) 理解 (③) 内に適するものを選び，記号を書きなさい。

ア I was glad to run with Kenta in the marathon race today.

イ I was happy to know I could help runners by working as a volunteer.

ウ I was surprised to know the runners could get to the goal before noon.

エ I was really tired and I wanted to stop working for the marathon race.

[　　]

8 14 会話文のあとに質問が読まれます。その質問の答えとして適切なものを選び，記号を書きなさい。

ア No, she couldn't see him because she had to go back to the office.

イ No, she couldn't see him because she left Nancy's house at eight.

ウ No, she couldn't see him because she arrived there after nine.

エ No, she couldn't see him because she left her office too early.

[　　]

いろいろな文の形編

1

中学総合的研究 英語
P.224~237

5つの文構造

要点まとめ

1 文を構成する要素

要　素	働　き
主語（S）	文の主題[中心] ―「～は」「～が」を表す。
動詞（V）	主語が行う〈動作〉，主語の〈状態〉―「～する」「～だ，（～に）いる」を表す。
目的語（O）	動詞の動作を受ける〈人〉や〈もの〉―「～を」「～に」を表す。
補語（C）	主語や目的語を説明する。

2 5つの文構造と使い方

(1)〈主語＋動詞〉

Brian runs very fast.（ブライアンはとても速く走ります。）
S　V

(2)〈主語＋動詞＋補語〉

My father is a math teacher.（私の父は数学の先生です。）
S　V　C　　My father＝a math teacher→「数学の先生」は「私の父」の説明という関係。

You look happy.（あなたはうれしそうに見えます。）
S　V　C　　You＝happy→「うれしい」は「あなた」の説明という関係。

POINT よく使う動詞　be動詞，become（～になる），sound（～のように聞こえる）など。

(3)〈主語＋動詞＋目的語〉

Mary speaks English.（メアリーは英語を話します。）
S　V　O

(4)〈主語＋動詞＋目的語＋目的語〉

We gave Cindy a T-shirt.（私たちはシンディにTシャツをあげました。）
S　V　O_1（人）O_2（もの）　Cindy≠a T-shirt→「シンディ」＝「Tシャツ」<u>という関係ではない</u>。

POINT 〈主語＋動詞＋目的語（人）＋目的語（もの）〉の文は，前置詞を使って〈主語＋動詞＋目的語（もの）＋to [for]＋人〉の文に書き換えることができる。

We gave **Cindy** **a T-shirt**.

We gave **a T-shirt** **to** **Cindy**.

〈動詞による前置詞の使い分け〉

give, show, teach, tell, write など	to
buy, get（得る）, make, cook など	for

(5)〈主語＋動詞＋目的語＋補語〉

My friends call me Ann.（友だちは私をアンと呼びます。）
S　V　O　C　　me＝Ann→「私」＝「アン」という関係であることに注意。

POINT よく使う動詞　name O C（OをCと名づける），make O C（OをCにする）など。

解答・解説➡ 別冊 P.28

基礎力チェック

ここに載っている問題は基本的な内容です。必ず解けるようにしておきましょう。

1 **【文を構成する要素】** 次の（　　）内に，S, V, O, Cのうち，適するものを書きなさい。ただし，どれにもあたらない場合は×を書きなさい。

① Bill speaks Chinese and English.
S（　　）（　　）

② My dog was very hungry at that time.
（　　）V（　　）

③ We call that girl Victoria.
S V（　　）（　　）

④ I teach little children English.
S V（　　）（　　）

2 **【5つの文の使い方】** 次の英文の（　　）内から適するものを選び，○で囲みなさい。

① We (listened,　listened to) an English song.
② Paul often (visits,　goes) Kyoto and Nara.
③ Ken (looked at,　looked) very angry. What happened?
④ Let's go swimming. — That (looks,　sounds,　tastes) great!
⑤ I'll (speak,　tell,　talk) you my e-mail address.
⑥ My grandfather bought (me a new bike,　a new bike me).
⑦ Please give some water (for,　to) me.
⑧ John and I made lunch (for,　to) our mother.
⑨ The coach will make (her a good player,　a good player her) soon.

3 **【5つの文構造】** 次の英文と同じ構造の文を下から選び，記号を書きなさい。

① I play tennis on Sundays. [　　]
② Shota studies hard for the test. [　　]
③ Emily became a Japanese teacher last year. [　　]
④ We named our team "The Dolphins." [　　]
⑤ Ms. Jones asked me some questions. [　　]

ア Your idea sounds great.
イ My dog runs around the park with me before breakfast.
ウ We have two big dogs.
エ Kate showed us an interesting picture.
オ The news made me surprised.

実践問題

実際の問題形式で知識を定着させましょう。

1 知識 次の英文の____に適するものを下から選び，書きなさい。ただし，同じ語を2度使ってはいけません。

(1) You will ________ well soon if you take this medicine.

(2) Fred will ________ the members the news tomorrow morning.

でる! (3) Please ________ me Jenny.

(4) You ________ great in *kimono*. — Thanks.

(5) Your sister will ________ you this cap next Sunday.

でる! (6) Music can ________ us happy.

(7) You must ________ him English after school.

call	get	give	look	make	teach	tell

2 知識 次の（　）内の語(句)の中から適切な4つを選び，並べ替えて正しい英文を完成させなさい。ただし，文頭にくる単語も小文字にしてあります。

(1) *A* : Do you know someone who can join our music club?

B : How about Jennifer? She (sings / is / singer / good / a / well).

She ________________________________.

(2) *A* : You look sad. What's up?

B : I was just reading this book. (I / me / looks / the story / always / makes) sad.

________________________________ sad.

(3) *A* : Did (he / ask / you / teach / him / the question)?

B : Yes, but he didn't know about it.

Did ________________________________?

3 知識 次の日本文に合うように，____に適する語をそれぞれ1つずつ書きなさい。

(1) 私の兄はパイロットになりました。

My brother ________ a pilot.

でる! (2) 私はあなたたちに本を何冊か持っていきます。

I will bring ________ ________ ________.

でる! (3) 駅への道を私たちに教えてくれませんか。

Will you ________ ________ the way to the station?

(4) シンディは彼女の人形をアンジェラと名づけました。

Cindy ________ her doll Angela.

差がつく (5) この野菜は甘い味がします。

This vegetable ________ ________.

差がつく (6) 自分の部屋をきれいにしておきなさい，ジャック。

________ your room ________, Jack.

4 知識 次の各組の英文がほぼ同じ意味になるように，＿＿に適する語をそれぞれ1つずつ書きなさい。

(1) My father is a high school teacher.
My father ＿＿＿＿ at a high school.

でる！ (2) Betty cooked lunch for us.
Betty cooked ＿＿＿＿ ＿＿＿＿.

(3) We sent Mr. Adams an e-mail.
We sent an e-mail ＿＿＿＿ Mr. Adams.

(4) What is the name of that mountain? 〈実践学園高〉
What do you ＿＿＿＿ that mountain?

差がつく (5) How do you feel about it?
＿＿＿＿ do you think about it?

でる！ (6) Why are you so sad?
＿＿＿＿ ＿＿＿＿ you so sad?

5 知識 次の英文を下線部に注意して日本語に訳しなさい。

差がつく (1) ① I <u>found</u> this book on my father's desk.

② I <u>found</u> this book interesting.

でる！ (2) ① They <u>made</u> a big cake for their son.

② They <u>made</u> their son a teacher.

③ They <u>made</u> their son happy.

6 知識 次の英文には1か所ずつ誤りがあります。誤りを直し，正しい文を書きなさい。

(1) I will reach to the station at ten.

(2) My father bought this glove me.

(3) Tom gave a present for me.

差がつく (4) That sounds a good idea.

差がつく (5) People will become happily soon after the war is over.

7 知識 次の（　）内の語（句）を並べ替えて，正しい英文を完成させなさい。

(1) *A* : Wow, you have a dog. 〈高知県〉

B : My (me / this dog / father / bought) for my birthday.

A : I want to have a dog like yours.

My ＿＿＿＿＿＿＿＿＿＿＿＿＿＿＿＿ for my birthday.

(2) *A* : I was sad when I read "A Mother's Lullaby." 〈福島県〉

B : Me, too.

I still remember that (important / taught / the story / something / me).

I still remember that ＿＿＿＿＿＿＿＿＿＿＿＿＿＿＿＿.

でる!

(3) *A* : Wow! That boy plays the guitar very well. 〈石川県〉

B : Yes, he is great.

A : What's his name?

B : Kentaro. But (him / his / Ken / friends / call).

But ＿＿＿＿＿＿＿＿＿＿＿＿＿＿＿＿.

でる!

(4) *A* : How about going to the ski ground this weekend? 〈新潟県・改〉

B : Sounds interesting!

A : Let's make a big snowman together!

B : I can't wait. That (very / me / makes / excited).

That ＿＿＿＿＿＿＿＿＿＿＿＿＿＿＿＿.

8 表現 次の日本文を（　）内の語を使って英語に訳しなさい。

(1) 私はあなたに手紙を書きます。(will, to)

＿＿＿＿＿＿＿＿＿＿＿＿＿＿＿＿

(2) いつ家を出発したらよいか私に教えてください。(tell, to)

＿＿＿＿＿＿＿＿＿＿＿＿＿＿＿＿

(3) その試合で私たちのチームは有名になりました。(made)

＿＿＿＿＿＿＿＿＿＿＿＿＿＿＿＿

9 表現 新しく着任したトーマス先生について，学校新聞で紹介します。次の内容が伝わるように，英文を書きなさい。〈富山県〉

・毎日散歩をする。

・アメリカでは友だちは，彼（トーマス先生）をトム（Tom）と呼んでいた。

〈紹介文〉

This is about our new ALT, Mr. Thomas.

1文目 ＿＿＿＿＿＿＿＿＿＿＿＿＿＿＿＿

2文目 ＿＿＿＿＿＿＿＿＿＿＿＿＿＿＿＿

10 差がつく

理解 次の英文を読んで，あとの問いに答えなさい。〈福島県・改〉

Mark was a car mechanic. He had a problem with his job. He didn't enjoy his job because he was tired of doing the same things every day.

One day Mark got some mail from Ken. Mark met Ken a long time ago when he stayed in Japan for a month as a high school exchange student.

> Hello, this is Ken. I'm sending this letter with a picture and I'm also including a second letter from the past. Do you remember we wrote letters to ourselves to read ten years later? Last week I read it. Now I teach English in a high school. Thanks to you, I became interested in English. I like teaching English. I hope you'll write me soon.

Ken looked very happy in the picture. "He enjoys his job," Mark thought. Mark was glad at the letter and the picture, but <u>he felt a little sad</u>. "If someone takes my picture now, how will I look?" Then he read the other letter.

> Hi! How's everything? Did your dream come true? I'm sure you are working as a car mechanic. You must be great at your job, and be able to repair all types of cars. What types of cars are popular now?

"When I started my job, I had to learn many things. For example, I needed to know about new technologies. To repair cars well was very difficult," Mark thought. Soon Mark found that he was doing his favorite job. "Now I remember something important. People's smiling faces made me happy when I finished repairing their cars. I was proud of my job," he thought. He remembered he liked his job. A week later, he wrote back to Ken, and thanked him.

(注) mechanic：整備士　be tired of ～：～に飽きている　repair：～を修理する
technologies：科学技術　smiling faces：笑顔

(1) 下線部の理由を，35字程度の日本語で書きなさい。句読点も1字と数えます。

____

(2) 次の質問に英語で答えなさい。

Why did Mark feel happy after he repaired cars?

Because he ______________________________.

11 でる！

15 タクヤはジェーン先生のスピーチについて，英語で日記を書きました。ジェーン先生のスピーチを聞いた後，（ ① ），（ ② ）内に適する1語を書き，日記を完成させなさい。

〈秋田県・改〉

> Monday, September 1
> A new teacher from Canada came to our school. Her name is Jane. She'll be 23 years old (①) month. There are (②) members in her family. She likes Japanese food very much.

① ______________

② ______________

中学総合的研究 英語
P.238~246

疑問文（1）

要点まとめ

1 be動詞と一般動詞の疑問文

be動詞の疑問文	**Are** you a member of the soccer team?（あなたはサッカー部のメンバーですか。） 〈be動詞〉〈主語〉 ■ 主語の前にbe動詞をおく。
一般動詞の疑問文	**Do** you like sports?（あなたはスポーツが好きですか。） 〈Do〉〈主語〉〈動詞の原形〉 **Does** Ken like sports?（ケンはスポーツが好きですか。） 〈Does〉〈主語〉〈動詞の原形〉 ■ 文頭にDo（主語が1・2人称，複数），Does（主語が3人称単数），Did（過去の文）をおく。

2 助動詞のある疑問文

Can Jim come to my house tomorrow?（ジムは明日，私の家へ来ることができますか。）
〈助動詞〉〈主語〉〈動詞の原形〉 ■ 主語の前に助動詞をおく。文中の動詞は原形。

3 疑問詞のある疑問文

be動詞の疑問文	**What** is your favorite subject?（あなたの好きな教科は何ですか。） 〈疑問詞〉 ■ 疑問詞のあとはbe動詞の疑問文の語順（主語の前にbe動詞をおく）
一般動詞の疑問文	**When** do you play baseball?（あなたはいつ野球をしますか。） 〈疑問詞〉 ■ 疑問詞のあとは一般動詞の疑問文の語順（主語の前にdo，does，didをおく）

POINT 疑問詞を文頭におく。疑問詞のあとは疑問文の語順になる。

■ what「何」
What is this? — It's an orange.
（これは**何**ですか。— オレンジです。）

■ who「だれ」
Who is that boy? — He is Jack.
（あの少年は**だれ**ですか。— ジャックです。）

■ whose「だれの」
Whose pen is this? — It's mine.
（これは**だれの**ペンですか。— 私のです。）

■ which「どちら」
Which is your book? — This one is.
（**どちら**があなたの本ですか。— こちらです。）

■ when「いつ」
When is your game? — It's November 22nd.
（あなたの試合は**いつ**ですか。— 11月22日です。）

■ where「どこ」
Where do you live? — I live in Kobe.
（あなたは**どこに**住んでいますか。— 神戸です。）

■ why「なぜ」
Why are you in a hurry? — Because I must leave now.
（あなたは**なぜ**急いでいるのですか。— もう出発しなければならないからです。）

■ how「どのように」「どのような」「どのくらい」
How did you go there? — By bus.（そこへ**どのようにして**行ったのですか。— バスでです。）
How was the movie? — It was good.（映画は**どう**でしたか。— よかったです。）
How much is this? — It's 500 yen.（これは**いくら**ですか。— 500円です。）

疑問詞	意　味
what	何が[を]，何の～
who	だれが[を]
whose	だれの～，だれのもの
which	どちらが[を]，どれが[を]，どちらの～，どの～
when	いつ
where	どこで
why	なぜ
how	どのように，どのような，どのくらい

基礎力チェック

解答・解説➡別冊 P.30

ここに載っている問題は基本的な内容です。必ず解けるようにしておきましょう。

1 【be動詞と一般動詞の疑問文】次の英文の（　）内から適するものを選び，○で囲みなさい。

① (Are, Is) you from New Zealand?

② (Is, Was) Peter in the park thirty minutes ago?

③ (Do, Does) you need my help?

④ (Do, Did) Fred show you his picture?

⑤ Does Mary (come, comes) to school by bus?

⑥ Did your parents (visit, visited) the museum last summer?

2 【助動詞のある疑問文】次の英文を疑問文に書き換えるとき，＿＿に適する語をそれぞれ１つずつ書きなさい。

① I can get train tickets here.

＿＿＿＿＿ ＿＿＿＿＿ get train tickets here?

② Lucy will be back soon.

＿＿＿＿＿ ＿＿＿＿＿ ＿＿＿＿＿ back soon?

③ We must stay home today.

＿＿＿＿＿ ＿＿＿＿＿ stay home today?

3 【疑問詞のある疑問文】次の英文の（　）内から適するものを選び，○で囲みなさい。

① (What, Who, How) is his name?

② (When, Where, Why) is the post office?

③ (Whose, Which, How) do you take to Tokyo, a plane or a train?

④ How (long, old, many) CDs do you have?

4 【疑問文と答え方】次の疑問文に対する答えとして適するものを選び，記号を○で囲みなさい。

① Is this book interesting to you?

ア Yes, it is.　**イ** Yes, it was.　**ウ** No, it does.

② Did you play basketball at school yesterday?

ア Yes, I do.　**イ** No, we didn't.　**ウ** No, we don't.

③ Where do you practice the flute?

ア After school.　**イ** For two hours.　**ウ** In the park.

④ When did you go to the library?

ア Last Sunday.　**イ** Because I was sick.　**ウ** By bus.

⑤ What day is it today?

ア It's sunny.　**イ** It's Monday.　**ウ** It's four o'clock.

実践問題

実際の問題形式で知識を定着させましょう。

1 知識 最も強く発音する語(句)を選び，記号を○で囲みなさい。

(1) Where do you play soccer? —We play it by the river after school.
ア We　イ play　ウ by the river　エ after school

でる!
(2) How many brothers do you have? — I have two brothers.
ア I　イ have　ウ two　エ brothers

(3) Which is your car? — The black one.
ア The　イ black　ウ one

(4) Who walks your dog every day? — My father does.
ア My father　イ does

2 知識 次の____に適する語をそれぞれ1つずつ書き，会話文を完成させなさい。

でる!
(1) *A* : ________ textbook is this?
B : It's Kevin's.

(2) *A* : ________ are you late?
B : Because I got up late.

でる!
(3) *A* : ________ do you go to school every day?
B : By train.

(4) *A* : ________ ________ is your school?
B : About 60 years old.

(5) *A* : ________ ________ does the show start today?
B : At two.

3 知識 次の各組の英文がほぼ同じ意味になるように，____に適する語をそれぞれ1つずつ書きなさい。

(1) What color do you like?
________ your favorite color?

(2) How often have you ever been to Okinawa?
How ________ ________ have you ever been to Okinawa?

でる!
(3) How about going to the movies this afternoon?
________ don't you go to the movies this afternoon?

(4) How is the weather?
________ is the weather ________?

(5) What made her so angry?
________ was ________ so angry?

4 

知識 次の英文の（　　）内に適するものを選び，記号を○で囲みなさい。

(1) *A* : When did the famous singer come to Japan? 〈栃木県〉
B : (　　　)
ア For two days.　　イ Three weeks ago.
ウ Next month.　　エ In five days.

(2) *A* : Did you watch the baseball game on TV last night? 〈北海道〉
B : No, I didn't. I was listening to music. (　　　)
A : It was very exciting. I enjoyed watching it.
ア Which team do you like?　　イ Where did you listen to music?
ウ Who's your favorite player?　　エ How was the game?

(3) *A* : Tom, will you go shopping for me? I'm busy today.
B : OK, Mom. (　　　)
A : I need some eggs for dinner.
ア Will you make dinner today?　　イ How many eggs do you need?
ウ What should I get?　　エ Where can I buy it?

(4) *A* : Why did you go to school last Sunday?
B : (　　　)
ア I didn't have to go to school on Sunday.
イ It takes about one hour from my house to our school.
ウ I went to school by train.
エ To study with my friend in the library.

5

知識 次の英文を指示にしたがって書き換えなさい。

(1) Daisuke is good at baseball.（疑問文に）

____

(2) They will leave early in the morning.（疑問文に）

____

(3) Mr. Jones taught English songs.（疑問文に）

____

6

知識 次の英文を下線部が答えの中心になる疑問文に書き換えるとき，____に適する語をそれぞれ1つずつ書きなさい。

(1) This notebook is <u>200 yen</u>.
________ ________ ________ this notebook?

(2) Mr. Oka bought <u>this bike</u> for Yuji.
________ ________ Mr. Oka ________ for Yuji?

(3) <u>Emily</u> uses this computer.
________ ________ this computer?

7 知識 次の日本文に合うように，（　　）内の語（句）を並べ替えて，正しい英文を完成させなさい。ただし，文頭にくる単語も小文字にしてあります。

(1) 昨年のあなたの英語の先生はだれでしたか。
(English teacher / was / who / your) last year?
______________________________ last year?

でる！ (2) あなたはいつ美術館へ行くつもりですか。
(you / go / when / to / will) the museum?
______________________________ the museum?

(3) あなたはだれのアイディアに興味がありますか。
(you / whose / are / interested in / idea)?
______________________________?

(4) どんな種類の花が好きですか。
(flowers / do / kind / like / what / you / of)?
______________________________?

でる！ (5) 駅までどのくらいかかりますか。
(long / how / it / does / take) to the station?
______________________________ to the station?

8 表現 次の日本文を英語に訳しなさい。

でる！ (1) 今日は何月何日ですか。
____

(2) あなたは夏と冬のどちらの季節が好きですか。
____

(3) あなたたちは，いすをいくつ必要としていますか。
____

(4) あなたはなぜカナダへ行くつもりなのですか。
____

9 差がつく 表現 次の____に適する語をそれぞれ1つずつ書き，会話文を完成させなさい。

〈青森県・改〉

Tom : How was your vacation in Japan?
Bob : It was great. I had a good time.

Tom : Good. ①________ ________ ________ ________ stay there?
Bob : I stayed for three weeks.

Tom : ②________ ________ ________ ________ then?
Bob : Well, I enjoyed snowboarding and hot springs.

10 理解 次の会話文を読んで，あとの問いに答えなさい。〈和歌山県・改〉

Ken : Hi, Emily. Look at this picture.

Emily: Oh, this is a very beautiful beach.

Ken : Yes. I went to Wakayama last week.

Emily: (①)?

Ken : Because I wanted to see my grandmother in Wakayama.

Emily: I see. I've been to Wakayama. I love its wonderful nature. (②)

Ken : I had a good time. I enjoyed cooking with my grandmother. She also told me many other things. When I was washing rice in the kitchen, she told me what I should do for the environment.

Emily: What did she tell you?

Ken : She told me to use the rice rinse water. According to her, rice rinse water is a good fertilizer for plants. So she gives the water to flowers. Also, if the water goes into rivers, it may have a bad effect on some fish. Giving rice rinse water to plants is good for the environment.

Emily: Oh, I have never heard about that. It's amazing.

Ken : She also cleans plates with an old cloth before washing them. If we do this, we can save water.

Emily: I see. That's not so difficult.

(注) environment：環境　rice rinse water：米のとぎ汁　according to ～：～によると
fertilizer：肥料

(1) 対話の流れに合うように，(①)内に適する４語以上の英語を書きなさい。

____?

(2) (②)内に適するものを選び，記号を書きなさい。

ア What time was it?　イ What do you mean?
ウ How was your stay?　エ How long does it take?　[　　]

(3) 次の____に適する語をそれぞれ１つずつ書き，質問の答えを完成させなさい。

What does Ken's grandmother do to save water?

— She ________ ________ with an old cloth ________ washing them.

11 差がつく 16 会話文のあとに３つの質問が読まれます。その質問の答えとして適切なものを選び，記号を書きなさい。〈富山県・改〉

No.1 ア 母の手伝いをする。　イ 友だちと勉強する。
ウ 母への贈り物を買う。　エ 弟の野球の試合を見る。　[　　]

No.2 ア 午前10時　イ 午前11時　ウ 午後１時　エ 午後２時　[　　]

No.3 ア 駅でポールと会い，電車で行く。
イ ポールの家へ行き，ポールの父の車で行く。
ウ ユウコの家からユウコの父の車で行く。
エ ポールと一緒に自転車で行く。　[　　]

中学総合的研究 英語
P.247~255

疑問文（2）

要点まとめ

1 付加疑問（文）

「～ですよね」のように，確認したり同意を求めたりする疑問文。

(1) 肯定文に続く付加疑問 肯定文のあとには否定形の付加疑問をつける。

代名詞

Paul **is** very kind, **isn't** **he** ?（ポールはとてても親切ですよね。）

否定の短縮形

POINT be 動詞の付加疑問は〈肯定文，(コンマ) ＋ be 動詞の否定の短縮形＋主語の代名詞 ?〉の形。
一般動詞や助動詞の場合も，否定の短縮形と代名詞を使う。
You like coffee, **don't you?**（あなたはコーヒーが好きですよね。）
Mao will win the game**, won't she?**（マオは試合に勝ちますよね。）

(2) 否定文に続く付加疑問 否定文のあとには肯定形の付加疑問をつける。

代名詞

Meg **isn't** free today, **is** **she** ?（メグは今日，暇ではありませんよね。）

肯定形

POINT be動詞の付加疑問は〈否定文，(コンマ) ＋is，areなど＋主語の代名詞 ?〉の形。
一般動詞や助動詞の場合も，do，does，didや助動詞と代名詞を使う。
Shingo didn't come to school**, did he?**（シンゴは学校に来ませんでしたよね。）
We can't play tennis today**, can we?**（私たちは今日，テニスをできませんよね。）

注意 否定文に続く付加疑問の答え方に注意。
Meg isn't free today, is she? …暇ならYes，暇でなければNoで答える。
― **Yes**, she is.（いいえ，暇です。）/ **No**, she isn't.（はい，暇ではありません。）

2 間接疑問

疑問詞で始まる疑問文が動詞の目的語などになる文。

What **is** **this** ?（これは何ですか。）

I know **what** **this** **is** .（私はこれが何か知っています。）

What does he **like** ?（彼は何が好きですか。）

Tell me **what** ☐ he **likes** .（彼は何が好きか私に教えてください。）

POINT 間接疑問では，疑問詞のあとは〈主語＋動詞〉の語順。

注意 疑問詞のあとの動詞は，必要に応じて，３人称単数や過去形などになるので注意。
I don't know **where Ken lives**.（私はケンがどこに住んでいるか知りません。）
Do you know **who took the photo**?（あなたはだれがその写真を撮ったか知っていますか。）

解答・解説➡別冊 P.33

基礎力チェック

ここに載っている問題は基本的な内容です。必ず解けるようにしておきましょう。

1 【付加疑問（文）】次の英文の（　）内から適するものを選び，○で囲みなさい。

① This book is interesting, (isn't, aren't) it?

② You have a white dog, (do, don't) you?

③ I told you the story, (don't, didn't) I?

④ John will like the present, won't (he, his, him)?

⑤ You aren't sleepy, (are, aren't) you?

⑥ We shouldn't go swimming today, (should, shouldn't) we?

⑦ Ms. White doesn't speak Japanese, (does, did) she?

⑧ Ai and Bobby won't be late, will (they, their, them)?

2 【付加疑問（文）の答え方】次の日本文に合うように，（　）内から適するものを選び，○で囲みなさい。

① アンディは家にいますよね。— はい，います。
Andy is at home, isn't he? — (Yes, No), he is.

② あなたはシドニーの出身ですよね。— いいえ，ちがいます。
You come from Sydney, don't you? — No, I (do, don't).

③ 先週は雨が降りませんでしたよね。— はい，降りませんでした。
It didn't rain last week, did it? — No, it (did, didn't).

④ あなたのご両親は，明日来られませんよね。— いいえ，来ることができます。
Your parents can't come tomorrow, can they? — (Yes, No), they can.

3 【間接疑問】次の英文を I don't know に続けて間接疑問の文に書き換えるとき，____に適する語をそれぞれ1つずつ書きなさい。

① What is that building?
I don't know ________ that building is.

② Where is he?
I don't know where ________ ________.

③ How many dogs does William have?
I don't know how many dogs William ________.

④ When did my sister and mother come home?
I don't know ________ my sister and mother ________ home.

⑤ Who took this picture?
I don't know ________ ________ this picture.

解答・解説➡ 別冊 P.33

実践問題

実際の問題形式で知識を定着させましょう。

1 でる!

知識 次の英文の（　　）内に適するものを選び，記号を○で囲みなさい。

(1) Mr. Brown can speak Japanese, (　　　)? 〈東大寺学園高〉

ア can't he　イ can't Mr. Brown

ウ can he　エ can Mr. Brown

(2) You didn't join the meeting last night, (　　　)?

ア did you　イ didn't you　ウ do you　エ don't you

差がつく

(3) The new bookstore isn't open, is it?

— (　　　) It will open tomorrow.

ア Yes, it is.　イ Yes, it will.

ウ No, it isn't.　エ No, it won't.

(4) Ms. Miller? Oh, I remember (　　　).

ア who is she　イ who she is

ウ who does she　エ who she does

でる!

(5) I don't know (　　　). 〈東大寺学園高〉

ア where he lives　イ where does he live

ウ where lives he　エ does he live where

差がつく

(6) Let's play a video game, (　　　)?

ア do we　イ don't we　ウ shall we　エ will we

2

知識 次の日本文に合うように，____に適する語をそれぞれ1つずつ書きなさい。

(1) 今日はいい天気ですね。

It's a nice day today, ________ ________?

でる!

(2) サムは何も言いませんでしたよね。

Sam didn't say anything, ________ ________?

差がつく

(3) ドアを開けてくれませんか。— もちろん。

Open the door, ________ ________? — ________.

(4) あなたは彼がだれか知っていますか。

Do you know who ________ ________?

(5) 私はアキが何色が好きか覚えていません。

I don't remember ________ ________ Aki ________.

でる!

(6) 私はあなたたちに，なぜこの本がすばらしいのかを話します。

I'll tell ________ ________ this book is great.

(7) シンディは私にこれがだれの家かたずねました。

Cindy asked me ________ ________ this is.

3 知識 次の各組の英文がほぼ同じ意味になるように，____に適する語をそれぞれ１つずつ書きなさい。

(1) You want this cap, right?
You want this cap, ______ ______?

(2) Where did he go yesterday? Do you know that? 〈関西学院高等部〉
Do you know ______ ______ ______ yesterday?

でる! (3) What should I do? I cannot decide that.
I cannot decide ______ ______ ______ do.

でる! (4) Do you know his age?
Do you know ______ ______ he is?

(5) I don't know his address.
I don't know ______ he ______.

(6) Please tell me the time of her arrival.
Please tell me ______ ______ she will ______.

4 知識 次の英文には１か所ずつ誤りがあります。誤りを直し，正しい文を書きなさい。

(1) Kenji played the guitar very well, did he?

でる! (2) I wonder where is my key.

差がつく (3) We didn't know when she will leave Japan.

5 知識 次の英文を指示にしたがって書き換えなさい。

(1) You washed your hands. (付加疑問文に)

(2) Her speech hasn't started yet. (付加疑問文に)

(3) How does Kota usually go to school? (I know に続けて間接疑問の文に)

(4) When did Jane come to Japan? (I don't know に続けて間接疑問の文に)

でる! (5) Which team won the game? (Do you remember に続けて間接疑問の文に)

(6) Where should I go? I want to know that. (１つの文に)

(7) How much is this? I want to know that. (１つの文に)

6 知識 次の日本文に合うように，(　　)内の語(句)を並べ替えて，正しい英文を完成させなさい。ただし，文頭にくる単語も小文字にしてあります。

でる！

(1) どうしてアンが悲しんでいるのか私に教えてください。

Please tell (Ann / why / sad / is / me).

Please tell ______________________________.

(2) 私はホストファミリーと何を話したらよいのか，わかりませんでした。〈滋賀県・改〉

I (should / I / know / talk about / didn't / what) with my host family.

I ______________________________ with my host family.

でる！

(3) 彼らが何について話しているのかわかりますか。〈沖縄県〉

Do you (are / what / talking / they / know) about?

Do you ______________________________ about?

(4) 彼女がどんな食べ物が好きなのかわかりません。

I don't know (food / kind / what / she / of) likes.

I don't know ______________________________ likes.

差がつく

(5) あの国で何が起きたか，だれか知っていますか。〈駒込高・改〉

(what / happened / know / does / anyone) in that country?

______________________________ in that country?

7 表現 次の日本文を英語に訳しなさい。

(1) 私はどうしてバスが遅れているのかわかりません。

____

(2) あなたは彼らが何を必要としているか知っていますか。

____

(3) 私はだれがこのレポートを書いたか知りません。

____

でる！

(4) ビル (Bill) がどのくらいの間，日本に滞在するか私に教えてください。

____

8 差がつく 表現 次の会話文を読んで，下線部の語を順番通りに使い，適切な語を補って英文を書きなさい。ただし，文頭にくる単語も小文字にしてあります。

(1) *A* : Did you buy a present for Mom?

B : No. <u>I, know, what, wants.</u>

A : Then let's go shopping tomorrow. I'll help you.

B : Thank you. You're kind.

______________________________.

(2) *A* : Jane speaks Japanese very well. <u>do, know, long, has, studying, it?</u>

B : I don't know. But her parents also speak it well.

______________________________?

9 次の英文を読んで，あとの問いに答えなさい。〈埼玉県・改〉

Kota is a junior high school student. One day in his English class, Mr. Sato, his English teacher, told everyone to write a speech for class. Kota wanted to start writing his speech, but (should / he / what / didn't / about / he / talk / know).

One week later, Mr. Sato came to class with a new ALT, Ms. Bower. She came to Kota's town a week ago. Kota and his classmates talked with Ms. Bower after class. While they were talking with her, she said she had a problem. Three days ago, she left her burnable garbage in front of her house in the morning, but it was still there that evening. She didn't know the garbage collection rules for the town. She used the Internet and found a poster about the rules.

Ms. Bower showed the students the poster she found on the Internet. The poster was written in Japanese. She was learning Japanese, but she couldn't understand the poster very well. Kota and his classmates looked at the poster Ms. Bower brought and tried to help her in English. It was difficult for Kota, so he needed a dictionary to tell her about the rules in English. She had to take her burnable garbage to the collection site by 8:30 in the morning on Tuesdays and Fridays. "Oh, I see," Ms. Bower said, "Thank you so much. Now I know what to do." "You all did very well," Mr. Sato said, "It will be easier for Ms. Bower to live in Japan."

After that, Mr. Sato said to Kota, "Now you have a good idea for your speech." Kota thought so, too. Kota learned that he can do a lot of things to help people from other countries.

(注) burnable garbage：可燃ごみ　garbage collection rule：ごみ収集のルール
collection site：収集場所

(1) 知識 下線部が「しかし，彼は何について話すべきかわかりませんでした。」という意味になるように，(　　)内の語を並べ替えなさい。

～ but ＿＿＿＿＿＿＿＿＿＿＿＿＿＿＿＿＿＿＿＿.

(2) 理解 次の質問に英語で答えなさい。

Where did Ms. Bower leave her garbage three days ago?

＿＿＿＿＿＿＿＿＿＿＿＿＿＿＿＿＿＿＿＿

(3) 理解 コウタが学んだことについて，具体的に日本語で書きなさい。

＿＿＿＿＿＿＿＿＿＿＿＿＿＿＿＿＿＿＿＿

10 17 会話文が読まれます。英文の内容が合っていれば○を，合っていなければ×を書きなさい。

No.1 The woman didn't know which bus went to the station. [　　]

No.2 The man doesn't know what time it is now. [　　]

4 否定文

中学総合的研究 英語
P.256~267

要点まとめ

1 be動詞と一般動詞の否定文

My cap is [ ] red.（私の帽子は赤色です。）
be動詞のすぐあとにnotをおく。
My cap **is** **not** [**isn't**] red.（私の帽子は赤色ではありません。）

POINT 〈主語＋be動詞＋not ～.〉の順。

I [ ] have a red cap.（私は赤色の帽子を持っています。）
動詞の前にdo not[don't]をおき，動詞の原形を続ける。
I **do not** [**don't**] have a red cap.
（私は赤色の帽子を持っていません。）

POINT 〈主語＋do / does / did＋not＋動詞の原形 ～.〉の順。

notの短縮形（1）
is not ➡ isn't
are not ➡ aren't
was not ➡ wasn't
were not ➡ weren't

notの短縮形（2）
do not ➡ don't
does not ➡ doesn't
did not ➡ didn't

2 助動詞のある否定文

It will [ ] rain.（雨が降るでしょう。）
助動詞のすぐあとにnotをおく。
It **will** **not** [**won't**] rain.（雨は降らないでしょう。）

POINT 〈主語＋助動詞＋not＋動詞の原形 ～.〉の順。

notの短縮形（3）
cannot ➡ can't
will not ➡ won't
must not ➡ mustn't

3 否定疑問文

Don't you go to the library?（あなたは図書館へ行かないのですか。）
— Yes, I do.（いいえ，行きます。）/ No, I don't.（はい，行きません。）

注意 答え方に注意。英語では，「する(肯定)」ならyes，「しない(否定)」ならnoと答える。

4 部分否定 「いつも[すべて / 必ずしも]～とは限らない」のように，一部を否定する表現。

My mother is **not always** at home.（私の母はいつも家にいるとは限りません。）

5 notを使わない否定表現

not以外の否定語	no「1つも～ない」，never「決して～ない」，nobody「だれも～ない」，nothing「何も～ない」，none「どの～も…ない」
準否定語	few＋数えられる名詞 / little＋数えられない名詞　「ほとんど～ない」
その他	too ～ to …「あまりに～しすぎて…できない」

Ken is **too** tired **to** talk.（ケンはあまりに疲れすぎて，話すことができません。）

基礎力チェック

解答・解説➡別冊 P.35

ここに載っている問題は基本的な内容です。必ず解けるようにしておきましょう。

1 【be動詞と一般動詞の否定文】次の英文の（　）内から適するものを選び，○で囲みなさい。

① You are (not,　don't) twenty years old.

② Jacob (isn't,　doesn't) play the guitar well.

③ Fred and his brother (didn't,　weren't) at home.

④ Jenny (doesn't,　didn't) open the box yesterday.

2 【助動詞のある否定文】次の英文を否定文に書き換えるとき，____に適する語をそれぞれ1つずつ書きなさい。

① Sara and I will join you tomorrow.

Sara and I __________ __________ join you tomorrow.

② Maria can sing well.

Maria __________ __________ well.

3 【notの短縮形】次の語句の短縮形を書きなさい。

① has not __________　② will not __________

③ must not __________　④ was not __________

4 【否定疑問文】次の日本文に合うように，（　）内から適するものを選び，○で囲みなさい。

① あなたはピアノを弾けないのですか。

(Can,　Can't) you play the piano?

② 今日は暑くないですね。— いいえ，暑いです。

Isn't it hot today? — (Yes,　No), it (is,　isn't).

③ ジョーンズさんをご存じではないのですか。— はい，知りません。

Don't you know Mr. Jones? — (No,　Yes), I (do,　don't).

5 【部分否定】次の英文を日本語に訳しなさい。

① We don't study English every day.

____

② My father isn't always busy.

____

6 【notを使わない否定表現】次の日本文に合うように，（　）内から適するものを選び，○で囲みなさい。

① 完璧な人はいません。(Not,　No,　Any) one is perfect.

② ロンは何も言いませんでした。Ron said (never,　no,　nothing).

実践問題

解答・解説➡別冊P.36

実際の問題形式で知識を定着させましょう。

1 知識 次の英文の(　　)内に適するものを選び，記号を○で囲みなさい。

(1) I (　　) not do my homework last week.

ア am　イ do　ウ did　エ does

でる! (2) Mary had (　　) friends at first, but now she has many.

ア not　イ much　ウ little　エ few

(3) Wasn't the test difficult? — No, it (　　).

ア was　イ wasn't　ウ is　エ isn't

(4) You (　　) go swimming because you are sick.

ア must　イ will　ウ mustn't　エ doesn't

(5) Mr. Brown (　　) works on Saturdays.

ア little　イ doesn't　ウ no　エ never

2 知識 次の英文の(　　)内に適するものを下から選び，記号を書きなさい。

(1) Mike and Judy (　　) talking to each other now.　[　　]

(2) You must (　　) run today.　[　　]

でる! (3) We (　　) have any classes last Monday.　[　　]

(4) I (　　) use this computer next week.　[　　]

(5) John (　　) coming to school tomorrow.　[　　]

(6) I called, but (　　) answered.　[　　]

差がつく (7) Aya, (　　) it cold last night?　[　　]

[ア not　イ isn't　ウ wasn't　エ weren't
オ aren't　カ nobody　キ didn't　ク won't]

3 知識 次の英文を否定文に書き換えるとき，____に適する語をそれぞれ1つずつ書きなさい。

(1) We go to bed at ten.

We ________ ________ go to bed at ten.

(2) It's six o'clock now.

It ________ six o'clock now.

(3) You can touch the picture.

You ________ touch the picture.

でる! (4) It snows in this city.

It ________ ________ in this city.

でる! (5) I ate breakfast this morning.

I ________ ________ breakfast this morning.

4 知識 次の英文を指示にしたがって書き換えなさい。

(1) This river was clean.（否定文に）

____

(2) You may come in my room.（否定文に）

____

でる! (3) I have a lot of English books.（noを使って「まったく～ない」という否定文に）

____

(4) Paul doesn't play soccer on Saturdays.（下線部をnext Saturdayに変えて）

____

(5) I didn't have anything in my pocket.（6語で，ほぼ同じ意味を表す文に）

____

(6) They listened to some speeches about world peace.（否定文に）〈高知学芸高〉

____

差がつく (7) My father doesn't drink coffee.（neverを使って「決して～しない」という文に）

____

差がつく (8) The book is too difficult for me to read.（becauseを使ってほぼ同じ意味を表す文に）

____

5 知識 次の日本文に合うように，____に適する語をそれぞれ1つずつ書きなさい。

(1) デイビスさんは動物が好きではありません。
Ms. Davis ________ ________ like animals.

(2) 私たちは今日の午後，あまり忙しくありませんでした。
We ________ ________ busy this afternoon.

でる! (3) これらの植物は，ほとんど水を必要としません。
These plants need ________ ________.

でる! (4) 私のコンピュータはまったく動きません。
My computer ________ work at ________.

6 知識 次の日本文に合うように，（　）内の語を並べ替えて，正しい英文を完成させなさい。ただし，それぞれ1語ずつ補うこと。また，文頭にくる単語も小文字にしてあります。

でる! (1) まったく質問はありません。I (questions / don't / have).
I ______________________________.

(2) あれはホテルではなく病院です。(a hotel / but / that's) a hospital.
______________________________ a hospital.

差がつく (3) 私たちはこれ以上走れません。(anymore / run / we).
______________________________.

7

知識 次の英文に対する答えとして適するものを下から選び，記号を書きなさい。ただし，同じものを２度使ってはいけません。

(1) How was the party? [ ]

(2) May I use your pen? [ ]

差がつく (3) Thank you for everything. [ ]

差がつく (4) I don’t agree with him. [ ]

ア No. I’m sorry. イ Me, neither. ウ Not at all.

エ No, thank you. オ Not bad.

8

知識 次の英文を日本語に訳しなさい。

でる！ (1) You mustn’t open the window.

______

(2) No one was late this morning.

______

(3) There are few young children in this village.

______

(4) Why didn’t you come yesterday?

______

9

表現 次の日本文を英語に訳しなさい。

(1) 私たちの店は10時まで開きません。（won’tを使って）

______

差がつく (2) 私はそれがいい考えだとは思いません。（７語で）

______

(3) ヨウコ（Yoko）は毎日歩いて登校するわけではありません。（７語で）

______

10

知識 次の各組の英文がほぼ同じ意味になるように，____に適する語をそれぞれ１つずつ書きなさい。

(1) I don’t have any idea.
I ______ ______ idea.

でる！ (2) He never speaks ill of his friends.
He is ______ ______ person to speak ill of his friends.

差がつく (3) I haven’t seen you for a long time.
______ time ______ see.

11 理解 次の英文を読んで，あとの問いに答えなさい。〈佐賀県・改〉

The number of foreign people who live in Japan is increasing every year. In our town, we can see people from other countries more often than before. Many people in our town are friendly but not so many people speak other languages. Do foreign people here live without any trouble? I have a friend who moved here from India a year ago. She understands my Japanese. That means she has no trouble in everyday communication. However, she has two problems in her life in Japan.

First, it is difficult for her to go to the hospital because many words used at hospitals are so difficult that she cannot understand what doctors say. She says ①<u>some foreign people do not go to hospitals even when they are very sick</u> because of that. I think it is necessary to change the situation. Doctors and nurses should learn how to use easy Japanese. Then it will be easier for foreign people to go to the hospital.

Next, (②) is difficult for her. Food samples are shown in front of many restaurants. However, their menus usually do not say what ingredients are used in a dish. As you know, there are food restrictions in some religions. Also, there are people who choose not to eat food such as meat. People with food restrictions cannot decide what to order if they do not know the ingredients. What should be done? I think restaurants should show the ingredients. For example, if an egg is used, a picture of an egg should be shown in the menus. Such menus will also be helpful for people who cannot understand Japanese.

I hope that everyone living in our town will enjoy their lives without problems.

(注) trouble：心配，苦労　everyday：日々の　sample：見本　menu：メニュー
ingredient：材料　restriction：制限　religion：宗教　helpful：助けになる

(1) 下線部①のように述べている理由を，具体的に日本語で書きなさい。

____

(2) (②) 内に適するものを選び，記号を書きなさい。

ア buying meat　イ cooking Japanese food
ウ eating at a restaurant　エ finding food made in India　[　　]

12 18 次の絵について，Ⓐ～Ⓒの３つの英文が読まれます。英文の内容が合っていれば○を，合っていなければ×を書きなさい。

Ⓐ[　　]　Ⓑ[　　]　Ⓒ[　　]

いろいろな文の形編　4 否定文

5 命令文

中学総合的研究 英語
P.268~277

要点まとめ

1 肯定の命令文 「～しなさい」

命令文は，命令のほかに勧誘・依頼などの意味を表す。

You **clean** the room.（あなたは部屋を掃除します。）

↓ ↓ 主語のYouを省略し，動詞を原形にする。

□ **Clean** the room.（部屋を掃除しなさい。）

POINT 肯定の命令文は動詞の原形で始める。

You **are** quiet.（あなたは静かです。）

↓ ↓ 主語のYouを省略し，動詞のareをbe動詞の原形beにする。

□ **Be** quiet.（静かにしなさい。）

POINT 「～でありなさい」，「～になりなさい」と言う命令文は，be動詞の原形beを使う。

注意 文頭か文末にpleaseをつけると，ていねいな命令文になる。

Please clean the room. = Clean the room**, please**.（部屋を掃除してください。）

注意 呼びかけの語は，コンマで区切って文頭か文末につける。

Susan, be quiet. = Be quiet**, Susan**.（スーザン，静かにしなさい。）

2 否定の命令文 「～してはいけません」

□ **Speak** loudly.（大きな声で話しなさい。）

↓ ↓ Don'tを文頭におき，そのすぐあとに動詞の原形をおく。

Don't speak loudly.（大きな声で話してはいけません。）

POINT 否定の命令文は〈Don't＋動詞の原形 ～.〉の順。

注意 否定の命令文はYou mustn't[must not] ～.で書き換えることができる。

Don't swim here. = **You mustn't**[**must not**] swim here.（ここで泳いではいけません。）

3 Let's ～. の文 「(一緒に)～しましょう」

□ **Take a walk**.（散歩しなさい。）

↓ ↓ Let'sを文頭におき，そのすぐあとに動詞の原形をおく。

Let's take a walk.（散歩しましょう。）

POINT 「～しましょう」という意味の文は〈Let's＋動詞の原形 ～.〉の順。

答えはYes, let's.（はい，そうしましょう。） Sure.（いいですよ。） / All right.（わかりました。）

No, let's not.（いいえ，やめておきましょう。）など。

注意 Let's ～. の文はShall we ～？ / Why don't we ～？で書き換えることができる。

Let's dance. = **Shall we** dance? / **Why don't we** dance?（踊りましょう。）

解答・解説➡別冊 P.38

基礎力チェック

ここに載っている問題は基本的な内容です。必ず解けるようにしておきましょう。

1 **【肯定の命令文】** 次の英文の（　）内から適するものを選び，○で囲みなさい。

① (Close,　Closed) the door, please.

② Please (stands,　stand) up.

③ (Listen,　Listening) to me, Lisa.

④ Mike, (is,　be) careful.

2 **【否定の命令文】** 次の英文の（　）内から適するものを選び，○で囲みなさい。

① (Not,　Don't) run so fast.

② Don't (play,　plays) soccer in this park.

③ (Don't be,　Don't) late again.

④ Hiroshi, (doesn't,　don't) touch the picture.

3 **【Let's ～ . の文】** 次の日本文に合うように，(　)内から適するものを選び，○で囲みなさい。

① 英語を勉強しましょう。
(Let's,　Please,　Don't) study English.

② 一緒に歌いましょう。
Let's (sings,　sing,　singing) together.

③ 行きましょう。— いいですよ。
Let's go. — (All,　Let's,　Yes) right.

4 **【命令文の意味】** 次の各組の英文を日本語に訳しなさい。

① Open your textbook. ____________________
Don't open your textbook. ____________________

② You are kind. ____________________
Be kind. ____________________

③ Please think about this problem.
____
Let's think about this problem.
____

解答・解説➡別冊 P.38

実践問題

実際の問題形式で知識を定着させましょう。

1 知識 次の日本文に合うように，____に適する語をそれぞれ1つずつ書きなさい。

(1) みなさん，始めましょう！
Everyone, ________ ________！

(2) 友だちに優しくしなさい。
________ ________ to your friends.

でる！ (3) 遅刻してはいけません。
________ ________ late.

2 知識 次の英文を指示にしたがって書き換えなさい。

(1) Sit down.（「～してはいけません」という文に）

____

(2) Let's play cards.（shallを使って，ほぼ同じ意味を表す文に）

____

3 知識 次の会話文の（　）内に適するものを選び，記号を○で囲みなさい。

(1) Let's go to the park. —（　　）It's going to rain soon.
ア Yes, let's.　イ Yes, please.　ウ No, let's not.　エ No, I don't.

でる！ (2) Please help yourself to these cookies. —（　　）
ア I'll help you.　イ You're welcome.　ウ It's me.　エ Thanks.

差がつく (3)（　　）— Sure, I will.
ア See you again.　イ Please come again.
ウ Don't do it again.　エ Let's see.

4 知識 次の各組の英文がほぼ同じ意味になるように，____に適する語をそれぞれ1つずつ書きなさい。

でる！ (1) You must not give up.
________ ________ up.

(2) Will you open the door for me?
________ ________ the door for me.

(3) Let's try it again.
________ ________ we try it again?

5 表現 次のようなとき，英語で何と言うか書きなさい。

(1) 来週の土曜日にサッカーをしようと誘うとき。（5語で）

____

でる！ (2) このかばんを使わないように伝えたいとき。（4語で）

____

6 理解 次の会話文を読んで，図中の**ア**～**エ**から２人の現在地を選び，記号を書きなさい。

〈島根県・改〉

でる!

(1) Two people are talking on the street.

Woman: Excuse me, but could you tell me the way to City Hospital?

Naoko : Sure. Go down this street and turn right at the second traffic light. You will see it on your left.

Woman: Thank you.

[　　　]

(1)
ア
イ
ウ
エ
City Hospital
Post Office
Library

(2) Two people are talking in the train.

Woman: Excuse me. I want to go to Mineyama Station. Do I have to change trains?

Makoto : Yes. Change trains at Noda for the Sea Line. There are two more stops before Noda. Mineyama Station is the second stop from Noda.

(注) the Sea Line : 海洋線（路線の名前）

[　　　]

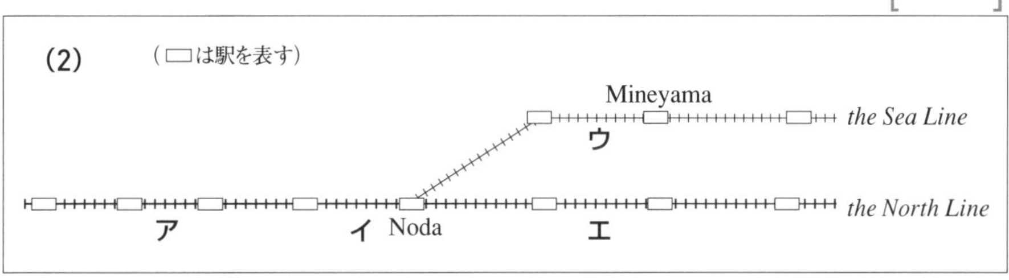

7 でる!

19 待ち合わせの約束をしていたアンから，あなたの留守番電話にメッセージが入っていました。これからその内容を聞き，右の図中の**ア**～**エ**から待ち合わせの場所を選び，待ち合わせの時刻を数字で書きなさい。

〈茨城県〉

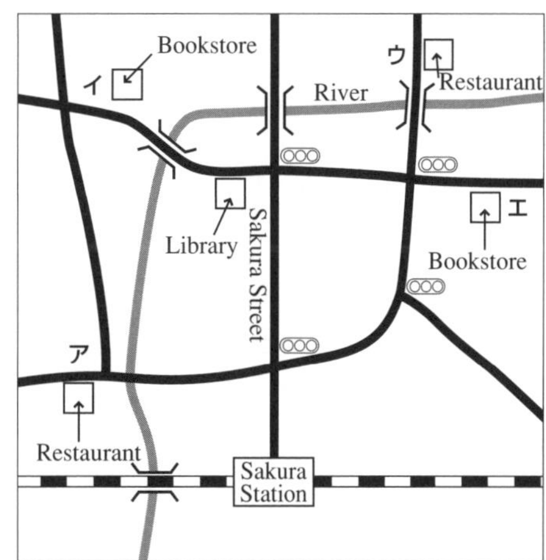

待ち合わせの場所　[　　　]

待ち合わせの時刻

午前 [　　　] 時 [　　　] 分

6 感嘆文

要点まとめ

1 感嘆文 「なんと～なのだろう！」と驚きなどを表す。

■ Howを使った感嘆文

This flower is **very beautiful**.（この花はとても美しいです。）

〈How＋形容詞〉 veryをHowに変えて文頭におく。

How **beautiful** this flower is!（この花はなんと美しいのだろう！）

The car runs **very fast**.（その車はとても速く走ります。）

〈How＋副詞〉

How **fast** the car runs!（その車はなんと速く走るのだろう！）

POINT Howを使った感嘆文は〈How＋形容詞[副詞]＋主語＋動詞 ～!〉の順。

■ Whatを使った感嘆文

Rei has **a very good voice**.（レイはとてもいい声をしています。）

〈What a[an]＋形容詞＋名詞〉

What **a good voice** Rei has!（レイはなんといい声をしているのだろう！）

Those are **very nice shops**.（それらはとてもすてきなお店です。）

〈What＋形容詞＋名詞〉

What **nice shops** those are!（それらはなんとすてきなお店なのだろう！）

POINT Whatを使った感嘆文は〈What (a[an])＋形容詞＋名詞＋主語＋動詞 ～!〉の順。

└─あとに続く名詞が，数えられる名詞の単数形のときにつける。

2 How ～！とWhat ～！の書き換え

HowとWhatを使った感嘆文は，それぞれ次のように書き換えることができる。

You play tennis very well.（あなたはとても上手にテニスをします。）
➡ **How** well you play tennis!（あなたはなんと上手にテニスをするのだろう！）

You are a very good tennis player.（あなたはとてもよいテニス選手です。）
➡ **What** a good tennis player you are!（あなたはなんとよいテニス選手なのだろう！）

That church is very old.（あの教会はとても古いです。）
➡ **How** old that church is!（あの教会はなんと古いのだろう！）

That is a very old church.（あれはとても古い教会です。）
➡ **What** an old church that is!（あれはなんと古い教会なのだろう！）

注意 感嘆文は〈主語＋動詞〉を省略する場合も多い。

What an old church that is! = What an old church!

基礎力チェック

ここに載っている問題は基本的な内容です。必ず解けるようにしておきましょう。

1 【Howを使った感嘆文】右の英文が感嘆文になるように，＿＿に適する語をそれぞれ１つずつ書きなさい。

(例) This book is very interesting. → How interesting this book is!

① It is very hot. → ＿＿＿＿ ＿＿＿＿ it is!

② You are very happy. → ＿＿＿＿ ＿＿＿＿ you are!

③ Ann speaks very slowly. → ＿＿＿＿ ＿＿＿＿ Ann speaks!

④ This house is very large. → ＿＿＿＿ ＿＿＿＿ this house is!

2 【Whatを使った感嘆文】右の英文が感嘆文になるように，＿＿に適する語をそれぞれ１つずつ書きなさい。

(例) This is a very interesting book. → What an interesting book this is!

① Maiko is a very lucky girl. → ＿＿＿＿ ＿＿＿＿ lucky girl Maiko is!

② This is a very big fish. → ＿＿＿＿ ＿＿＿＿ big fish this is!

③ They were very nice boys. → ＿＿＿＿ ＿＿＿＿ ＿＿＿＿ they were!

④ You are very good singers. → ＿＿＿＿ ＿＿＿＿ ＿＿＿＿ you are!

3 【書き換え】次の各組の英文がほぼ同じ意味になるように，＿＿に適する語をそれぞれ１つずつ書きなさい。

① Time passes very quickly.
＿＿＿＿ ＿＿＿＿ time passes!

② How nice this dress is!
＿＿＿＿ a ＿＿＿＿ ＿＿＿＿ this is!

③ What heavy boxes these are!
＿＿＿＿ ＿＿＿＿ these boxes are!

4 【HowとWhatの使い分け】次の英文の（　）内から適するものを選び，○で囲みなさい。

① (How, What) small this dog is!

② (How, What) a long bridge that is!

③ (How, What) wonderful!

④ (How, What) a great idea!

5 【感嘆文の意味】次の各組の英文を日本語に訳しなさい。

① What's that big box? ＿＿＿＿＿＿＿＿
What a big box that is! ＿＿＿＿＿＿＿＿

② How high is the building? ＿＿＿＿＿＿＿＿
How high the building is! ＿＿＿＿＿＿＿＿

実践問題

実際の問題形式で知識を定着させましょう。

1 知識 次の日本文に合うように，＿＿に適する語をそれぞれ１つずつ書きなさい。

(1) あなたはなんと運転が上手なのだろう！

＿＿＿＿＿＿＿ ＿＿＿＿＿＿＿ good driver you are!

でる！ (2) このかばんはなんと高価なのだろう！

＿＿＿＿＿＿＿ ＿＿＿＿＿＿＿ this bag is!

差がつく (3) なんと興奮させる試合なのだろう！

What ＿＿＿＿＿＿＿ ＿＿＿＿＿＿＿ game!

2 知識 次の英文を指示にしたがって書き換えなさい。

(1) This is a very beautiful picture.（感嘆文に）

＿＿＿＿＿＿＿＿＿＿＿＿＿＿＿＿＿＿＿＿＿＿＿＿

でる！ (2) What a tall player that is!（howを使ってほぼ同じ意味を表す文に）

＿＿＿＿＿＿＿＿＿＿＿＿＿＿＿＿＿＿＿＿＿＿＿＿

3 でる！ 知識 次の各組の英文がほぼ同じ意味になるように，＿＿に適する語をそれぞれ１つずつ書きなさい。

(1) You are very kind.
＿＿＿＿＿＿＿ ＿＿＿＿＿＿＿ you are!

(2) The Carters have a very wonderful son.〈慶応義塾高〉
＿＿＿＿＿＿＿ a ＿＿＿＿＿＿＿ son the Carters have!

4 表現 次の日本文を英語に訳しなさい。

(1) このネコはなんとかわいいのだろう！（cuteを使って５語で）

＿＿＿＿＿＿＿＿＿＿＿＿＿＿＿＿＿＿＿＿＿＿＿＿

でる！ (2) なんと涼しい日なのだろう！（whatを使って４語で）

＿＿＿＿＿＿＿＿＿＿＿＿＿＿＿＿＿＿＿＿＿＿＿＿

5 20 次の場面で，男性の発言のあとにⒶ～Ⓒの３つの英文が読まれます。女性の応答として，適切なものを選び，記号を書きなさい。

No.1

[　　　]

No.2

[　　　]

不定詞・動名詞・分詞編

不定詞

要点まとめ

1 不定詞（to＋動詞の原形）の意味と使い方（３つの用法）

(1) 名詞用法「～すること」

I like **to play** tennis on Sundays.（私は毎週日曜日，テニスをすることが好きです。）
likeの目的語

POINT 不定詞を目的語にとる動詞　start, begin, like, love, plan, try, need, hopeなど。

(2) 副詞用法「～するために（目的）」「～して（原因）」

Robert went to Paris **to study** art.（ロバートは美術を学ぶためにパリへ行きました。）
「学ぶために（目的）」→went to Parisを修飾する。

Misa was surprised **to meet** us.（ミサは私たちに会って驚きました。）
「会って（原因）」→was surprisedを修飾する。

(3) 形容詞用法「～するための…」「～するべき…」

We have many things **to do**.（私たちにはすることがたくさんあります。）
「するべきこと」→名詞のthingsを後ろから修飾する（後置修飾）。

2 不定詞のいろいろな表現

(1)〈疑問詞＋to *do*〉 knowなどの動詞の目的語になる。

I don't know **how to use** this machine.（私はこの機械の使い方を知りません。）

POINT how to *do*「～のしかた」，what to *do*「何を～すべきか」

(2)〈動詞＋人（目的語）＋to *do*〉

I **want you to help** us.（私はあなたに私たちを手伝ってもらいたい。）

POINT 〈want＋人＋to *do*〉「(人)に～してもらいたい」
〈tell[ask]＋人＋to *do*〉「(人)に～するように言う[頼む]」

(3)〈It is＋形容詞（＋for ～）＋to *do*〉「(～にとって)…することは―だ」

To read books is interesting.（読書はおもしろい。）

It is interesting **to read books**.
＝　Itは形式主語。to read booksをさす。

POINT 不定詞の意味上の主語は，for ～「～にとって」を使って表す。
It was difficult **for me** to answer the question.
（私にとってその質問に答えるのは難しかった。）

解答・解説➡ 別冊 P.40

基礎力チェック

ここに載っている問題は基本的な内容です。必ず解けるようにしておきましょう。

1 **【不定詞の使い方】** 次の英文の（　　）内から適するものを選び，○で囲みなさい。

① I like (to, for) talk with my friends.

② My mother wants to (learn, learns) French.

③ I bought this CD to (study, studied) English.

④ Do you have anything (drink, to drink)?

⑤ I'm very glad (win, to win) the tournament.

⑥ To see movies (is, are) a lot of fun.

2 **【不定詞の意味】** 次の下線部の不定詞の用法を下から選び，記号を書きなさい。

① We hope <u>to see</u> you again soon. [　　]

② My father gets up early <u>to walk</u> our dog. [　　]

③ Rome has many places <u>to visit</u>. [　　]

④ My dream is <u>to become</u> a golf player. [　　]

⑤ I don't have any books <u>to read</u>. [　　]

⑥ I'm sorry <u>to be</u> late. [　　]

ア 名詞用法　**イ** 副詞用法　**ウ** 形容詞用法

3 **【不定詞のいろいろな表現】** 次の日本文に合うように，（　　）内から適するものを選び，○で囲みなさい。

① 私はこの図書館の利用のしかたを知っています。
I know how (use, to use, using) this library.

② 私たちは次に何をすればよいかわかりません。
We don't know (what, where, when) to do next.

③ グリーン先生は私たちに好きな写真を持ってくるように言いました。
Mr. Green told us (bring, brings, to bring) our favorite pictures.

④ みんなはルーシーに歌手になってもらいたいと思っています。
Everyone wants (for Lucy to, Lucy to, Lucy) be a singer.

⑤ サッカーの試合を見ると，とてもわくわくします。
(This, That, It) is very exciting to see soccer games.

⑥ この部屋は暗すぎて本が読めません。
It is (too, so, very) dark to read a book in this room.

⑦ フレッドは親切にも私に会いに来てくれました。
Fred was (enough kind, kind enough) to come and see me.

実践問題

解答・解説➡別冊P.40

実際の問題形式で知識を定着させましょう。

1 知識 次の英文の（　）内に適するものを選び，記号を○で囲みなさい。

(1) My brother loves (　) basketball.
　ア play　イ plays　ウ to play

(2) Lucy will be sad (　) the news.
　ア hear　イ will hear　ウ to hear

(3) The hamburger was (　) big to eat.
　ア too　イ so　ウ enough

(4) *A* : Do you know (　) to buy a ticket?
　B : Sure. You can buy it over there.
　ア what　イ where　ウ when

2 知識 次の日本文に合うように，＿＿に適する語をそれぞれ1つずつ書きなさい。

でる！ (1) 初めに何をすればよいか教えてください。
　Please tell me ＿＿＿＿ ＿＿＿＿ do first.

でる！ (2) 私はコアラを見るために動物園へ行きました。
　I went to the zoo ＿＿＿＿ ＿＿＿＿ koalas.

(3) その試験に合格することが彼女の目標です。
　＿＿＿＿ pass the exam ＿＿＿＿ her goal.

(4) 私はジャック（Jack）に次の試合に参加してくれるように頼みました。
　I asked ＿＿＿＿ ＿＿＿＿ join the next game.

(5) 漢字を書くのは簡単ではありません。
　＿＿＿＿ isn't easy ＿＿＿＿ write *kanji*.

でる！ (6) 私は何か冷たい飲み物が欲しい。
　I'd like something ＿＿＿＿ ＿＿＿＿ ＿＿＿＿.

3 知識 次の英文を指示にしたがって書き換えなさい。

(1) My father listens to music.（不定詞を使って「音楽を聴くのが好きだ」という文に）

＿＿＿＿＿＿＿＿＿＿＿＿＿＿＿＿

でる！ (2) Dave got up early to make breakfast.（下線部が答えの中心になる疑問文に）

＿＿＿＿＿＿＿＿＿＿＿＿＿＿＿＿

差がつく (3) Do you know when you should call a doctor?
（下線部を〈疑問詞＋to ～〉を使って，ほぼ同じ内容の文に）

＿＿＿＿＿＿＿＿＿＿＿＿＿＿＿＿

(4) To swim in this lake is dangerous.（Itで始めて同じ内容の文に）

＿＿＿＿＿＿＿＿＿＿＿＿＿＿＿＿

4 知識 次の各組の英文がほぼ同じ意味になるように，____に適する語を書きなさい。

(1) Please help my friend.
I want ________ ________ help my friend.

でる！ (2) We don't have any food in our house. 〈法政大学第二高〉
We have nothing ________ ________ in our house.

でる！ (3) I'm so hungry that I can't walk.
I'm ________ hungry ________ walk.

差がつく (4) He was so kind that he told me how to play the guitar. 〈郁文館高・改〉
He was kind ________ ________ tell me how to play the guitar.

差がつく (5) Tell him that he should not be late to class. 〈慶應義塾高〉
Tell him ________ to come to class ________.

5 知識 次の英文には1か所ずつ誤りがあります。誤りを直し，正しい文を書きなさい。

(1) He was enough rich to buy the car.

____

(2) My father wants to me to be a doctor.

____

(3) We have a lot of problems to solve them.

____

6 知識 次の日本文に合うように，(　　) 内の語 (句) を並べ替えて，正しい英文を完成させなさい。ただし，文頭にくる単語も小文字にしてあります。

(1) 彼は切手を買いに郵便局へ行きました。〈実践学園高・改〉
He went (the post office / stamps / to / buy / some / to).
He went ________________________.

でる！ (2) 祖母はコンピュータの使い方を習っています。
My grandmother (a computer / to / learns / use / how).
My grandmother ________________________.

でる！ (3) ロング先生は私に黒板をきれいにするように頼みました。
Mr. Long (the blackboard / to / me / clean / asked).
Mr. Long ________________________.

(4) ぜひあなたをそのレストランに連れて行かせてください。
(you / to / me / take / let) the restaurant, please.
________________________ the restaurant, please.

差がつく (5) 私にはテレビなしの生活なんて想像できません。〈青雲高・改〉
(for / imagine / impossible / it's / life / me / to) without TV.
________________________ without TV.

7 知識 次の（　）内の語（句）を並べ替えて，正しい英文を完成させなさい。ただし，文頭にくる単語も小文字にしてあります。

(1) *A* : Mom, do you know the weather in the afternoon? 〈石川県〉
B : It will rain in the evening, but why?
A : I'm going to Masao's house by bike.
B : I see. Come (to / before / home / begins / rain / it).
Come ______________________________.

(2) *A* : I'm sorry (very / call / you / to / late) at night. 〈千葉県〉
B : That's OK. I was just reading a book.
I'm sorry ______________________________ at night.

でる!
(3) *A* : Mike, (have / you / to / do / anything) eat? 〈高知県〉
B : Yes. I have *osenbei*. I'll give it to you.
A : Thank you.
Mike, ______________________________ eat?

(4) *A* : The earth is getting sick. So we have to change our lives a little to help the earth. 〈長崎県・改〉
B : I agree. (we / is / live together / it / important / to know) with nature.
______________________________ with nature.

8 表現 次の日本文を英語に訳しなさい。

でる!
(1) 私はあなたに会えてとてもうれしい。
____

(2) 彼は私がこの重い机を運ぶのを手伝ってくれました。
____

(3) あなたは将来，何になりたいですか。
____

(4) 私はどちらのペンを買えばよいか決めることができません。(toを使って)
____

(5) 私のイヌは年をとりすぎていて速く走れません。(toを使って)
____

9 差がつく 表現 次の質問に対して，あなた自身の答えをまとまりのある２文以上の英語で書きなさい。〈石川県・改〉

What do you like to do in your free time?
____
____
____

10 次の英文を読んで，あとの問いに答えなさい。〈和歌山県・改〉

When I was in junior high school, I went to a local festival with my friends. We enjoyed seeing some *taiko* performances by old people. At home, I told my father about the *taiko* performances. He said, "In the festival, the old people use traditional *taiko*. I don't see young *taiko* performers these days. ①It is very important to teach *taiko* to young people." I said "*Taiko* performances are so cool that I want to practice *taiko*." He said, "One of the old performers in the festival is my friend. I'll take you to him."

On the weekend, my father took me to a gym near my house. I met Mr. Hatayama there. He was 75. Old people in my community were practicing *taiko* there. Mr. Hatayama said, "How about practicing *taiko* with us?" I decided to join them.

At first, I made strong and beautiful sounds when I practiced *taiko* alone. However, when I practiced *taiko* with other people, I couldn't make beautiful sounds. Mr. Hatayama said, "You're young. If you keep practicing hard, you'll perform *taiko* well." I was always encouraged by him. ②Many other old people also (to / me / perform / *taiko* / showed / how).

One year later, the festival in my community came again. I performed *taiko* in front of many people for the first time. When we finished our performances, we heard loud applause for us. I said to Mr. Hatayama, "Thank you for teaching me *taiko*." He smiled and said, "I enjoyed teaching *taiko* to you. Old people like me can still help young people." Many other old people also said, "We were glad to perform *taiko* with you." I was glad, too.

(注) local：地元の　*taiko*：太鼓　community：地域　alone：一人で
perform：演奏する　loud：大きな　applause：拍手

(1) 理解 下線部①の内容を，具体的に日本語で書きなさい。

____

(2) 知識 下線部②の（　）内の語を並べ替えて，正しい英文を完成させなさい。

Many other old people also ______________________________.

11 21 ピーターのスピーチのあとに質問が読まれます。その質問に対する答えを書き出しに続けて英語で書きなさい。〈群馬県〉

She ______________________________.

12 差がつく 22 グリーン先生の話と質問が読まれます。それを聞いて，あなたならその質問にどう答えるか，英語で書きなさい。英文は1文以上書いてもかまいません。〈群馬県・改〉

____

____

中学総合的研究 英語
P.310~323

動名詞

要点まとめ

1 動名詞の形と使い方

動詞の原形に-ingをつけたものを動名詞といい，「～すること」という名詞的な意味を表す。

主語	**Swimming** is my hobby.（泳ぐことは私の趣味です。）
補語	My hobby is **swimming**.（私の趣味は泳ぐことです。）
目的語	I like **swimming**.（私は泳ぐことが好きです。）
前置詞の目的語	I'm fond of **swimming**.（私は泳ぐことが好きです。）

2 動名詞と不定詞の使い分け

（1）**主語・動詞の補語になるとき**…動名詞，不定詞の両方が使える。

Knowing each other is important.
To know each other is important.
（お互いを知ることは大切です。）

（2）**前置詞の目的語になるとき**…動名詞だけが使える。

My mother is good at **playing** tennis.（私の母はテニスをするのが得意です。）

■動詞による，不定詞と動名詞の使い分け

目的語にとるもの	動詞と例文
動名詞のみ	enjoy「～を楽しむ」，finish「～を終える」，stop「～をやめる」，give up「～をあきらめる，～をやめる」，mind「～を気にする」など I enjoy **painting** pictures.（私は絵を描くことを楽しみます。）
不定詞のみ	decide「～を決める」，hope「～を望む」，want「～したい」，wish「～を願う」など I want **to play** tennis after school.（私は放課後テニスをしたい。）
動名詞と不定詞の両方	begin / start「～を始める」，like「～が好きだ」，love「～が大好きだ」など I started **to run** in the park. I started **running** in the park.（私は公園を走り始めました。）

注意 stopのあとに続く不定詞は，「～するために」という意味の副詞用法。

I stopped **to talk** with Yoko.（私はヨウコと話すために立ち止まりました。）

注意 不定詞と動名詞で意味が変わる動詞もある。

I remember **closing** the window.（私は窓を閉めたことを覚えています。）
Remember **to close** the window.（窓を閉めることを覚えておいてください。）

3 動名詞を用いたいろいろな表現

How [What] about *doing*?「～してはどうですか。」，Thank you for *doing*.「～してくれてありがとう。」，look forward to *doing*「～するのを楽しみに待つ」，without *doing*「～せずに」

Thank you for calling me.（私に電話をしてくれてありがとう。）

解答・解説➡別冊 P.43

基礎力チェック

ここに載っている問題は基本的な内容です。必ず解けるようにしておきましょう。

1 【動名詞の形】次の（　）内の語を適切な1語に変えて，＿＿に書きなさい。

① ＿＿＿＿＿＿＿ energy is very important.（save）

② I'm interested in ＿＿＿＿＿＿＿ plants.（grow）

③ Did you finish ＿＿＿＿＿＿＿ your homework?（do）

④ The baby didn't stop ＿＿＿＿＿＿＿.（cry）

2 【動名詞と不定詞の使い分け】次の英文の（　）内に適するものを**すべて**選び，記号を書きなさい。

① Brush your teeth before (　　) to bed. [　　]

ア going　イ to go

② (　　) sweets makes me happy. [　　]

ア Eating　イ To eat

③ My job is (　　) care of children. [　　]

ア taking　イ to take

④ We enjoy (　　) between classes. [　　]

ア talking　イ to talk

⑤ Mary wants (　　) the Snow Festival. [　　]

ア visiting　イ to visit

⑥ Brian started (　　) ice hockey last winter. [　　]

ア playing　イ to play

3 【動名詞を用いたいろいろな表現】次の日本文に合うように，（　）内から適するものを選び，○で囲みなさい。

① 私たちを手伝ってくれてありがとう。

Thank you for (help, helping, to help) us.

② 私たちは土曜日の午前中に泳ぎに行きます。

We will go (swim, swimming, to swim) on Saturday morning.

③ ミンはロックを聞くのが好きです。

Ming is (good at, fond of, like) listening to rock music.

④ 一緒に散歩をするのはどうですか。

(Let's, Why don't you, How about) taking a walk with me?

⑤ お会いするのを楽しみにしています。

I'm looking forward to (see, seeing, saw) you.

解答・解説➡別冊 P.43

実践問題

実際の問題形式で知識を定着させましょう。

1 知識 次の日本文に合うように，＿＿に適する語をそれぞれ1つずつ書きなさい。

(1) 数分前に雨が降り始めました。

It ＿＿＿＿＿＿ ＿＿＿＿＿＿ a few minutes ago.

(2) スポーツをすることは健康によい。

＿＿＿＿＿＿ sports ＿＿＿＿＿＿ good for your health.

(3) クラークさんは一言も言わないで座っていました。

Mr. Clark was sitting ＿＿＿＿＿＿ ＿＿＿＿＿＿ a word.

差がつく (4) 席を替わっていただけませんか。

Would you mind ＿＿＿＿＿＿ seats?

2 知識 次の各組の英文がほぼ同じ意味になるように，＿＿に適する語を書きなさい。

でる！ (1) { Judy likes to take a walk.
Judy is ＿＿＿＿＿＿ of ＿＿＿＿＿＿ a walk.

差がつく (2) { If you use a computer, your work will be easy.
＿＿＿＿＿＿ a computer will make your work easy.

3 知識 次の日本文に合うように，(　　)内の語（句）を並べ替えて，正しい英文を完成させなさい。

でる！ (1) 私の両親は週末にテニスを楽しみます。

My parents (playing / on weekends / tennis / enjoy).

My parents ＿＿＿＿＿＿＿＿＿＿＿＿＿＿＿＿＿＿＿＿.

(2) 私はちょうど夕食を作り終えたところです。

(cooking / I've / finished / dinner / just).

＿＿＿＿＿＿＿＿＿＿＿＿＿＿＿＿＿＿＿＿＿＿＿.

(3) スティーブは映画をみることに興味があります。

Steve (movies / interested / is / watching / in).

Steve ＿＿＿＿＿＿＿＿＿＿＿＿＿＿＿＿＿＿＿＿.

(4) 私は自転車通学をあきらめなければなりませんでした。

I (going / to / up / give / had) to school by bike.

I ＿＿＿＿＿＿＿＿＿＿＿＿＿＿＿＿＿＿ to school by bike.

4 表現 次のようなとき，英語で何と言うか書きなさい。

(1) かばんを運んでくれた相手にお礼を言うとき。(carryを形を変えて使って6語で)

＿＿＿＿＿＿＿＿＿＿＿＿＿＿＿＿＿＿＿＿＿＿＿

でる！ (2)「(私は)あなたとの再会を楽しみにしています。」と手紙で伝えるとき。(forwardを使って)

＿＿＿＿＿＿＿＿＿＿＿＿＿＿＿＿＿＿＿＿＿＿＿

5 ヒロトがカナダに帰国するブラウン先生と話しています。次の会話文を読んで，あとの問いに答えなさい。〈佐賀県・改〉

Hiroto : Thank you for ①(teach) us English, Mr. Brown. We're sorry that you are leaving Japan.

Mr. Brown : You are welcome. I really enjoyed teaching English at this school.

Hiroto : (②)

Mr. Brown : It was very good. Many Japanese people were kind, and all the Japanese foods were my favorite.

Hiroto : Good. I'm glad to hear that. What are you going to do in Canada?

Mr. Brown : I am going to study science again. Before I came here, I studied science in Canada. I enjoyed teaching, but my dream is to become a scientist in the future.

Hiroto : Really? I didn't know that. Why do you want to become a scientist?

Mr. Brown : Because I want to save the earth. ③To do so, I (is / science / very / studying / think / important).

(1) 知識 下線部①の語を適切な形に変えて書きなさい。 ＿＿＿＿＿＿

(2) 理解 (②)内に適するものを選び，記号を書きなさい。

ア How was your life in Japan?

イ Did you teach English at other schools?

ウ What was your favorite Japanese food?

エ How long have you stayed in Japan? [ ]

(3) 知識 下線部③の（ ）内の語を並べ替えて，正しい英文を完成させなさい。

To do so, I ＿＿＿＿＿＿＿＿＿＿＿＿＿＿＿＿.

6 でる!

23 ヨウコが「私たちの趣味」というテーマで，同じ班のタロウとケンと話し合ったことを，英語で発表します。英文を聞いて，その内容に合うように右の表の（ ）内に適する日本語を書きなさい。〈熊本県・改〉

タロウ	(①)をすること。土曜日は家の近くの(②)に行く。
ケン	(③)をすること。小さいとき，おじいさんと時々(④)へ行った。
ヨウコ	(⑤)こと。(⑥)をお父さんから習った。

① ＿＿＿＿ ② ＿＿＿＿ ③ ＿＿＿＿

④ ＿＿＿＿ ⑤ ＿＿＿＿ ⑥ ＿＿＿＿

分詞

要点まとめ

1 分詞の形と基本的な意味 ※本書p.40不規則動詞変化表

	形	意味	
		形容詞用法	be 動詞と組み合わせる用法
現在分詞	〈動詞の原形＋ -ing〉	「～している…」	〈be 動詞＋現在分詞〉 進行形 「～しているところだ」
過去分詞	〈動詞の原形＋ -(e)d〉 または不規則変化	「～された…」	〈be 動詞＋過去分詞〉 受動態 「～され（てい）る」

Ron is **playing** soccer now. (ロンは今サッカーをしています。)
〈be動詞＋現在分詞〉：進行形

Soccer is **played** in the world. (サッカーは世界で行われています。)
〈be動詞＋過去分詞〉：受動態

注意 過去分詞は，現在完了として〈have [has] ＋過去分詞〉の形でも用いられる。
I **have played** soccer for ten years. (私は10年間サッカーをしています。)

2 分詞の形容詞用法

(1) 現在分詞 「～している…」の意味を表す。

■ 現在分詞が単独で名詞を修飾する。

That **sleeping baby** is so cute. (あの眠っている赤ちゃんはとてもかわいい。)
〈現在分詞＋名詞〉の順

■ 現在分詞が語句をともなって名詞を修飾する。

Look at that **baby sleeping in the bed**. (ベッドで眠っているあの赤ちゃんを見て。)
〈名詞＋現在分詞 ～〉の順

POINT 現在分詞を形容詞として単独で用いるときは，名詞の前におく。
形容詞として用いる現在分詞が語句をともなうときは，名詞のあとにおく（後置修飾）。

(2) 過去分詞 「～された…」の意味を表す。

■ 過去分詞が単独で名詞を修飾する。

I use **recycled paper**. (私は再生紙を使います。)
〈過去分詞＋名詞〉の順

■ 過去分詞が語句をともなって名詞を修飾する。

I use **paper recycled in our town**. (私は私たちの町で再生された紙を使います。)
〈名詞＋過去分詞 ～〉の順

POINT 過去分詞を形容詞として単独で用いるときは，名詞の前におく。
形容詞として用いる過去分詞が語句をともなうときは，名詞のあとにおく（後置修飾）。

解答・解説➡ 別冊 P.45

基礎力チェック

ここに載っている問題は基本的な内容です。必ず解けるようにしておきましょう。

1 【分詞の形】 次の動詞の現在分詞と過去分詞を書きなさい。

	原形	現在分詞	過去分詞		原形	現在分詞	過去分詞
①	use			②	cook		
③	study			④	make		
⑤	sell			⑥	read		

2 【現在分詞の形容詞用法】 次の日本文に合うように，(　　) 内から適するものを選び，○で囲みなさい。

① あなたはあの踊っている女の子を知っていますか。
Do you know that (dances,　dancing) girl?

② ギターを弾いているあの生徒を見てください。
Look at that student (playing,　played) the guitar.

③ 向こうで走りまわっているイヌは私のです。
The dog (running,　run) around over there is mine.

3 【過去分詞の形容詞用法】 次の日本文に合うように，(　　) 内から適するものを選び，○で囲みなさい。

① 子どもたちは話し言葉から習い始めます。
Children start to learn from (speaking,　spoken) language.

② 私は英語で書かれた手紙を受け取りました。
I received a letter (writing,　written) in English.

③ メグが撮ったこれらの写真はすばらしい。
These pictures (taken,　taking) by Meg are wonderful.

3 【分詞の使い分け】 次の英文の (　　) 内に適するものを選び，記号を○で囲みなさい。

① I talked to the (　　　).
ア crying boy　**イ** boy crying　**ウ** cried boy　**エ** boy cried

② My father bought a (　　　).
ア using car　**イ** car using　**ウ** used car　**エ** car used

③ Who's that (　　　)?
ア running fast girl　**イ** girl running fast
ウ run fast girl　**エ** girl run fast

④ The (　　　) is Spanish.
ア speaking in Mexico language　**イ** language speaking in Mexico
ウ spoken in Mexico language　**エ** language spoken in Mexico

解答・解説➡ 別冊 P.45

実践問題

実際の問題形式で知識を定着させましょう。

1 知識 次の英文の（　　）内に適するものを選び，記号を○で囲みなさい。

(1) Do you know that girl (　　　) glasses? 〈法政大学第二高〉

ア to wear　イ wear　ウ wearing　エ wears

(2) This is a temple (　　　) about four hundred years ago. 〈栃木県〉

ア was built　イ has built　ウ building　エ built

でる！ (3) English is the language (　　　) all over the world. 〈秋田県〉

ア speak　イ spoke　ウ spoken　エ speaking

2 知識 次の（　　）内の語を適切な形に変えて，＿＿に書きなさい。

(1) I don't know the ＿＿＿＿＿＿ child. (sleep)

(2) Whose is the ＿＿＿＿＿＿ umbrella? (break)

(3) Who's ＿＿＿＿＿＿ the piano in the music room? (play)

(4) I've ＿＿＿＿＿＿ him since I was a little boy. (know)

(5) The teacher ＿＿＿＿＿＿ next to Mr. Saito is Ms. Smith. (sit)

(6) This is a telephone ＿＿＿＿＿＿ 100 years ago. (use)

3 知識 次の日本文に合うように，＿＿に適する語をそれぞれ1つずつ書きなさい。

(1) あの飛んでいる鳥を見てください。

Look at that ＿＿＿＿＿＿ ＿＿＿＿＿＿.

(2) 川沿いを走っている男性が見えますか。

Can you see the ＿＿＿＿＿＿ ＿＿＿＿＿＿ along the river?

(3) 電話で話している女性は私のおばです。

The ＿＿＿＿＿＿ ＿＿＿＿＿＿ on the phone is my aunt.

でる！ (4) 彼はドイツで作られた車を欲しがっています。

He wants a ＿＿＿＿＿＿ ＿＿＿＿＿＿ in Germany.

(5) 昨日の夜に演奏された曲はすばらしかった。

The music ＿＿＿＿＿＿ last night ＿＿＿＿＿＿ great.

4 知識 次の各組の英文がほぼ同じ意味になるように，＿＿に適する語を書きなさい。

でる！ (1) Mr. Yamada wrote this book. It is very interesting. 〈郁文館高〉
This book ＿＿＿＿＿＿ ＿＿＿＿＿＿ Mr. Yamada is very interesting.

(2) These people live in this area. They grow some vegetables. 〈関西学院高等部〉
These people ＿＿＿＿＿＿ ＿＿＿＿＿＿ this area grow some vegetables.

(3) He made a song. Many people love the song.
He made a song ＿＿＿＿＿＿ ＿＿＿＿＿＿ many people.

5 知識 次の日本文に合うように，（　　）内の語（句）を並べ替えて，正しい英文を完成させなさい。ただし，文頭にくる単語も小文字にしてあります。

でる!

(1) 私はあのほえているイヌが苦手です。

I (that / don't / dog / barking / like).

I ＿＿＿＿＿＿＿＿＿＿＿＿＿＿＿＿＿＿＿＿.

(2) あの木のそばに立っている男の子はテッペイです。〈沖縄県〉

The boy (standing / tree / that / by) is Teppei.

The boy ＿＿＿＿＿＿＿＿＿＿＿＿＿＿＿＿ is Teppei.

でる!

(3) あなたたちに，カナダで撮った写真をもっと見せましょう。

I'll (taken / pictures / you / in / show / more) Canada.

I'll ＿＿＿＿＿＿＿＿＿＿＿＿＿＿＿＿ Canada.

(4) これはその川でとれた魚です。

This is a (caught / the river / fish / in).

This is a ＿＿＿＿＿＿＿＿＿＿＿＿＿＿＿＿.

差がつく

(5) 富士山の頂上から見える日の出は，とても美しい。〈桐蔭学園高・改〉

(rising / seen / sun / the / from) the top of Mt. Fuji is very beautiful.

＿＿＿＿＿＿＿＿＿＿＿＿ the top of Mt. Fuji is very beautiful.

6 表現 次の日本文を英語に訳しなさい。

(1) マイク (Mike) と一緒に勉強をしている女の子は，リカ (Rika) です。

＿＿＿＿＿＿＿＿＿＿＿＿＿＿＿＿＿＿＿＿

でる!

(2) これは子どもたち向けに書かれた本です。

＿＿＿＿＿＿＿＿＿＿＿＿＿＿＿＿＿＿＿＿

差がつく

(3) 私の祖父は多くの人に愛されたすばらしい野球選手でした。

＿＿＿＿＿＿＿＿＿＿＿＿＿＿＿＿＿＿＿＿

7 表現 次の会話文を読んで，下線部の語（句）を順に用い，適切な語を補って英文を完成させなさい。

(1) *A* : This is a great party, isn't it?

B : Yes. I think so, too. <u>know, man, talking, with Jack</u>?

A : He's Mr. Green. He teaches English in my high school.

B : I see.

＿＿＿＿＿＿＿＿＿＿＿＿＿＿＿＿＿＿＿＿?

でる!

(2) *A* : My uncle lives in India. I'm going to stay with him this spring.

B : Wow! <u>what, the language, spoken</u>?

A : They use many languages. English is one of them.

B : I didn't know that.

＿＿＿＿＿＿＿＿＿＿＿＿＿＿＿＿＿＿＿＿?

8

次の会話文を読んで，あとの問いに答えなさい。〈福岡県・改〉

Miki : We'll have a new student from New Zealand next month. His name is Paul. We want to do something special for him.

Mr. Brown : That sounds good. Then, let's have some presentations for him in my English class.

Miki : Thank you very much, Mr. Brown. Paul sent a few letters from New Zealand. I think those letters will help us a lot.

Mr. Brown : ①<u>Here are (sent / pictures / to / him / by / some).</u>

Taro : Well, he likes riding bikes. Let's teach him some useful things when he rides his bike. First, we can show him good places to visit in our town. Second, we can show him traffic rules in Japan.

Mr. Brown : Great! Could you tell me one of the rules?

Taro : Yes. In New Zealand cars go on the right side of the street. But in Japan ….

Mr. Brown : Wait! We also drive cars on the left in New Zealand!

Taro : I didn't know that! By watching foreign movies I thought, "Cars go on the right in foreign countries."

Mr. Brown : Many Japanese think everything is different in foreign countries. But many things are the same. Driving is one example.

Miki : ②<u>Look at (wearing / is / uniforms / the students) in this picture.</u> Paul's school has uniforms and we have uniforms, too. They're like us! This is another example of the (③) things.

Mr. Brown : That's right!

（注）have presentations : 発表する

(1) 知識 下線部①，②の（　）内の語(句)を並べ替えて，正しい英文を完成させなさい。ただし，1つずつ不要なものがあります。

① Here are ______________________________.

② Look at ______________________________ in this picture.

(2) 理解（ ③ ）内に適する語を本文から1語抜き出して書きなさい。

____

9

24 会話文のあとに質問が読まれます。右の絵を見て，その質問の答えとして適切なものを選び，記号を書きなさい。〈栃木県〉

[　　]

いろいろな表現編

1 There is[are] ～ の文

中学総合的研究 英語
P.338~349

要点まとめ

1 There is[are] ～ の基本

(1) 形と意味　「(場所) に～がある[いる]」

There is a book on the desk. (机の上に本が1冊あります。)
単数名詞　場所
There are two books on the desk.
複数名詞　場所　(机の上に本が2冊あります。)

there is の短縮形
there is ➡ there's

POINT　be 動詞のあとの名詞が単数のときは There is ～ を，複数のときは There are ～ を使う。

(2) 疑問文と否定文

There is a hospital near here. (この近くに病院があります。)
be動詞をthereのすぐ前におく。
Is there a hospital near here? (この近くに病院はありますか。)
— Yes, **there is**. (はい，あります。) / No, **there isn't**. (いいえ，ありません。)

POINT　疑問文は Is[Are] there ～？の形。答えるときもthereを使う。
数をたずねるときは，How many ～ are there ...?「いくつの～が…にあります[います]か。」の形。

There is a hospital near here. (この近くに病院があります。)
be動詞のすぐあとにnotをおく。
There is not a hospital near here. (この近くに病院はありません。)

POINT　否定文はThere is[are] not (isn't [aren't])～ の形。

2 There is[are] ～ の用法

(1) 主語になれるもの　不特定のものや人 (a[an]，some，any，twoなどで始まるもの)

There are **some balls** in the bag. (かばんの中にボールがいくつか入っています。)
意味上の主語

注意　特定のものや人 (the，my，thisなどがつくもの) について言う場合は次のように表す。
Your balls are in the bag. (あなたのボールはかばんの中にあります。)

(2) 過去・未来の表し方

There **were** some people in the park. (その公園には何人かの人がいました。)
There **will** be many flowers in the garden. (その庭にはたくさんの花がある[咲く]でしょう。)

POINT　過去の文ではThere was[were] ～ を，未来の文ではThere will be ～ を使う。

解答・解説➡別冊 P.47

基礎力チェック

ここに載っている問題は基本的な内容です。必ず解けるようにしておきましょう。

1 【isとareの使い分け】次の英文の（　）内から適するものを選び，○で囲みなさい。

① There (is, are) a key on the table.

② There (is, are) two bikes by the tree.

③ There (is, are) some students in the classroom.

④ There (is, are) a little water in the bottle.

2 【There is[are] ～ の形】次の絵に合うように，____に適する語をそれぞれ１つずつ書きなさい。

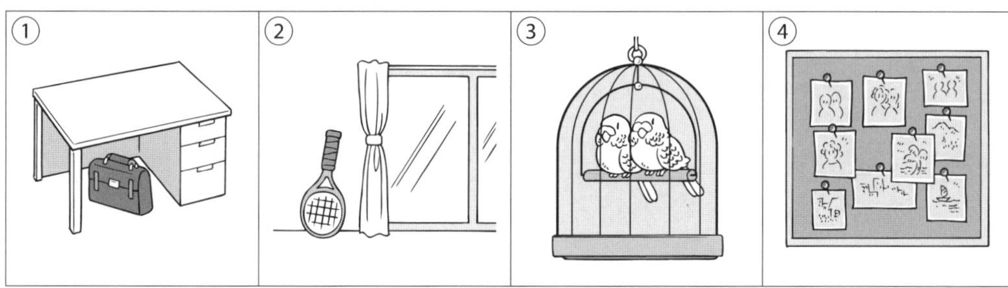

① There ________ a bag ________ the desk.

② There ________ a racket ________ the window.

③ There ________ two birds ________ the cage.

④ There ________ many pictures ________ the board.

3 【疑問文と否定文】次の英文を（　）内の指示にしたがって書き換えるとき，____に適する語をそれぞれ１つずつ書きなさい。

① There is an egg in the box.（疑問文に）

________ ________ an egg in the box?

② Are there a lot of people in front of the shop?（「はい，います」と答える文）

Yes, ________ ________.

③ There are some ships on the sea.（否定文に）

There ________ any ships on the sea.

4 【There is[are] ～ の用法】次の英文の（　）内から適するものを選び，○で囲みなさい。

① There is (my cat, the cat, a cat) under the car.

② There are (your students, these students, a few students) at the door.

③ There (was, were, are) many stars last night.

④ There (is, was, will be) a movie theater near the station ten years ago.

⑤ There (is, was, will be) a test next week.

⑥ How (many, much, old) books are there in this library?

実践問題

解答・解説➡ 別冊 P.47

実際の問題形式で知識を定着させましょう。

1 知識 次の英文の（　　）内に適するものを選び，記号を○で囲みなさい。

(1) There（　　　）a cup on the table.

ア am　イ is　ウ are　エ be

でる!

(2) *A* : Is there a CD shop on this street? 〈徳島県〉

B :（　　　）You can see it over there.

ア Yes, it is.　イ No, it isn't.　ウ Yes, there is.　エ No, there isn't.

(3) There（　　　）many monkeys in the mountains before.

ア is　イ are　ウ was　エ were

(4) There will be（　　　）in the stadium this summer.

ア our concert　イ a rock concert　ウ the concert

2 知識 次の日本文に合うように，＿＿に適する語をそれぞれ１つずつ書きなさい。

(1) 私の家の前にバス停があります。

＿＿＿＿＿ ＿＿＿＿＿ a bus stop in front of my house.

(2) この書店には英語の本がたくさんあります。

＿＿＿＿＿ ＿＿＿＿＿ a lot of English books in this bookstore.

(3) あなたが子どものころ，公園に池がありましたか。

＿＿＿＿＿ ＿＿＿＿＿ a pond in the park when you were a child?

3 知識 次の英文を指示にしたがって書き換えなさい。

(1) There is a star in the sky.（下線部を many に変えて）

＿＿＿＿＿＿＿＿＿＿＿＿＿＿＿＿＿＿＿＿

(2) There is a telephone box near here.（否定文に）

＿＿＿＿＿＿＿＿＿＿＿＿＿＿＿＿＿＿＿＿

でる!

(3) There are four people in her family.（下線部が答えの中心になる疑問文に）

＿＿＿＿＿＿＿＿＿＿＿＿＿＿＿＿＿＿＿＿

4 知識 次の各組の英文がほぼ同じ意味になるように，＿＿に適する語を書きなさい。

でる!

(1) My city has many places to visit.
＿＿＿＿＿ ＿＿＿＿＿ many places to visit in my city.

(2) There weren't any books on the bookshelf.
There were ＿＿＿＿＿ ＿＿＿＿＿ on the bookshelf.

(3) How many rooms does your house have?
How many rooms ＿＿＿＿＿ ＿＿＿＿＿ in your house?

5 表現 次の質問に対して，あなた自身のことを英語で書きなさい。

(1) Are there any teachers from America in your school?（3語で）

____

(2) How many students are there in your class?（4語で）

____

6 差がつく

次の英文を読んで，あとの問いに答えなさい。〈愛知県・改〉

Time Used for Sunday Activities (hour. minute)

	Group A	Group B
Sleeping	9.26	9.01
Studying	0.50	1.20
Shopping	0.31	0.28
TV, Radio, Newspapers and Magazines	2.59	2.55
Sports	1.23	0.29

(例　9.26：9時間26分)

The people in Group A are 10 to 14 years old, and the people in Group B are 15 to 19 years old. The people in Group A and Group B spend the longest time on "Sleeping." They sleep for about nine hours. They spend about three hours and thirty minutes on "Shopping" and "TV, Radio, Newspapers and Magazines."

①However, (are / between / differences / two groups / some / there / these). The people in Group B study longer than the people in Group A, but they study for less than one hour and thirty minutes. Do you think that is enough? The people in Group A spend longer time on (②) than the people in Group B. The difference is about fifty minutes. The people in Group B don't spend much time on (②).

Remember what you did on Sundays when you were 10 to 14 years old. Now, decide how you will spend Sundays in your high school days. You can do many things that you have never done.

(注) less than ～：～未満

(1) 知識 下線部①の（　）内の語（句）を並べ替えて，正しい英文を完成させなさい。

However, ______________________________.

(2) 理解（ ② ）内に共通して適するものを選び，記号を書きなさい。

ア Sleeping　イ Studying　ウ Shopping　エ Sports　[　　]

7 でる!

25 右の絵について，質問が読まれます。その質問の答えとして適切なものを選び，記号を書きなさい。

No.1　ア Yes, they are.　イ No, it isn't.
　　　ウ Yes, there is.　エ No, there isn't.　[　　]

No.2　ア One.　イ Two.
〈三重県〉　ウ Three.　エ Four.　[　　]

中学総合的研究 英語
P.350~367

比較

要点まとめ

1 比較変化

数や量を比較するとき，形容詞や副詞は語の形が変わる。もとの形を**原級**，「〜よりも…だ」というときの形を**比較級**，「いちばん…だ」というときの形を**最上級**という。

	語尾の変化のしかた：比較級 / 最上級	例
通常の語	-er / -est をつける	small → small**er** → small**est**
語尾が -e の語	-r / -st をつける	large → large**r** → large**st**
〈子音字＋ y〉で終わる語	y を i に変えて -er / -est をつける	easy → eas**ier** → eas**iest**
〈短母音＋子音字〉で終わる語	子音字を重ねて -er / -est をつける	big → big**ger** → big**gest**
つづりが長い語	more / most を<u>語の前に</u>つける	interesting → **more** 〜 → **most** 〜

注意 不規則に変化する特別な語の例：good, well → **better** → **best** / many, much → **more** → **most**

2 比較の用法

(1) 原級 「〜と同じくらい…」 〈as＋原級＋as 〜〉の形。

My dog is <u>as</u> **old** <u>as</u> yours.（私のイヌはあなたのと同じくらいの年です。）
Jackie can<u>not</u> run <u>as</u> **fast** <u>as</u> you.（ジャッキーはあなたほど速く走れません。）

注意 否定文は〈not as＋原級＋as 〜〉の形で「〜ほど…でない」という意味になる。

(2) 比較級 「〜よりも…」 〈比較級＋than 〜〉の形。

This ball is **newer** <u>than</u> mine.（このボールは私のよりも新しいです。）
<u>Which</u> is **larger**, Canada <u>or</u> China?（カナダと中国ではどちらが広いですか。）
I <u>like</u> tea **better** <u>than</u> coffee.（私はコーヒーよりも紅茶が好きです。）

注意 〈Which is＋比較級, *A* or *B*?〉は，「AとBのどちらがより…ですか。」の意味。

(3) 最上級 「〜でいちばん…だ」 〈the＋最上級＋in [of] 〜〉の形。

Ryo is **the youngest** player **in** <u>the team</u>.（リョウはチームで最年少の選手です。）
Which is **the most important** **of** <u>the three</u>?（3つの中でどれがいちばん重要ですか。）
I <u>like</u> summer <u>the</u> **best**.（私は夏がいちばん好きです。）

POINT in ＋<u>単数名詞</u>（family, Japanなど集団・範囲・場所を表す名詞）
of ＋<u>複数名詞</u>（all, threeなど複数を表す名詞）

3 比較を使った重要表現

■「最も〜の1つ［1人］」〈one of the＋最上級＋名詞の複数形〉
Tokyo is **one of the biggest cities** in Japan.（東京は日本で最も大きな都市のうちの1つです。）

解答・解説➡ 別冊 P.48

基礎力チェック

ここに載っている問題は基本的な内容です。必ず解けるようにしておきましょう。

1 **【比較変化】** 次の語の比較級と最上級を書きなさい。

	原級	比較級	最上級		原級	比較級	最上級
①	cold			②	useful		
③	nice			④	busy		
⑤	hot			⑥	good		

2 **【比較の用法】** 次の英文を（　　）内の指示にしたがって書き換えるとき，____に適する語をそれぞれ１つずつ書きなさい。

① This pencil is long. (that one と比べて)
This pencil is ________ ________ that one.

② Ken's picture is good. (「キャロルのと同じくらいよい」という文に)
Ken's picture is ________ ________ ________ Carol's.

③ You should drive carefully. (「(今よりも) より注意深く」という文に)
You should drive ________ ________.

④ February is short. (「１年でいちばん短い」という文に)
February is ________ ________ of the year.

⑤ This watch is expensive. (「３つの中でいちばん高価な」という文に)
This watch is the ________ ________ ________ the three.

3 **【比較を使った重要表現】** 次の日本文に合うように，（　　）内から適するものを選び，○で囲みなさい。

① カオリはクラスのほかのどの女の子よりも背が高い。
Kaori is (tall,　taller,　the tallest) than any other girl in her class.

② クリスは今年の最も優秀な選手の１人です。
Chris is one of the best (player,　players) of this year.

4 **【比較の意味】** 次の絵や表を見て，英文に合っていれば○を，合っていなければ×を書きなさい。

①

②

今週の DVD 人気ランキング
★１位★ *Last Winter*
★２位★ *Good Friends*
★３位★ *Someday*

③

① Sara's bag is bigger than Ken's.　[　　]

② *Last Winter* is the most popular DVD this week.　[　　]

③ Koji can swim as fast as Jim.　[　　]

解答・解説➡別冊 P.49

実践問題

実際の問題形式で知識を定着させましょう。

1

知識 CとDの関係がAとBの関係と同じになるように，Dに適する語を書きなさい。

A	B	C	D
deep	deepest	wide	(1)
slowly	more slowly	early	(2)
small	smaller	well	(3)
short	shortest	many	(4)

差がつく

2

知識 次の英文の（　）内に適するものを選び，記号を○で囲みなさい。

(1) This box is (　　) than that one.

ア heavy　イ heavier　ウ heaviest　エ the heaviest

(2) This picture is (　　) famous of the three.

ア more　イ most　ウ the most　エ very

(3) This action movie isn't as exciting (　　) that one.

ア than　イ of　ウ as　エ in

(4) Tina plays the guitar as (　　) as Naomi.

ア well　イ better　ウ good　エ best

でる!

(5) Brian is the tallest (　　) his class.

ア in　イ of　ウ than　エ as

でる!

(6) This book is (　　) difficult than that one for me. 〈神奈川県〉

ア much　イ more　ウ many　エ most

(7) Is Tom (　　) than Bob? — No, Tom is twelve and Bob is eleven. 〈沖縄県・改〉

ア older　イ younger　ウ taller　エ more

差がつく

(8) (　　) mountain in Japan is as high as Mt. Fuji.

ア No other　イ Not another　ウ Not any　エ Other

3

知識 次の日本文に合うように，____に適する語をそれぞれ1つずつ書きなさい。

(1) 私は最善をつくすつもりです。

I'll do ________ ________.

(2) マリアはこのコートがいちばん好きです。

Maria ________ this coat the ________.

(3) この学校には2,000人以上の学生がいます。

There are ________ ________ 2,000 students in this school.

(4) ジョンは世界で最も上手な歌手の1人です。

John is one of the ________ ________ in the world.

4 知識 次の各組の英文がほぼ同じ意味になるように，＿＿に適する語を書きなさい。

(1) Shun runs faster than Jun. Jun runs faster than Koji.
Shun is ＿＿＿＿ ＿＿＿＿ runner of the three.

(2) Question *A* is more difficult than Question *B*.
Question *B* is ＿＿＿＿ ＿＿＿＿ Question *A*.

でる！ (3) Your sweater is more colorful than mine.
My sweater is not ＿＿＿＿ ＿＿＿＿ ＿＿＿＿ yours.

差がつく (4) He is the tallest boy in our class. 〈慶應義塾高〉
＿＿＿＿ ＿＿＿＿ boy in our class is taller than he.

差がつく (5) The singer was the worst of all the contestants. 〈青雲高〉
The singer was ＿＿＿＿ ＿＿＿＿ any other contestant.

5 知識 次の日本文に合うように，（　　）内の語を並べ替えて，正しい英文を完成させなさい。

(1) この木はこの学校と同じくらい古い。〈茨城県・改〉
This (old / as / tree / is / this / as) school.
This ＿＿＿＿＿＿＿＿＿＿＿＿＿＿＿＿ school.

差がつく (2) 20年ぶりの寒い冬になりそうです。〈早稲田大学系属早稲田実業学校高等部・改〉
It will (coldest / in / be / the / winter) twenty years.
It will ＿＿＿＿＿＿＿＿＿＿＿＿＿＿＿＿ twenty years.

差がつく (3) あなたは私の３倍の数の本を読んでいます。
You read (as / books / many / times / three) as I read.
You read ＿＿＿＿＿＿＿＿＿＿＿＿＿＿＿＿ as I read.

6 知識 次の（　　）内の語を並べ替えて，正しい英文を完成させなさい。

でる！ (1) *A* : Does Takuya play tennis well?
B : Yes, he does. He is (tennis / player / best / in / the) our class.
He is ＿＿＿＿＿＿＿＿＿＿＿＿＿＿＿＿ our class.

(2) *A* : Hideki does (as / run / as / not / fast) Ichiro. 〈青森県〉
B : Really?
Hideki does ＿＿＿＿＿＿＿＿＿＿＿＿＿＿＿＿ Ichiro.

(3) *A* : Do you know Tomoko? 〈青森県〉
B : Yes. She is (friends / best / of / my / one).
She is ＿＿＿＿＿＿＿＿＿＿＿＿＿＿＿＿.

(4) *A* : Which do you like better, baseball or soccer?
B : Well, I like both, because (exciting / as / is / baseball) as soccer.
～, because ＿＿＿＿＿＿＿＿＿＿＿＿＿＿＿＿ as soccer.

7 理解 下のグラフについて，あとの質問の答えとして適するものを選び，記号を書きなさい。〈神奈川県〉

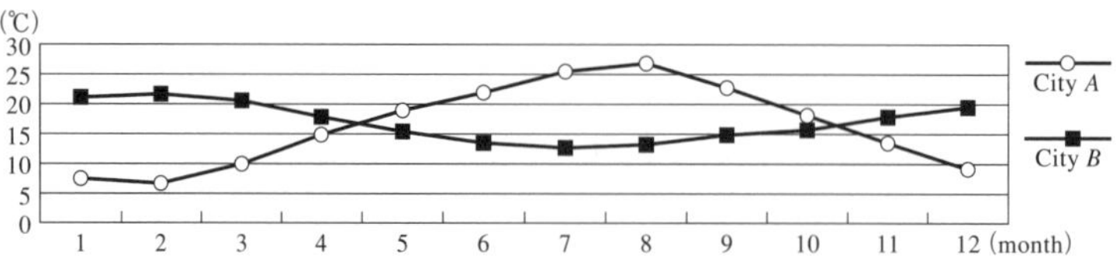

This graph shows average temperatures of City *A* and City *B* from January to December in 2007.

（注）average temperatures：平均気温

Question: What can we say from the graph?

ア January was the coldest month in City *A* and City *B* in 2007.

イ City *A* was always hotter than City *B* from March to December in 2007.

ウ City *A* in July was hotter than City *B* in September in 2007.

エ City *B* in December was colder than City *A* in November in 2007. [　　　　]

8 差がつく 理解 右の図は，マサシが，クラスの生徒を対象に好きなスポーツについて調査した結果をまとめたものです。会話文を読んで，（ ① ）～（ ③ ）内に適する語を書きなさい。〈兵庫県〉

好きなスポーツ

その他 3人
テニス 4人
野球 14人
サッカー 8人
バスケットボール 11人

Masashi　: Please look at this. I asked all the students in my class, "What sport do you like the best?"

Mr. Brown : That is interesting.

Masashi　: The most popular sport in my class is (①).
What is your favorite sport, Mr. Brown?

Mr. Brown : I like soccer. How many students like soccer?

Masashi　: Eight students like soccer. In my class soccer is more popular than (②). But (③) is more popular than soccer.

① ________　② ________　③ ________

9 差がつく 表現 あなたは，「1年のうちで最も好きな月」というテーマで，英語で発表することになりました。あなたは，1月から12月のうち，どの月について話しますか。あなたが話す内容を，その月を選んだ理由も含めて，次の〔注意〕に従って，英語で書きなさい。

〈香川県〉

〔注意〕・3文以上の英文で書くこと。
・語数は全部で25語以上とし，ピリオドなどの符号は語として数えない。
・行事など日本独特のものの名前は，ローマ字で書いてもよい。

____

____

____

10

差がつく

理 解 次の英文を読んで，あとの問いに答えなさい。〈沖縄県・改〉

Today, our life-style is changing so fast. After graduating from high school, some people try to do their best for their dreams. Some people don't want to do anything. Others don't know what to do.

This graph shows the number of young people who graduated from their high schools and have no jobs or don't go to school in Tokyo and five prefectures. Tokyo has the largest number of people. Saitama has the second and Fukuoka comes next. Toyama has the smallest. Okinawa has only five thousand people, but it has the highest rate per 100 people. Oita's rate is half that of Tokyo.

What do you think about this situation?

(注) life-style：生活様式　graduate from ～：～を卒業する
graph：グラフ　prefecture(s)：県
rate：割合　per 100 people：100人ごとの　situation：状況

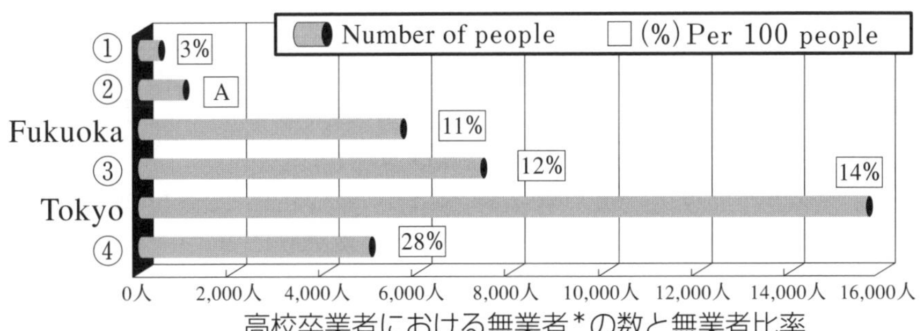

高校卒業者における無業者＊の数と無業者比率

(平成17年度学校基本調査)

＊学校などに通学しておらず，収入をともなう仕事をしていない人

(1) グラフ中の①～④に適する県名の組み合わせを選び，記号を書きなさい。

ア ① Oita ② Toyama ③ Okinawa ④ Saitama
イ ① Oita ② Okinawa ③ Toyama ④ Saitama
ウ ① Toyama ② Saitama ③ Oita ④ Okinawa
エ ① Toyama ② Oita ③ Saitama ④ Okinawa　[　　]

(2) グラフ中のAに適するものを選び，記号を書きなさい。

ア 3％　イ 5％　ウ 7％　エ 9％　[　　]

(3) 本文の内容やグラフに合うものを２つ選び，記号を書きなさい。

ア すべての若者が，高校卒業後に仕事に就きたがっている。
イ 若者の中には，高校卒業後に何をしたいのかわからない者もいる。
ウ 埼玉県と福岡県の無業者の数は，ほぼ同じである。
エ 東京都の無業者比率はいちばん高い。
オ 沖縄県の無業者比率は，東京都の２倍である。　[　　][　　]

いろいろな表現編　2 比較

11

理解 次の会話文を読んで，あとの問いに答えなさい。〈長崎県・改〉

Saki : Look at *Chart 1*. The students in five countries were asked this question. 68.7% of the students answered "yes" in your country, Mr. Smith. This is the highest of the five countries.

Mr. Smith : I understand. I enjoy reading, too.

Saki : (　　　) is the lowest in rank of the five countries.

Mr. Smith : I'm surprised. I go to a bookstore every weekend and I see a lot of people there.

Saki : Some people don't read books for enjoyment. Look at *Chart 2*. You can see that Japanese people like comic books. It is the highest of the five countries.

Yong-soo : I also like comic books. I started to learn about Japanese culture by reading comic books. About 12% of the students read them in your country, Mr. Smith.

Saki : Korea comes first in non-fiction books.

Yong-soo : I like non-fiction books. I was very interested in history, so I often went to the library to borrow many books about it when I was in Korea.

Saki : I often borrow books, too. But some of my friends study in the library. Look at *Chart 3*. You can see more than 30% of the students in my school go to the library to do that.

Mr. Smith : I am very surprised to learn that "read books" is third in rank. It is higher in rank than "do research" but lower than "borrow books." I think the library is the best place to enjoy reading.

Yong-soo : Many students in Korea study in the library, but I like reading. I borrowed and read books there. My favorite book was about World Heritage Sites in Japan. It had many stories of old churches in Nagasaki. It was very interesting and I decided to learn more about them. So I am here in Nagasaki.

Mr. Smith : I like your story, Yong-soo. I think books gave you a chance to change your life.

Yong-soo : I think so, too. We should read more.

(注) chart：図表　rank：順位　enjoyment：楽しみ　come first：1位になる
non-fiction books：ノンフィクション（事実をもとに作られた読み物）
do research：調べ物をする　World Heritage Site：世界遺産　church：教会

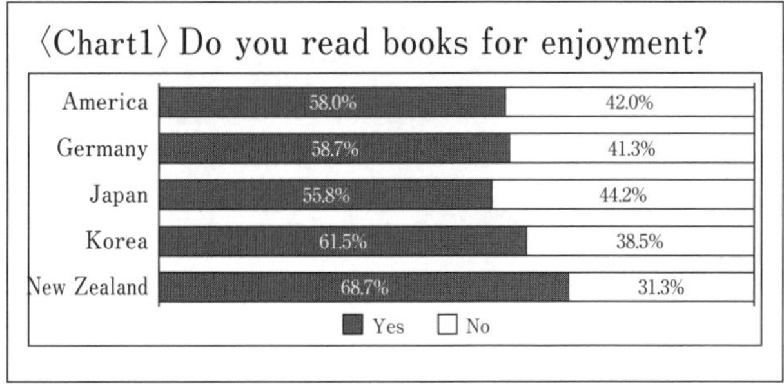

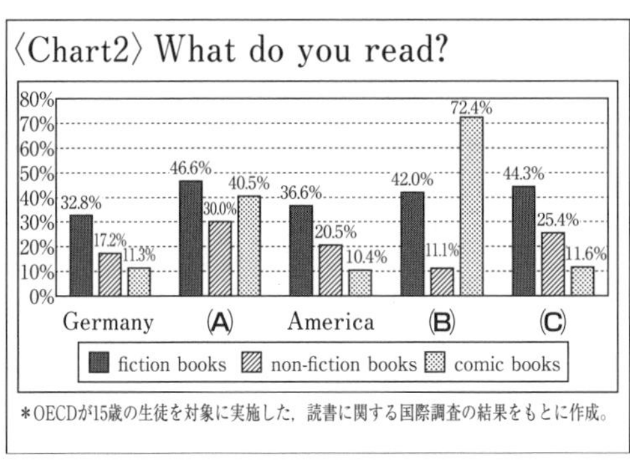

＊OECDが15歳の生徒を対象に実施した，読書に関する国際調査の結果をもとに作成。

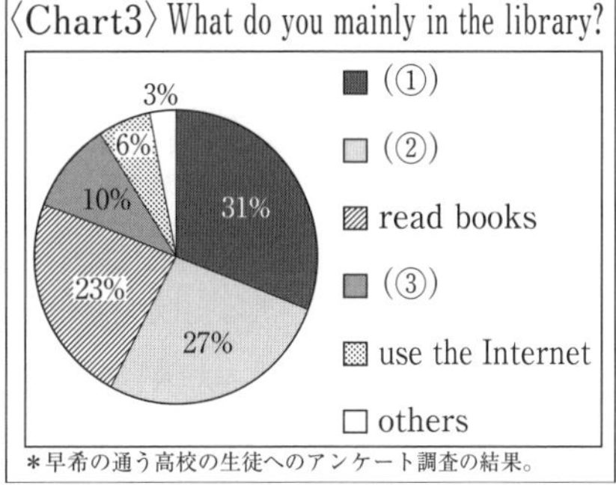

＊早希の通う高校の生徒へのアンケート調査の結果。

(注) Germany：ドイツ（国名）　New Zealand：ニュージーランド（国名）
fiction book：フィクション（物語，小説など）　mainly：主に

(1) 本文中の（　　）内に適するものを選び，記号を書きなさい。

ア America　**イ** Germany　**ウ** Japan　**エ** Korea　[　　]

(2) 〈*Chart 2*〉中の（ A ）～（ C ）に適する組み合わせを選び，記号を書きなさい。

ア A：Korea　B：Japan　C：New Zealand
イ A：Japan　B：Korea　C：New Zealand
ウ A：New Zealand　B：Japan　C：Korea
エ A：Japan　B：New Zealand　C：Korea　[　　]

(3) 〈*Chart 3*〉中の（ ① ）～（ ③ ）に適するものを選び，記号を書きなさい。

ア read newspaper　**イ** borrow books
ウ do research　**エ** study

①[　　] ②[　　] ③[　　]

12 でる！

26 会話文のあとに質問が読まれます。その質問の答えとして適切なものを選び，記号を書きなさい。

No.1 〈東京都・改〉
ア Ted.　**イ** Jack.
ウ Bob.　**エ** Mike.　[　　]

No.2 〈鹿児島県〉
ア Lisa.　**イ** Lisa's sister.
ウ Lisa's brother.　**エ** Lisa's father.　[　　]

いろいろな表現編 2 比較

中学総合的研究 英語
P.368~383

受動態

要点まとめ

1 受動態の形

(1) 能動態と受動態 (受動態の文のつくり方)

能動態 **He** uses **this camera**.(彼はこのカメラを使います。)

目的語を主語にする。 主語をbyのあとにおく (代名詞なら目的格にする)。

受動態 **This camera** is used **by him**.(このカメラは彼によって使われます。)

〈be動詞+過去分詞〉

POINT 受動態は〈be動詞+過去分詞〉の形で,「~された[されている]」の意味を表す。

注意 過去は〈was[were]+過去分詞〉,未来は〈will be+過去分詞〉の形で表す。

(2) 否定文と疑問文

English **is not spoken** in that country.(英語はその国では話されていません。)

POINT 受動態の否定文は〈be動詞+not+過去分詞〉の形。be動詞のあとにnotをおく。

Is this song **sung** in your country?(この歌はあなたの国で歌われていますか。)
— Yes, it **is**.(はい,歌われています。)/ No, it **isn't**.(いいえ,歌われていません。)

POINT 受動態の疑問文は〈be動詞+主語+過去分詞 ~?〉の形。答えるときもbe動詞を使う。

2 受動態の用法

(1) SVOO (目的語が2つある文) とSVOC (目的語+補語の文) の受動態

Kate gave me this CD.(ケイトは私にこのCDをくれました。)
I **was given** this CD by Kate.(私はケイトからこのCDをもらいました。)
This CD **was given** (to) me by Kate.(このCDはケイトからもらいました。)

POINT SVOOの文から受動態の文は原則として2つできる。

My friends call me Ryo.(私の友だちは私をリョウと呼びます。)
I **am called** Ryo by my friends.(私は私の友だちからリョウと呼ばれています。)

POINT SVOCの文からできる受動態の文は1つ (Oを主語にした文のみ)。

(2) by以外の前置詞をとる受動態など

I **was surprised at** his e-mail.(私は彼のEメールに驚きました。)

POINT be covered with ~=「~におおわれている」, be known to ~=「~に知られている」, be interested in ~=「~に興味がある」 など

注意 「~で作られている」と言うとき,be made **from** ~は加工による変化の大きいもの (原料) に,be made **of** ~は変化の小さいもの (材料) に使う。

解答・解説➡別冊P.51

基礎力チェック

ここに載っている問題は基本的な内容です。必ず解けるようにしておきましょう。

1 **【受動態の形】** 次の日本文に合うように，(　　) 内から適するものを選び，○で囲みなさい。

① この本は世界中で読まれています。
This book (am, is, are) read around the world.

② たくさんの車がこの工場で作られています。
Many cars are (make, made, making) in this factory.

③ 教室は生徒たちによって掃除されます。
Classrooms are cleaned (by, for, with) students.

④ この家は50年前に祖父によって建てられました。
This house (built, is built, was built) by my grandfather 50 years ago.

⑤ 来月にはたくさんの花が見られるでしょう。
Many flowers (are, will, will be) seen next month.

2 **【否定文と疑問文】** 次の英文の (　　) 内から適するものを選び，○で囲みなさい。

① These rooms (aren't, don't, haven't) used now.

② (Was, Did, Have) this picture taken by Nami?

③ *A* : Were these pictures taken by your mother?
B : Yes, they (were, did, have).

3 **【SVOO と SVOC の受動態】** 次の英文を受動態に書き換えるとき，____に適する語をそれぞれ1つずつ書きなさい。

① Ms. White teaches us English.
We ________ taught English ________ Ms. White.

② My mother made me this bag.
This bag ________ ________ for me by my mother.

③ Nick named the cat Tiger.
The cat ________ ________ Tiger by Nick.

4 **【受動態のいろいろな表現】** 次の日本文に合うように，(　　) 内から適するものを選び，○で囲みなさい。

① 私はボランティアの仕事に興味があります。
I'm interested (by, for, in) volunteer work.

② アンジェラは日本で生まれました。
Angela (born, was born, bore) in Japan.

③ 紙は木で作られています。
Paper is made (from, of, into) wood.

解答・解説➡別冊 P.52

実践問題

実際の問題形式で知識を定着させましょう。

1 知識 次の英文の（　　）内に適するものを選び，○で囲みなさい。

(1) Softball is (　　　) by nine people.

ア play　イ played　ウ playing　エ to play

(2) Some volunteers (　　　) in the park.

ア need　イ are needing　ウ are needed　エ have needed

(3) Is English used in Canada? — (　　　) French is used, too.

ア Yes, it is.　イ Yes, it does.

ウ No, it isn't.　エ No, it doesn't.

でる! (4) We were surprised (　　　) his call.

ア at　イ in　ウ for　エ to

(5) (　　　) Jennifer and Jessica invited to the party last night?〈駒込高〉

ア Both　イ Have　ウ Will　エ Were

差がつく (6) I was (　　　) by many people at the party.

ア talking　イ talking to　ウ talked　エ talked to

2 知識 次の（　　）内の語を適切な形に変えて，＿＿に書きなさい。

(1) This picture was ＿＿＿＿＿＿ by my uncle. (paint)

(2) My dog is ＿＿＿＿＿＿ around the tree. (run)

(3) This board is ＿＿＿＿＿＿ from used paper. (make)

(4) I was ＿＿＿＿＿＿ when you called me. (sleep)

(5) The department store will be ＿＿＿＿＿＿ next month. (close)

(6) This party will be ＿＿＿＿＿＿ next week. (hold)

3 知識 次の日本文に合うように，＿＿に適する語をそれぞれ1つずつ書きなさい。

(1) 父は母に病院へ連れていかれました。

My father was ＿＿＿＿＿＿ to the hospital ＿＿＿＿＿＿ my mother.

でる! (2) メニューは日本語で書かれていませんでした。

The menu ＿＿＿＿＿＿ ＿＿＿＿＿＿ in Japanese.

(3) この窓はいつ壊されたのですか。

When ＿＿＿＿＿＿ this window ＿＿＿＿＿＿?

でる! (4) その山の頂上は雪におおわれています。

The top of the mountain is ＿＿＿＿＿＿ ＿＿＿＿＿＿ snow.

差がつく (5) その事故でたくさんの人が亡くなりました。

Many people ＿＿＿＿＿＿ ＿＿＿＿＿＿ in the accident.

4 知識 次の各組の英文がほぼ同じ意味になるように，＿＿に適する語を書きなさい。

(1) Many people visit this museum.
This museum ＿＿＿＿ ＿＿＿＿ by many people.

(2) Did Paul bake this cake?
＿＿＿＿ this cake ＿＿＿＿ by Paul?

(3) What do they call this fruit in America? 〈郁文館高〉
What ＿＿＿＿ this fruit ＿＿＿＿ in America?

差がつく (4) My uncle found me this apartment. 〈青雲高〉
This apartment was ＿＿＿＿ ＿＿＿＿ me by my uncle.

差がつく (5) We can see many birds in the woods.
Many birds can ＿＿＿＿ ＿＿＿＿ in the woods.

5 知識 次の英文を指示にしたがって書き換えなさい。

(1) This song is often sung in our class. (過去の文に)

(2) David was chosen as captain. (未来の文に)

(3) This type of phone is made now. (否定文に)

(4) The book is read in Japan. (疑問文に)

(5) Andy invited me to the game. (受動態の文に)

(6) The letter was written <u>two months ago</u>. (下線部が答えの中心となる疑問文に)

でる! (7) They speak Spanish in Argentina. (受動態の文に)

差がつく (8) Sue takes care of the cat. (受動態の文に)

6 知識 次の英文には1か所ずつ誤りがあります。誤りを直し，正しい文を書きなさい。

(1) This CD was gave to us by Ann.

(2) His music is listened by many young people.

(3) What language is speaking in your country?

7 でる!

知識 次の（　　）内の語（句）を並べ替えて，正しい英文を完成させなさい。ただし，文頭にくる単語も小文字にしてあります。

(1) *A* : Soccer is popular around the world. 〈神奈川県・改〉
B : That's right. Soccer (played / many / is / by) people around the world.
Soccer ________________________ people around the world.

(2) *A*: (spoken / language / is / in / what) that country? 〈青森県〉
B : English is.
________________________ that country?

(3) *A* : Do you know that boy? 〈島根県〉
B : Yes. His name is Daniel Jones. He (by / Dan / called / his friends / is).
He ________________________.

(4) Japan has many good things. For example, *furoshiki* is one of them. It (to / many kinds of / used / things / carry / is). 〈滋賀県・改〉
It ________________________.

差がつく
(5) You mustn't use an umbrella when you ride a bike. Some (by / using / are / people / accidents / caused) umbrellas. 〈香川県・改〉
Some ________________________ umbrellas.

8

表現 次の日本文を英語に訳しなさい。

(1) この歌は世界中で知られています。（8語で）
____

(2) あなたたちの学校は昨年建てられたのですか。
____

(3) この自転車は明日は使われないでしょう。（willを使って）
____

(4) この写真はどこで撮られましたか。
____

でる!
(5) 私は11月に生まれました。
____

9

表現 次の質問に対して，あなた自身のことを英語で書きなさい。

(1) Is *kotatsu* used at your home in winter? (3語で)
____

(2) Was English taught in your elementary school? (3語で)
____

(3) What are you interested in? (4語以上で)
____

10 チェロ演奏者（cellist）であるヨーヨー・マについて書かれた次の英文を読んで，あとの問いに答えなさい。〈実践学園高・改〉

There are many famous people from Asian countries in the world today. One such Asian is Yo-Yo Ma.

Yo-Yo Ma is a Chinese-American. He was born in Paris but was brought up mostly in the United States. His parents were Chinese. His mother was a singer and his father was a conductor and composer. After studying the violin, Ma began studying the cello when he was just four years old. He had special abilities at a very young age. He played the cello for the President of the United States, John F. Kennedy, at age seven.

Ma has played with most of the famous orchestras in the world. Tickets for his concerts are almost always ①<u>(sell)</u> out. He has made over 70 albums and won many music prizes. But he is still looking for a new musical area. In 1998, Ma started a new project called "the Silk Road Project." In the project he is studying how Asian music met with European music on the historic trade way. We sometimes listen to his music on TV programs in Japan.

（注）conductor：指揮者　composer：作曲家　cello：チェロ　orchestra：オーケストラ
project：計画　the Silk Road Project：シルクロードプロジェクト
the historic trade way：歴史的な貿易の道

(1) 知識 下線部①の語を適切な形に変えて書きなさい。 ＿＿＿＿＿＿

(2) 理解 次の質問に英語で答えなさい。

Where was Yo-Yo Ma born?（5語で）

＿＿＿＿＿＿＿＿＿＿＿＿＿＿＿＿＿＿＿＿

(3) 理解 本文の内容に合っていれば○を，合っていなければ×を書きなさい。

① Ma became famous as a violinist and cellist. [　　]

② Ma began playing the violin before he was four years old. [　　]

③ Ma isn't interested in Asian music at all. [　　]

11 

27 次の場面で，女性の発言のあとにⒶ～Ⓒの３つの英文が読まれます。答えとして適切なものを選び，記号を書きなさい。

No.1

[　　]

No.2

[　　]

中学総合的研究 英語
P.384~403

関係代名詞

要点まとめ

1 関係代名詞の働きと種類

(1) 関係代名詞とは？

I have **some friends** **and they** live in China.

I have **some friends** **who** live in China.（私には中国に住む友だちが何人かいます。）

先行詞　関係代名詞　[ ]は先行詞を後ろから修飾している。

〈関係代名詞 ～〉に修飾される名詞または代名詞。

POINT 関係代名詞は，接続詞と代名詞の役割をもつ。

(2) 関係代名詞の種類　先行詞の種類と文中での働きによって以下のものがある。

先行詞の種類	主格	目的格	所有格
人	who	(*whom / that)	whose
もの・動物	which		whose
人・もの・動物	that		—

*目的格 whom はほとんど用いられない。

注意 目的格の関係代名詞（whom，which，that）は省略されることが多い。

The cookies (that) you made were good.（あなたが作ったクッキーはおいしかった。）
名詞　代名詞（主語）＋動詞

名詞や代名詞が２つ続いたあとに動詞がある→関係代名詞が省略されていると考える。

2 関係代名詞の用法

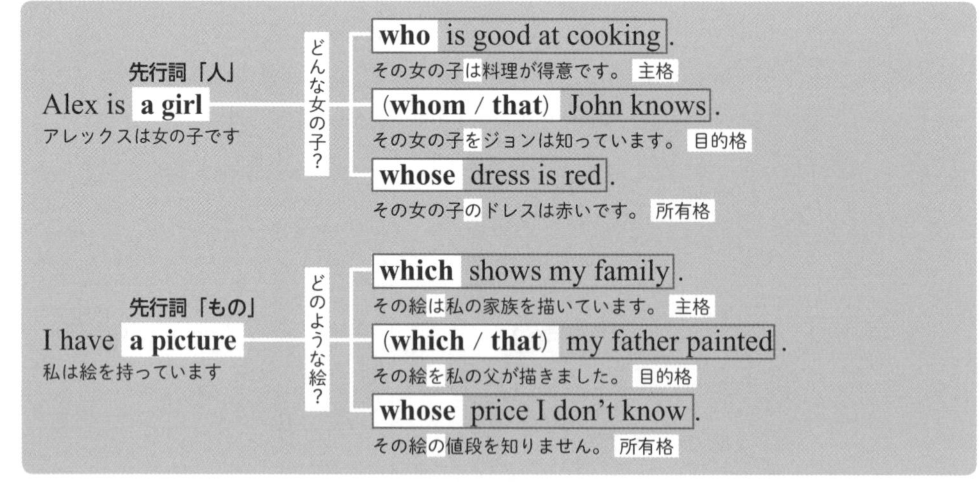

先行詞「人」
Alex is a girl
アレックスは女の子です
どんな女の子？
who is good at cooking.
その女の子は料理が得意です。 主格
(whom / that) John knows.
その女の子をジョンは知っています。 目的格
whose dress is red.
その女の子のドレスは赤いです。 所有格
先行詞「もの」
I have a picture
私は絵を持っています
どのような絵？
which shows my family.
その絵は私の家族を描いています。 主格
(which / that) my father painted.
その絵を私の父が描きました。 目的格
whose price I don't know.
その絵の値段を知りません。 所有格

POINT 主格の関係代名詞は[ ]内で主語，目的格の関係代名詞は目的語の働きをする。
〈whose＋名詞〉は[ ]内で主語や目的語の働きをする。

基礎力チェック

解答・解説➡別冊 P.54

ここに載っている問題は基本的な内容です。必ず解けるようにしておきましょう。

1 **【関係代名詞の働きと種類】** 次の英文の（　　）内から適するものを選び，○で囲みなさい。

① This is the website (which,　who) has a lot of pictures.

② Ms. McCarthy is a person (who,　whose) studies ecology.

③ The country (which,　whose) we want to visit is India.

④ Is that house (that,　whose) garden is so large yours?

⑤ Is there anyone (whom,　who) speaks Japanese?

⑥ I saw a woman and a dog (that,　who) walked together.

2 **【関係代名詞の用法】** 下線部の語句を先行詞にして，次の２つの英文を１つの文に書き換えるとき，＿＿に適する語をそれぞれ１つずつ書きなさい。

① That is the young man. He plays the piano well.
That is the young man ＿＿＿＿ ＿＿＿＿ the piano well.

② This is the guitar. I bought it last week.
This is the guitar ＿＿＿＿ ＿＿＿＿ ＿＿＿＿ last week.

③ I have a friend. His mother is a famous doctor.
I have a friend ＿＿＿＿ ＿＿＿＿ ＿＿＿＿ a famous doctor.

④ This is the sweater. My grandmother knitted it for me.
This is the sweater ＿＿＿＿ ＿＿＿＿ ＿＿＿＿ for me.

⑤ The party was fun. My friends held it for me.
The party ＿＿＿＿ ＿＿＿＿ ＿＿＿＿ for me was fun.

3 **【関係代名詞の省略】** 次の英文の関係代名詞が省略できれば○を，省略できなければ×を書きなさい。また，下線部が修飾する語句（先行詞）を書きなさい。

① Soccer is a sport that is popular all over the world.　[　　　]＿＿＿＿

② Mr. White is a scientist who wrote some books.　[　　　]＿＿＿＿

③ That boy whom you can see over there is my brother.　[　　　]＿＿＿＿

4 **【関係代名詞の文の意味】** 次の英文の説明に合うものを下から選び，記号を書きなさい。

① It is a place that has many students who are taught some subjects.　[　　　]

② It is a facility that has books that can be borrowed.　[　　　]

③ It is a facility that we go to when we are sick.　[　　　]

④ It is a large shop which sells food, drinks and so on.　[　　　]

ア スーパー　**イ** 病院　**ウ** 学校　**エ** 本屋　**オ** 図書館

実践問題

解答・解説➡別冊 P.54

実際の問題形式で知識を定着させましょう。

1 知識 次の英文の（　）内に適するものを選び，記号を○で囲みなさい。

(1) This is the cake (　　) my mother loves. 〈栃木県〉

ア which　イ who　ウ when　エ where

(2) This is the park (　　) visited two years ago. 〈神奈川県〉

ア to　イ has　ウ because　エ we

(3) There are many students (　　) are interested in Japanese culture.

ア which　イ what　ウ who　エ as

差がつく (4) Ken is a boy (　　) father has a red car.

ア that　イ and　ウ whose　エ who

差がつく (5) I'm looking at these pictures (　　) taken by Taku.

ア which is　イ whom　ウ that were　エ who

差がつく (6) He is the only student that (　　) got 100 points on the test.

ア have　イ has　ウ had　エ having

(7) This is the school (　　) my sister works.

ア that　イ which　ウ which at　エ at which

(8) The woman who (　　) was Naoto's mother.

ア was talked to me　イ I talked to her　ウ talked to me　エ I was told

2 知識 次の英文を日本語に訳すとき，＿＿に適する日本語を書きなさい。

(1) Lucy has a bird which has large eyes.

ルーシーは ＿＿＿＿＿＿＿＿＿＿＿＿＿＿＿＿ を飼っています。

(2) I received a card from a man whose name I didn't know.

私は ＿＿＿＿＿＿＿＿＿＿＿＿＿＿＿＿ からはがきを受け取りました。

(3) The girl who wears a beautiful *kimono* is Yoko.

＿＿＿＿＿＿＿＿＿＿＿＿＿＿＿＿ はヨウコです。

(4) Mr. Brown is an English teacher that everyone likes.

ブラウン先生は ＿＿＿＿＿＿＿＿＿＿＿＿＿＿＿＿。

差がつく (5) This is the most beautiful picture I've ever seen.

これは ＿＿＿＿＿＿＿＿＿＿＿＿＿＿＿＿。

(6) My father uses a watch that was made in Italy.

私の父は ＿＿＿＿＿＿＿＿＿＿＿＿＿＿＿＿。

(7) I didn't know the man whom my mother was talking with then.

私は ＿＿＿＿＿＿＿＿＿＿＿＿＿＿＿＿ を知りませんでした。

3 知識 次の英文には1か所ずつ誤りがあります。誤りを直し，正しい文を書きなさい。

(1) I know a girl who sing well.

____

(2) He is the player I've wanted to see him.

____

差がつく (3) Look at those people and their cars who are in the park.

____

(4) I bought a book that very popular among children.

____

4 知識 次の日本文に合うように，____に適する語をそれぞれ1つずつ書きなさい。

でる! (1) 私の姉はフランス製のバッグを欲しがっています。

My sister wants a bag ________ ________ ________ in France.

(2) 私には技師になった娘が1人います。

I have a daughter ________ ________ an engineer.

でる! (3) これは私がカナダで描いた絵です。

This is a picture ________ ________ in Canada.

差がつく (4) 頂上が雪でおおわれているあの山の名前を知っていますか。

Do you know the name of that mountain ________ top

________ ________ with snow?

差がつく (5) 彼女は私が知っている最も有名な選手の1人です。

She is one of the most famous ________ ________ I know.

5 知識 次の日本文に合うように，(　　)内の語(句)を並べ替えて，正しい英文を完成させなさい。ただし，文頭にくる単語も小文字にしてあります。

(1) ヤンバルクイナは沖縄に住んでいる鳥です。〈沖縄県〉

Yanbarukuina is (that / a bird / in / lives) Okinawa.

Yanbarukuina is ______________________________ Okinawa.

でる! (2) これは私が探していたCDです。〈岩手県・改〉

This is the (looking / for / CD / was / I).

This is the ______________________________.

(3) 彼女は世界中に知られているピアニストです。

(is / is / she / to / who / known / a pianist) the world.

______________________________ the world.

差がつく (4) こんなに興奮する試合を今まで見たことはありません。〈桐蔭学園高・改〉

This is the most (ever / game / that / exciting / I've) seen.

This is the most ______________________________ seen.

6 表現 次の日本文を英語に訳しなさい。

(1) これは私の母にもらった新品の時計です。(whichを使って)〈静岡県・改〉

____

(2) これは動物園行きの最終バスです。(thatを使って)

____

でる! (3) 私はあなたが私たちに見せてくれた写真が好きです。(7語で)〈愛媛県・改〉

____

(4) 何か私たちができることはありますか。(thereを使って6語で)

____

7 知識 次の各組の英文がほぼ同じ意味になるように，____に適する語をそれぞれ1つずつ書きなさい。

でる! (1) The school which stands on the hill is ours.〈高知学芸高〉
The school ______ on the hill is ours.

(2) That woman with a red bag is Ms. Stewart.〈実践学園高〉
That woman who ______ a red bag is Ms. Stewart.

でる! (3) Look at the picture painted by George.
Look at the picture ______ ______.

でる! (4) Is this the house built by your father?〈関西学院高等部〉
Is this the house ______ your father ______?

(5) There are many pictures in this book.〈青雲高〉
This is a book ______ ______ a lot of pictures.

差がつく (6) Do you know a musician who is called Kenta?
Do you know a musician ______ ______ is Kenta?

8 表現 あなたは自分の町の公園について，写真を見せながら英語で紹介することになりました。原稿の①，②の内容を表す英語を，それぞれ1文で書きなさい。

【原稿】
Look at this picture. ①毎年たくさんの人が訪れる公園である。
You can see a lot of flowers and wild birds there. ②若者に人気の歌手が来週そこで歌う。

① ______________________________

② ______________________________

9 知識 次の（　）内の語（句）を並べ替えて，正しい英文を完成させなさい。

(1) *A* : Do you know that girl standing over there?

B : Are you talking about (hair / is / whose / the girl / long) ?

A : No. I mean the girl with short hair.

Are you talking about ________________________________?

(2) *A* : I have to wear a tie at the party tomorrow.

B : Shall I (you / I / don't / give / use / the one) anymore?

A : Really? That'll be helpful.

Shall I ________________________________ anymore?

(3) *A* : Do you read Japanese books?

B : Yes. For example, this book (written / I / am / was / reading) by Morimi Tomihiko.

For example, this book ________________________________

by Morimi Tomihiko.

10 理解 次の英文の内容を適切に表現するものを選び，記号を書きなさい。〈高知県・改〉

Do you know how much garbage Japanese people produce every day? Now it is one kilogram for each person. About 50% of the garbage is from kitchens. There is a lot of food we leave in our kitchen garbage. What can we do to reduce the garbage? I think that we should eat all the food we get. Don't waste any food.

(注) garbage : ごみ　kilogram : キログラム　waste : ～をむだにする

ア 日本のごみ削減の提案　**イ** 日本のごみの再利用法

ウ 日本のごみの年間総量　**エ** 日本のごみ処理の特徴　[　　]

11 知識 次の英文に（　）内の語を入れて正しい英文を完成させるとき，（　）内の語の前にくる語とあとにくる語を書きなさい。

(1) I'm going to buy this car runs on electricity.

(which)

前にくる語 ____________ あとにくる語 ____________

(2) The friend of mine who has taught at a high school for twenty years always says that he wants to be a teacher that respected by his students. (is)

前にくる語 ____________ あとにくる語 ____________

(3) The clerk recommended the book read by children all over the world when I asked him what to buy for my son will become five years old next week.

(that)

前にくる語 ____________ あとにくる語 ____________

いろいろな表現編 4 関係代名詞

12

差がつく

次の英文を読んで，あとの問いに答えなさい。〈和歌山県・改〉

Hello, everyone. My name is Yuji. I am a member of the *judo* club. *Judo* is one of the Japanese martial arts like *sumo* and *kendo*. I have practiced it for one year. There are only five members in our club, but we practice *judo* very hard from Monday to Saturday.

Last month we had a *judo* tournament in our city. It was my first tournament. I really wanted to win at the tournament. So I visited the university gym near my school every Sunday and practiced *judo* with the university students.

The day of the *judo* tournament came, and we went to the city gym for the tournament. Many students were practicing there. They looked very strong, so I became very nervous. Soon the tournament started. Then I had my match. My ①opponent moved very quickly on the mat, and he tried to throw me many times. He was very strong, but I didn't give up. Just before the end of the match, I threw him to the mat. I was very happy to win the match, so I struck a victory pose.

I went to my teacher after the match. He said to me, "Yuji, your match was good. But you forgot one important thing." At that time, I didn't understand why he said that. So I thought and thought, "What did I forget?"

That day, I watched a lot of matches for a long time. At the end of the tournament, I saw one student on the mat. He didn't win his match, but he bowed to his opponent politely after the match. Then I suddenly realized the "important thing." I didn't bow politely, and I struck a victory pose. I understood my teacher's words at last.

After the tournament, I said to my teacher, "I didn't bow to my opponent politely. We should always bow to our opponents politely. ②That is the (should / important / forget / we / thing / not)." He said, "You are right! Listen, Yuji. You can practice *judo* thanks to your opponents. You can also learn your good points and bad points through matches. So you should respect your opponents."

Now I think respecting opponents is more important than winning matches. ③We should respect all the people supporting us. I learned that from *judo*. I want to be a strong person who can respect other people. I will practice *judo* harder.

(注) martial arts：武道　tournament：トーナメント，大会　win：(～に)勝つ　university：大学
gym：体育館　strong：強い　nervous：緊張して　match：試合　mat：畳
give up：あきらめる　end：終わり　struck a victory pose：ガッツポーズをとった
forgot：forgetの過去形　thought：thinkの過去形　bow：(頭を下げて)礼をする
politely：礼儀正しく　realize：～を理解する　understood：understandの過去形
at last：やっと　thanks to ～：～のおかげで　point：点　respect：～を敬う

(1) 理解 下線部①の語を説明するものを選び，記号を書きなさい。

ア someone who has joined a club or team
イ someone who is studying at school
ウ a person who is fighting against you in a match
エ a person who plays on the same club [　　]

(2) 知識 下線部②の（　）内の語を並べ替えて，正しい英文を完成させなさい。

That is the ______________________________.

(3) 知識 下線部③をほぼ同じ意味の英文に書き換えるとき，____に適する語を書きなさい。

We should respect all the people ________ ________ us.

(4) 理解 次の質問に英語で答えなさい。

① When did Yuji practice *judo* at the university gym?（6語で）

____

② Why did Yuji become nervous before his match at the city gym?（6語で）

____

(5) 理解 ユウジはどのような人になりたいと思っていますか。具体的に日本語で書きなさい。

____

(6) 理解 本文の内容に合うものを2つ選び，記号を書きなさい。

ア Yuji practiced *judo* with the university students to win at the tournament.
イ Yuji gave up his match because his opponent was very strong.
ウ At the tournament, many students struck victory poses after their matches.
エ After the tournament, the teacher told Yuji to respect opponents.
オ Yuji thinks the most important thing in *judo* is to win matches.

[　　][　　]

13 28 英文のあとに質問が読まれます。その質問の答えとして適切な語を選び，記号を書きなさい。

No.1 ア homework
イ school
ウ housework
エ subject [　　]

No.2 ア scientist
イ photographer
ウ nurse
エ engineer [　　]

仮定法

要点まとめ

1 仮定法過去と仮定法過去完了の形と意味

(1) 仮定法過去

形：〈If＋主語＋動詞の過去形～，主語＋ would / could など＋動詞の原形....〉
意味：「もし(今)～なら，…だろう。」
If I <u>had</u> more time, I <u>could have</u> more fun with you.
動詞は過去形だが意味は現在！　(私にもっと時間が<u>あれば</u>，もっとあなたと<u>楽しめるのに</u>。)

POINT 事実と違うことや実現可能性の低いことについて「もし(今)～なら，…なのに」。

(2) 仮定法過去完了

形：〈If＋主語＋had＋過去分詞～，主語＋ would / could など＋have＋過去分詞....〉
意味：「もし(あの時)～だったなら，…だっただろう。」
If I <u>had finished</u> my homework, I <u>could have joined</u> you.
(もし宿題を終えていたら，参加できたのに。)

POINT 過去のできごとについて「もし(あの時)～だったら，…だったのに」。

2 仮定法が使われる表現

(1)〈I wish [If only]＋仮定法〉

「～ならいいのに」(仮定法過去)
「～だったらいいのに」(仮定法過去完了)

<u>I wish [If only]</u> you were here with me. (あなたがここに私と一緒にいてくれればなあ。)

POINT 仮定法過去は現在の願望，仮定法過去完了は過去の願望を表す。

(2)〈as if [though]＋仮定法〉

「まるで～であるかのように」(仮定法過去)
「まるで～であったかのように」(仮定法過去完了)

She talks <u>as if</u> she had seen the accident. (彼女はまるでその事故を目撃したかのように話す。)

POINT as if [though] のあとには仮定法がくる。

(3) If it were not for ～ / If it had not been for ～

If it were not for ～　「もし(今)～がなければ」(仮定法過去)
If it had not been for ～　「もし(あの時)～がなかったら」(仮定法過去完了)

<u>If it were not for</u> music, our life would be boring.
(音楽がなければ，私たちの生活は退屈だろう。)

POINT **Without [But for]** music, our life would be boring. と書き換えることも可能。

基礎力チェック

解答・解説➡別冊P.57

ここに載っている問題は基本的な内容です。必ず解けるようにしておきましょう。

1 **【仮定法過去】** 次の日本文に合うように，(　　)内から適するものを選び，○で囲みなさい。

① 私がひまなら，私はあなたを手伝えるのに。

If I were free, I (helped,　can help,　could help) you.

② 私に十分なお金があれば，新しいコンピュータを買うのに。

If I had enough money, I (will buy,　bought,　would buy) a new computer.

③ 私が彼の住所を知っていれば，私は手紙を書くのに。

If I (knew,　know,　have known) his address, I would write a letter.

2 **【仮定法過去の意味】** 次の英文を日本語に訳しなさい。

① If it's sunny tomorrow, I'll go to the sea.

____

② If it were sunny today, I would go to the sea.

____

3 **【仮定法過去完了】** 次の日本文に合うように，(　　)内から適するものを選び，○で囲みなさい。

① あなたがパーティーに来ていたら，楽しめたのに。

If you had come to the party, you (could enjoy,　could have enjoyed) it.

② 昨日あなたに会っていたら，その本を貸したのに。

If I had seen you yesterday, I (would lend,　would have lent) you the book.

③ そのとき彼がここにいたら，私はうれしかったのに。

If he (were,　had been,　has been) here then, I would have been happy.

4 **【仮定法が使われる表現】** 次の英文の(　　)内に適するものを選び，記号を○で囲みなさい。

① I wish she (　　　) with me.

ア come　**イ** comes　**ウ** came　**エ** will come

② If it (　　　) a house to live in, my life would be very hard.

ア were not　**イ** were not for　**ウ** but for　**エ** hasn't been

③ My brother treats me as if I (　　　) a child.

ア were　**イ** have been　**ウ** am　**エ** would be

④ The cakes have already sold out. I wish I (　　　) home earlier.

ア leave　**イ** left　**ウ** have left　**エ** had left

実践問題

解答・解説➡別冊P.57

実際の問題形式で知識を定着させましょう。

1 知識 次の（　）内の語を適切な形に変えて，____に書きなさい。ただし，1語とは限りません。

(1) I wish I ________ swim fast like you. (can)

(2) If I were a bird, I ________ fly to you. (will)

(3) If I ________ a dictionary, I could read this book more easily. (have)

(4) If I ________ have anything to do, I would go to a movie. (don't)

(5) If you ________ the truth, she would have been angry. (tell)

(6) He always talks as if he ________ everything. (know)

2 知識 次の日本文に合うように，____に適する語を書きなさい。

(1) 私がもっと早く歩いていたら，電車に間に合ったのに。

If I ________ ________ faster, I could have caught the train.

(2) 雨がやめばいいのに。

I ________ it ________ raining.

(3) 彼が一生懸命勉強すれば，テストで100点が取れるのに。

If he ________ hard, he ________ get 100 points on the test.

(4) あなたが私の立場なら，あなたは何をしますか。

If you ________ in my position, what ________ you do?

(5) あなたの助言がなかったら，私たちは失敗していただろう。

If it ________ not been ________ your advice, we would have failed.

(6) エミリーはまるで幽霊を見たかのように顔色が悪かった。

Emily looked pale ________ ________ she had seen a ghost.

3 知識 次の各組の英文がほぼ同じ意味になるように，____に適する語を書きなさい。

(1)
I'm sorry that I cannot swim fast.
I wish I ________ swim fast.

(2)
He doesn't work hard, so he can't earn much money.
If he ________ hard, he ________ earn a lot of money.

(3)
Without my friends, my life would be boring.
If it ________ not ________ my friends, my life would be boring.

(4)
It rained yesterday, so I couldn't go hiking.
If it ________ been sunny yesterday, I could ________ ________ hiking.

4 知識 次の日本文に合うように，(　　)内の語(句)を並べ替えて，正しい英文を完成させなさい。ただし，文頭にくる単語も小文字にしてあります。

(1) あなたの家の近くに住んでいれば，もっと頻繁に会うことができるのに。
(I / near / if / your / lived / house) , I could meet you more often.
____________________ , I could meet you more often.

(2) そのメモがなかったら，私はそこにたどり着けなかっただろう。
(been / if / had / the memo / for / not / it) , I couldn't have reached there.
____________________ , I couldn't have reached there.

(3) あなたが私に手伝うように頼んでいたら，私はそうしたのに。
(me / had / to / you / asked / help / if), I would have done so.
____________________ , I would have done so.

(4) 彼女はまるで彼の母親であるかのように彼の世話をする。
She takes care of him (his / she / as / were / mother / if).
She takes care of him ____________________.

(5) その料理の作り方を知っていればいいのに。
(how / knew / I / to / wish / make / I) that dish.
____________________ that dish.

5 知識 次の英文を指示にしたがって書き換えなさい。

(1) Because he didn't speak English well, I didn't employ him.
(仮定法を使ってほぼ同じ内容の文に)
____

(2) <u>But for a smartphone</u>, I couldn't do many things.
(下線部をifを使ってほぼ同じ内容の文に)
____

(3) I'm sorry that you are not interested in horror movies. (I wishの文に)
____

6 表現 次の日本文を英語に訳しなさい。

(1) あなたが私に電話してくれたらよかったのに。
____

(2) 言語がなければ，私たちはどうやってコミュニケーションをとることができるだろう。
____

(3) 私があなただったら，彼女にそんなことは言わないだろう。
____

(4) あのバッグがもっと安かったら，私はそれを買っていたでしょう。
____

7 

次の会話文を読んで，あとの問いに答えなさい。

Melanie : Wow, you can surf so well, Josh. I didn't know that.

Josh : I come to the beach almost every week, even when it's a little cold.

Ron : I'm glad you invited us, Josh. ①(like / I / you / surf / wish / could / I).

Josh : If it hadn't been for my father, I couldn't have learned the special moves he taught me. When he was younger, he wanted to become a professional surfer, but he hurt his leg one day.

Melanie : Oh, that's too bad. But he must be so proud of you. You already surf (②) if you were a pro.

Ron : Hey, please teach us some moves!

Josh : Well, I think my board is too big for you to use. ③(you / had / teach / I / another / could / if / I / surfboard / ,).

Melanie : My mother is a manager at a sporting goods store. Maybe if I ask nicely, she'll get me a board for my birthday next month. Then I can share it with you, Ron.

Ron : Wow, really? You two are my best friends!

（注）sporting goods：スポーツ用品　　nicely：きちんと，うまく

(1) 知識 下線部①が「あなたのようにサーフィンができればいいのに。」という意味になるように，(　　) 内の語を並べ替えなさい。

＿＿＿＿＿＿＿＿＿＿＿＿＿＿＿＿＿＿＿＿＿＿＿＿＿＿.

(2) 知識 (　②　) 内に適する内に適する語を書きなさい。　＿＿＿＿＿＿

(3) 知識 下線部③が「もし私が別のサーフボードを持っていれば，あなたたちに教えられるのに。」という意味になるように，(　　) 内の語を並べ替えなさい。ただし，文頭にくる単語も小文字にしてあります。

＿＿＿＿＿＿＿＿＿＿＿＿＿＿＿＿＿＿＿＿＿＿＿＿＿＿.

(4) 理解 本文の内容に合うものを１つ選び，記号を書きなさい。

ア The person who taught surfing to Josh was his father.

イ Josh wants to be a professional surfer like his father.

ウ Josh's surfboard is big enough for Ron and Melanie to use.

エ Melanie's mother bought Melanie a surfboard last month.

[　　　]

8

29 会話文が読まれます。英文の内容が合っていれば○を，合っていなければ×を書きなさい。

No.1　Jane wants to read novels in Japanese.　[　　　]

No.2　Shunto will lend some picture books for children to Jane.　[　　　]

入試予想問題編

入試予想問題 第1回

解答・解説➡別冊P.60

実際の問題形式で知識を定着させましょう。

1

リスニング問題〔計9点〕

30 (1) 英文のあとに質問が読まれます。その質問の答えとして適切なものを選び，記号を書きなさい。〔各2点〕

31 (2) ホワイト先生が自己紹介をします。ホワイト先生の話を聞いて，下の【メモ】の空所①～③に適当な英語1語を入れなさい。〔各1点〕

【メモ】
- Mr. White came to Japan from Australia to ① ____________ English.
- He has lived in Osaka for ② ____________ months.
- ③ ____________ movies in English is good to learn English.

2

次の（　　）内の語を適切な形に変えて，____に書きなさい。〔各2点　計12点〕

(1) How many ________ are there in this city? (library)

(2) I ________ my English teacher in front of the station yesterday. (see)

(3) *A* : My father has ________ to Sydney once. (be)
B : Oh, really? I have wanted to go there.

(4) Mt. Fuji is ________ than any other mountain in Japan. (high)

(5) Thank you for ________ me an e-mail. (send)

(6) *A* : Who is this man?
B : He is a Japanese popular musician. Many young people love ________ songs. (he)

3

次の各組の英文がほぼ同じ意味になるように，____に適する語をそれぞれ1つずつ書きなさい。〔各2点　計8点〕

(1) { No one in my family is busier than my mother.
My mother is the ________ in my family.

(2) { I heard the surprising news from my sister.
The news from my sister ________ me ________ .

(3) { I started working as a teacher ten years ago.
I ________ ________ as a teacher ________ ten years.

(4) { We don't know what we should say to him.
We don't know ________ ________ ________ to him.

4

次の日本文に合うように，（　　）内の語を並べ替えて，正しい英文を完成させなさい。

〔各3点　計12点〕

(1) 私の宝物は祖母が作ってくれた人形です。
My treasure is a (my / made / by / grandmother / doll).
My treasure is a ________________________________.

(2) 私は昨夜，眠すぎてお風呂に入ることができませんでした。
I was (take / to / sleepy / too / a bath) last night.
I was ________________________________ last night.

(3) 彼は私に料理のしかたを教えてくれるように頼みました。
He (him / me / teach / asked / to / how) to cook.
He ________________________________ to cook.

(4) あなたは本を読んでいるあの女の子を知っていますか。
Do you know (a / who / that / is / reading / book / girl)?
Do you know ________________________________?

5 次の英文の（　　）内に適するものを下から選び，記号を書きなさい。〔各2点　計8点〕

(1) A lot of people visit our city to see cherry blossoms (　　　) spring.

ア on　　イ during
ウ when　　エ since　　[　　　]

(2) John became as (　　　) his father.

ア taller than　　イ the tallest of
ウ taller as　　エ tall as　　[　　　]

(3) Do you want (　　　)? Shall I make you some sandwiches?

ア eat something　　イ eat to something
ウ something to eat　　エ to something eat　　[　　　]

(4) (　　　) language, how could we express our thoughts?

ア If it is not for　　イ But
ウ If it were not for　　エ Without for　　[　　　]

6 次の英文の下線部**ア**～**エ**のうち，文法の誤りがあるものを１つ選んで記号を書きなさい。

〔各2点　計8点〕

(1) If you want me(ア) to help(イ) you with your work, please let me(ウ) to know(エ).　　[　　　]

(2) The book I bought(ア) it(イ) yesterday is(ウ) read(エ) by many people around the world.　　[　　　]

(3) When I was walking(ア) to school, a man who(イ) wearing a hat talked(ウ) to(エ) me.　　[　　　]

(4) My brother really likes(ア) Japanese comic books. He reads them not only(イ) in English, but also(ウ) in Japanese. He is always exciting(エ) when he is reading manga.　　[　　　]

7 次の（　　）内に入る英文**ア**～**ウ**を意味が通るように並べ替え，記号で答えなさい。〔3点〕

Ms. Smith, our English teacher, said to me, “Emi, could you make a speech in our English class next week?” I don’t like to speak in front of people, so I asked her, “How can I make a good speech?” She said, “First, you should speak slowly. (　　　) If you do that, you can make a good speech.”

ア You often speak faster than usual when you make a speech.
イ Second, look at your friends’ eyes.
ウ But people can’t understand what you say if you speak too fast.

[　　→　　→　　]

8 次の会話文の（　）内に適するものを下から選び，記号を書きなさい。〔各2点　計8点〕

Sally : Hi, Jeff, are you busy?
Jeff : No, I'm not, Sally. （ ① ）
Sally : Let's watch a movie tonight!
Jeff : OK. （ ② ） Or, do you want to go to the theater?
Sally : Well, I borrowed a DVD from my classmate on Friday. （ ③ ）
Jeff : Sure. I want to stay home anyway.
Sally : OK. I'll get the DVD. Can you make some popcorn?
Jeff : （ ④ ）
Sally : I'll start the movie in fifteen minutes.

ア No, thank you.　**イ** Can you help me?　**ウ** No problem.
エ Do you want to watch one on DVD?　**オ** I have no time.
カ What's up?　**キ** Let's go to the theater.
ク Do you want to watch that?

①[　　]　②[　　]　③[　　]　④[　　]

9 次の会話文の Ⓐ ～ Ⓓ にあてはまる語をそれぞれ下から選んで書きなさい。また，（ ① ）（ ② ）内に適する1語をそれぞれ書きなさい。〔各2点　計12点〕

Jake : Hi, Mom! Are you busy?
Mom : Only a little, Jake. What do you need?
Jake : I want to Ⓐ a photograph of something nice. It's for my school's photography contest.
Mom : That's great! How can I Ⓑ you?
Jake : Do you have anything old or traditional I can use for the picture? I think an image of something traditional is the best kind of picture for winning the contest.
Mom : Well, I have an old blanket made by your grandmother.
Jake : Oh, I've seen that. It's lovely, but the color is too dark. I don't think it will make a good picture.
Mom : （ ① ） don't you visit the temple near the library?
Jake : That's a wonderful idea! Everything is traditional there!
Mom : If you go behind the temple, there （ ② ） a nice garden with many statues.
Jake : Thanks! I'll go there.
Mom : Remember to ask someone at the temple for permission Ⓒ you use your camera.
Jake : I won't Ⓓ ! Thanks again, Mom!

Ⓐ～Ⓓの語群 [but, before, and, take, use, help, buy, forget]

Ⓐ ________　Ⓑ ________　Ⓒ ________　Ⓓ ________
① ________　② ________

入試予想問題編

入試予想問題　第1回

10 次の英文を読んで，あとの問いに答えなさい。〔計16点〕

Have you ever heard of the piccolo? The piccolo is a wind instrument (①) sound is produced when the user blows through an opening, and the air passes through its long, thin and circular body. The word "piccolo," meaning "small" in the Italian language, is basically a small flute. While the more famous flute is used in almost any kind of music group, the piccolo has been primarily used in orchestras and marching bands. It has taken longer for the piccolo to be recognized as an important instrument, but over time, composers have gradually recognized its unique sound. It can make their music sound special.

The first time the piccolo part appeared on a music score was during the Baroque Period, in George Handel's opera, *Rinaldo* (1711). At this time, the piccolo was not featured in a major role. Over time, the piccolo became included more and more in works such as Wolfgang Mozart's opera, *The Magic Flute*(1791). In this show, it was played alongside playful and humorous characters. A century later, in John Philip Sousa's march, *Stars and Stripes Forever* (1896), the piccolo player was given one of the most memorable roles in music history. In recent times, Vincent Persichetti wrote *Parable XII for Piccolo* (1973). It was a solo piece for the piccolo. ②<u>It</u> showed that the piccolo can be played beautifully on its own.

The piccolo has a high pitch and can create various kinds of sounds. When played softly, it can sound brilliant, graceful and delicate, but when played loudly, its sound can be very intense. (③), in Ludwig van Beethoven's *6th Symphony* (1808), the piccolo's whistling sound was used to create the feeling of a storm. In Giuseppe Verdi's opera, *Rigoletto* (1851), its forceful sound represented lightning.

The modern piccolo typically has two parts, the headjoint and the body. Most players use piccolos made of metal, though wooden piccolos, with its lighter sound, may be used for certain kinds of performances. The method for playing the piccolo is similar to that of the flute. The player blows into the mouth hole in the headjoint, and the air goes through the tubing in the body. Meanwhile, the player needs to press on keys to close holes on the body of the piccolo. This is how different notes are played. However, the small size of the piccolo can make it more challenging to play. Since there is less space in the inner tubing of the piccolo, the player cannot blow out all the air from his or her lungs while playing. The player may have to stop to breathe out the remaining air before breathing in air again. ④<u>The small space can also make it more difficult for piccolo players to play high notes softly</u>, because players have to blow hard to make the high notes. ⑤<u>Lastly, (to press / may / with / think / is / people / large hands / it / the keys / difficult).</u>

If you are interested in playing the piccolo, you might want to start off with the flute first. After you gain some experience, try out the piccolo!

(注) basically : 基本的に　primarily : 主に　marching band : マーチングバンド
Baroque Period : バロック様式時代　feature : 大きく取り上げる
alongside ～ : ～と一緒に　memorable : 忘れられない
whistling : ヒューヒューと鳴る　forceful : 力強い　headjoint : 頭部管
tubing : 管　challenging : 能力が試される，困難な　blow out : 吐き出す
breathe out : 吐き出す　remaining : 残った

(1) (　①　) 内に適するものを選び，記号を書きなさい。〔2点〕

ア which　イ who　ウ whose　エ that　[　　]

(2) 下線部②の内容を，具体的に日本語で書きなさい。〔3点〕

＿＿＿＿＿＿＿＿＿＿＿＿＿＿＿＿＿＿＿＿

(3) (　③　) 内に適するものを選び，記号を書きなさい。〔2点〕

ア For example　イ However　ウ Of course　エ On the other hand

[　　]

(4) 下線部④の理由を，具体的に日本語で書きなさい。〔3点〕

＿＿＿＿＿＿＿＿＿＿＿＿＿＿＿＿＿＿＿＿

(5) 下線部⑤が「最後に，手の大きな人はキーを押すのが難しいと思うかもしれない。」という意味になるように，(　　) 内の語 (句) を並べ替えなさい。〔3点〕

Lastly, ＿＿＿＿＿＿＿＿＿＿＿＿＿＿＿＿.

(6) 本文の内容に合うものを1つ選び，記号を書きなさい。〔3点〕

ア The piccolo is used in many music groups instead of the flute because its sound is similar to that of the flute.

イ When a music score that has the piccolo part was written for the first time, musicians didn't think the piccolo was an important instrument.

ウ Most piccolo players like light sound and use piccolos made of wood.

エ It is not so difficult to play the piccolo because its body is small.

[　　]

11

次の〈質問〉に対するあなたの答えと，その理由を英語で書きなさい。理由はいくつ書いてもかまいません。また，英文は1文以上書いてもかまいません。〔4点〕

〈質問〉 Which do you like better, paper books or e-books?

(注) paper book : 紙の本　e-book : 電子書籍

＿＿＿＿＿＿＿＿＿＿＿＿＿＿＿＿＿＿＿＿

＿＿＿＿＿＿＿＿＿＿＿＿＿＿＿＿＿＿＿＿

入試予想問題

第2回

解答・解説➡ 別冊 P.64

実際の問題形式で知識を定着させましょう。

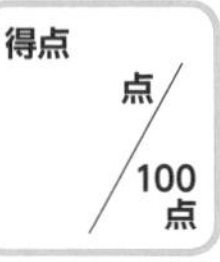

1 リスニング問題〔各2点　計10点〕

32 (1) 2人の会話文が読まれます。会話文のチャイムのところに入る表現として適切なものを選び，記号を書きなさい。

No.1 ア Sure.
イ He'll be back in an hour.
ウ I'll leave a message.
エ You have the wrong number. [　　]

No.2 ア That's nice. I'll take it.
イ How much is it?
ウ It's too small for me.
エ I'm looking for a blue one. [　　]

No.3 ア You can take a train, too.
イ About twenty minutes.
ウ It's in front of the hospital.
エ We have two libraries in our city. [　　]

33 (2) 真 (Makoto) のスピーチのあとに質問が読まれます。その質問の答えとして適切なものを選び，記号を書きなさい。

No.1 ア For three weeks.
イ With Mr. and Mrs. Smith.
ウ During summer vacation.
エ To study English. [　　]

No.2 ア He wants to meet his host family again.
イ He wants to study Japanese culture.
ウ He wants to be a teacher in America.
エ He wants to know American history. [　　]

2

次の（　　）内に適するものを下の語群から選び，必要があれば適切な形に変えて書きなさい。ただし，同じ語を２度使ってはいけません。〔各2点　計12点〕

(1) Has Ken finished (　　　) his room yet?

(2) My name is Okada Mamiko. Please (　　　) me Mami.

(3) *A* : I'm going to visit Italy with my family this summer.
B : That (　　　) great! Have a good time.

(4) The news I heard yesterday (　　　) me happy.

(5) My father doesn't (　　　) me go out at night.

(6) I love these pictures (　　　) by my grandfather thirty years ago.

【語群】 make　　clean　　sound　　take　　let　　call

3

次の英文の（　　）内に適するものを選び，記号を○で囲みなさい。〔各2点　計12点〕

(1) *A* : (　　　) don't you come to our party tomorrow?
B : I'd love to. I'll bring some food.
ア When　　イ What　　ウ How　　エ Why

(2) *A* : You will go to a concert of your favorite musician, right?
B : Yes! I'm looking forward (　　　) it.
ア to　　イ with　　ウ in　　エ on

(3) *A* : Do you know what subject he (　　　)?
B : He is our math teacher.
ア teach　　イ teaches　　ウ taught　　エ teaching

(4) *A* : Good morning, Mom.
B : Good morning. You can have (　　　) rice or bread for breakfast. Which do you want?
ア but　　イ both　　ウ either　　エ not only

(5) *A* : Did Maki visit you yesterday?
B : Yes, she did. She came to my house (　　　) my video game.
ア borrow　　イ borrows　　ウ borrowed　　エ to borrow

(6) *A* : I heard that Yuji got 100 points on the test again.
B : He studies the hardest (　　　) us all.
ア in　　イ of　　ウ to　　エ for

4

次の（　）内の語（句）を並べ替えて，正しい英文を完成させなさい。ただし，文頭にくる単語も小文字にしてあります。〔各3点　計9点〕

(1) *A* : You look busy. May I help you?

B : Yes, please.（ you / to / I / carry / want / these boxes ）to the classroom.

______________________________ to the classroom.

(2) *A* : I was late for school today. I got up at eight this morning.

B : You stayed up late last night, didn't you?（ you / gone / to / had / if / bed ）early, you wouldn't have overslept.

______________________________ early, you wouldn't have overslept.

(3) *A* : I'll give our daughter a smartphone for her birthday. What do you think?

B : I don't agree. I think（ to / is / young / have / she / too ）such a thing.

I think ______________________________ such a thing.

5

次の英文を下線部を問う疑問文に書き換えるとき，____に適する語を書きなさい。〔各3点　計9点〕

(1) Mr. Jordan has lived in Nagoya <u>for eight years</u>.

→ __________ __________ has Mr. Jordan lived in Nagoya?

(2) I like <u>this blue shirt better than that yellow one</u>.

→ __________ do you like __________, this blue shirt or that yellow one?

(3) <u>Julia</u> helped you do your homework.

→ __________ __________ you do your homework?

6

エリは「家でどんな家事(chore)を担当しているか」というテーマで，クラスの生徒にアンケート調査をしました。その結果を下のメモにまとめ，それをもとに英語でスピーチをするための原稿を書きました。（ ① ）～（ ③ ）内に適する語を書きなさい。〔各2点　計6点〕

テーマ：担当している家事

・1種類　25人　　・2種類以上　12人

項目	人数	加えたい情報
ゴミ出し	16人	半分の生徒が好きではないと言っている。
皿洗い	11人	特に女子の間で人気。
洗濯物をたたむ	8人	私は家でこれをしなければならない。
トイレ掃除	5人	ほとんどの人がいちばん大変な家事だと思っている。

What chores do you do at home? In my class, twenty-five students do one kind of chore. Twelve students do two or more kinds of chores. The most common chore is taking out the trash, but（ ① ）of the students who do it said they don't like it.（ ② ）the dishes is popular especially among the girls. Almost everyone agreed that the（ ③ ）chore is cleaning the bathroom. In my family, I have to fold the laundry.

① __________　② __________　③ __________

7 次の英文を読んで，あとの問いに答えなさい。〔計26点〕

My name is Meg. I'll talk about my family's bakery. Last month, my grandparents happily retired from working at their bakery in our town. The bakery is now run by my uncle. His specialty is making blueberry muffins. "I sell at least twenty dozen muffins a day," he proudly says. My parents are very pleased about ①this, because the past year was very challenging and no one in my family knew if things were going to get better. In the January of last year, there was a small fire in the kitchen at the bakery. （ ② ） The firefighters came and sprayed water on the fire. The captain said that it was caused by an old electrical cord. Later, we discovered that my grandfather's arm was broken. "I guess I hurt it while I was running away," he said.

My grandparents couldn't open their bakery for over a month after the incident. The fire damaged the kitchen, and our family didn't have enough money to fix it. News of the closure of the bakery soon spread around town. Sometimes when I was walking on the street, a customer that I didn't really know asked me about my grandparents' health. （ ③ ） One day in February, my father came home with a big smile on his face. He told my mother that Mr. Mason, a frequent customer, started collecting donations from people around town, and that he already collected over $800. "It's not really enough, but I think the town really wants the bakery to reopen!" he exclaimed. A few days later, my parents and my uncle gave some of their own savings to my grandparents, and the bakery reopened in March.

The following few months were hard for everyone in my family. My grandfather was very famous for making bread rolls by hand, but his arm wasn't quite the same after the fire. My parents and my uncle tried to help him make them, but the bread rolls didn't taste exactly the same. Unfortunately, I think the customers noticed ④it, too, because a few of them stopped coming. （ ⑤ ） ⑥"(something / try / making / could / different / we)?" I asked him. And that was the start of my uncle's blueberry muffins. A few years ago, my uncle lived in California, and there were lots of fresh fruit orchards near his home. He told me that he often bought fresh blueberries and learned how to make muffins from a neighbor.

In September, after we started selling muffins, a woman wearing a suit walked into the bakery. She said, "My daughter bought me one of your blueberry muffins, and it was delicious! I work for a supermarket chain, and I'd like to sell your muffins in our stores." （ ⑦ ） The business was a success! My grandparents could finally afford to retire, and my uncle took over the bakery early this year. In this time, I learned a lot about the importance of helping out my family.

(注) challenging : 能力が試される，困難な　closure : 閉店　donation : 寄付
reopen : 再開する　exclaim : (…と) 叫ぶ　savings : 貯金　bread roll : ロールパン
orchard : 果樹園　chain : チェーン店

(1) 下線部①の内容を，具体的に日本語で書きなさい。〔4点〕

＿＿＿＿＿＿＿＿＿＿＿＿＿＿＿＿＿＿＿＿

(2) (②)，(③)，(⑤)，(⑦) 内に適するものを選び，記号を書きなさい。

〔各2点 計8点〕

ア It made me glad that people around town seemed to care about my grandparents.
イ From that day on, my uncle became the busiest person in the bakery.
ウ In August, I started helping out at the bakery with my uncle.
エ Only my grandparents were inside, and they got out of the building quickly.

②[　] ③[　] ⑤[　] ⑦[　]

(3) メグの父親は，なぜ町の人がパン屋の再開を望んでいると思ったのですか。きっかけになったことを具体的に日本語で書きなさい。〔4点〕

＿＿＿＿＿＿＿＿＿＿＿＿＿＿＿＿＿＿＿＿

(4) 下線部④の内容を，具体的に日本語で書きなさい。〔4点〕

＿＿＿＿＿＿＿＿＿＿＿＿＿＿＿＿＿＿＿＿

(5) 下線部⑥の (　) 内の語を並べ替えて，正しい英文を完成させなさい。ただし，文頭にくる単語も小文字にしてあります。〔3点〕

"＿＿＿＿＿＿＿＿＿＿＿＿＿＿＿＿＿＿?" I asked him.

(6) 本文の内容に合うものを1つ選び，記号を書きなさい。〔3点〕

ア Meg's grandparents could fix the kitchen by using their own savings.
イ The people who talked to Meg on the street were customers of the bakery.
ウ The woman wearing a suit came to the bakery because her daughter wanted muffins.
エ Meg thinks that it is hard to help other people in her town.

[　]

8

アメリカの中学校に留学しているソウタが，夏休み中の課外活動についてテイラー先生と話しています。会話文を読んで，あとの問いに答えなさい。〔計16点〕

Sota : Ms. Taylor, I'm looking for an educational activity I can do during the summer break. Do you know about any opportunities?

Ms. Taylor : Yes, Sota. There are many programs this year. (①)

Sota : I want to study biology in college someday, so I want to do something with animals or plants.

Ms. Taylor : Well, let me show you the notice I got yesterday about staying on a farm in the countryside for about a (②). It's a great program because you can learn how to do many things from real farmers.

Sota : Great! Today is (③) 22. I have about a month to apply, so I can take my time to think about it.

Ms. Taylor : Actually, the program is very popular, so I think you should apply by next Monday.

Sota : Oh, thank you for telling me. By the way, have you ever been on a farm?

Ms. Taylor : Yes. I often stayed at my uncle's farm when I was a child.

Sota : Did you enjoy staying there?

Ms. Taylor : Yes, I did! My uncle had a horse and I really enjoyed feeding him. ④<u>But at that time, (too / him / I / ride / to / young / was).</u> I also liked taking care of the garden.

Sota : Being on a farm sounds like a lot of fun. I'm getting excited about this chance.

Ms. Taylor : If you like learning about fish, you can try spending a day at the lake on the farm. Last year, students (⑤) joined the program said they saw many kinds of fish and plants in the water.

Sota : Wow, so this farm has almost everything that I want! I'll apply soon!

(注) educational：教育の　opportunity：機会
biology：生物学　apply：申し込む　by the way：ところで
feed：～にえさを与える

Staying at the Farm Program for Students

Date : August 6 〜 August 14

・You will work with animals and take care of plants.
・We have a lake on the farm, so you can learn about fish.
・You can enjoy seeing wild flowers in mountains near the farm.

If you are interested in this program,
please apply by July 20.

(1) (①)内に適するものを選び，記号を書きなさい。〔2点〕

ア When are you going to join an activity?
イ Do you want to study in college?
ウ What are you interested in?
エ What will you do during your vacation? [　　]

(2) (②)，(③)内に適する語を書きなさい。〔各2点　計4点〕

② ________ ③ ________

(3) 下線部④の(　　)内の語を並べ替えて，正しい英文を完成させなさい。〔3点〕

But at that time, ________________.

(4) (⑤)内に適するものを選び，記号を書きなさい。〔2点〕

ア which　**イ** who　**ウ** have　**エ** was [　　]

(5) ソウタと同じ学校に留学中のアヤカがプログラムのお知らせを見ていると，テイラー先生に声をかけられました。次の会話で，あなたがアヤカならテイラー先生の質問にどのように答えますか。[　　]に入る英語を理由も含めて書きなさい。〔5点〕

Ms. Taylor : Hi, Ayaka. Do you want to apply for this program on a farm?
Ayaka : Yes. It sounds very interesting to me.
Ms. Taylor : There are a lot of interesting things to do. What are you looking forward to in this program?
Ayaka : [　　　　]

____

____

MEMO

旺文社

改訂版

中学
総合的研究

問題集

英語

解答
解説

旺文社

1 動詞の働き編 be 動詞の現在形

基礎力チェック

問題➡本冊 P.9

解答

1 ① is ② am ③ are ④ are ⑤ are
⑥ I'm

2 ① イ ② ア ③ イ

3 ① not ② isn't ③ Is ④ Are ⑤ Are

4 ① ウ ② ア ③ オ ④ エ ⑤ カ ⑥ イ

解説

1

④主語はEmma and Shinjiで複数なので，be動詞はareになる。

2

be 動詞には「～である」と「いる，ある」の意味がある。

4

①Taroは男性なのでheで受ける。

④orのある疑問文にYes / Noでは答えない。

実践問題

問題➡本冊 P.10

解答

1 (1) are (2) isn't (3) Are, we
(4) they aren't[they're not]
(5) are, They're

2 (1) The pictures are not[aren't] nice.
(2) Is he good at soccer?
(3) Where is[Where's] Ken now?
(4) Who is[Who's] in that car?

3 (1) This is my friend
(2) and Mika are from
(3) Is Misaki in the library
(4) That boy is not
(5) When is your birthday

4 (1)例 Our school is near Yamanaka Station. (6語)
(2)例 Our school is fifty years old. (6語)

5 (1) are, from (2) ウ

6 No.1 イ No.2 ア No.3 ウ

解説

1

(1) 主語はThe flowersで複数なので，be動詞はareになる。

(2) 空所が１つなので短縮形を使う。

(3) 「あなたたちは」の返事なのでweで答える。

(4) those buildingsを受けるのでtheyを使う。

(5) these books を they で受けるが，空所が１つなので短縮形を使う。

2

(1) areのすぐあとにnotをおく。

(2) He's は He is の短縮形。Is を主語の he の前におく。

(3) 下線部は場所を表すので，where を使って場所をたずねる疑問文をつくる。

(4) 下線部は人を表すので who を使う。「だれが」とたずねる疑問文なので，Whoのあとは肯定文と同じ〈be動詞＋場所を表す語句〉の語順。

ミス注意

主語をたずねる疑問文の答え方に注意。
→〈主語＋ be 動詞 .〉で答える。
Who is in that car? — Mr. Bolton is.
（だれがあの車の中にいますか。— ボルトンさんです。）

3

(1) 人を紹介するときはThis is ～ . という。

(2) 出身を表すfromをareのすぐあとにおく。

(3) 疑問文なのでIs Misaki ～？の語順にする。

(4) be動詞isのすぐあとにnotをおいて，否定文をつくる。

(5) 「いつ」を表す when を文頭において，そのあとは疑問文の語順にする。

4

(1) 「～の近くにある」はis[am, are] near ～で表す。

(2) 「創立～年」は，～ years oldを使って表す。

5

(1) Leeの質問に対する返事から，Nicoleは出身地をたずねたことがわかる。

(2) **ア, ウ** ニックの発言を読むと，ニコルとリーはニックの友だちだとわかる。
イ ニコルの２回目の発言からカナダの出身だとわかる。
エ ニコルは学校から徒歩５分の寮に住んでいる。

〈日本語〉
リー　：こんにちは，ニック。
ニック：やあ，リー。リー，こちらは友だちのニコル。ニコル，こちらは友だちのリーだよ。
ニコル：はじめまして，リー。
リー　：はじめまして，ニコル。あなたはアメリカの出身なの？
ニコル：いいえ。カナダよ。あなたは？
リー　：中国よ。あなたは学校の近くに住んでいるの？
ニコル：ええ。寮に住んでいるわ。学校から歩いて５分のところにあるの。

6

No.1　第４文からfrom Australiaを聞き取る。

No.2　第５文からtennisを聞き取る。

No.3　第６文のI'm interested in ～ から，先生は日本の歴史(Japanese history)に興味を持っていることがわかる。

01

Hello, everyone. My name is Lisa Green. I'm your new English teacher. I'm from Australia. My favorite sport is tennis. I'm interested in Japanese history. Let's enjoy English together.
No.1 Where is Ms. Green from?
No.2 What is Ms. Green's favorite sport?
No.3 What is interesting to Ms. Green?

〈日本語〉

こんにちは，みなさん。私の名前はリサ・グリーンです。みなさんの新しい英語の先生です。私はオーストラリアの出身です。好きなスポーツはテニスです。日本の歴史に興味を持っています。一緒に英語を楽しみましょう。
No.1　グリーン先生はどこの出身ですか。
No.2　グリーン先生の好きなスポーツは何ですか。
No.3　グリーン先生は，何に興味がありますか。

2 動詞の働き編 一般動詞の現在形

基礎力チェック

問題➡本冊P.13

解答

1 ① read　② goes　③ stay　④ cries

2 ① writes　② carries　③ teaches　④ says　⑤ does　⑥ has

3 ① A　② C　③ B　④ B　⑤ C　⑥ A

4 ① Do　② Does　③ stay　④ do　⑤ do　⑥ use

5 ① ア　② イ　③ ウ　④ イ

解説

2

④〈母音字＋y〉で終わる語は-sをつける。

4

疑問文や否定文では，主語にかかわらず，動詞は原形を使う。

5

④「だれが～しますか」という疑問文なので，「(人)がする」と答える。

実践問題

問題➡本冊P.14

解答

1 (1) play　(2) closes　(3) run　(4) has　(5) want　(6) go

2 (1) sing　(2) wait for　(3) helps me　(4) don't like　(5) Does, does　(6) What do

3 (1) My brother studies English hard.
(2) Do you often take pictures?
(3) Azusa does not[doesn't] know my phone number.
(4) How many birds does Kei have?
(5) Who uses this room?

4 (1) stay[live]　(2) does, come　(3) sings well

5 (1) don't practice tennis on
(2) Does this bus stop at
(3) sometimes watch an old movie after
(4) What does she teach at
(5) Which season do you like

6 (1) 私は歩いて学校へ行きます。/ 私たちは朝食前に自分たちのイヌを散歩させます。
(2) 小さな子どもたちが毎日この公園で遊びます。/ 何人かの生徒たちが放課後この部屋でギターを弾きます。
(3) 大阪行きの電車は9時35分に出発します。/ 私の父はよく電車にかさをおき忘れます。

7 (1) I practice the piano every day.
(2) My father cooks[makes] lunch every Sunday[on Sundays].
(3) We do not[don't] know that man.
(4) Do you often go swimming?
(5) What time does this movie start[begin]?
(6) What subject(s) do you like?

8 例 Our school has the chorus contest in December. Every day we practice hard for the contest.(16語，2文)

9 イ→ウ→ア

10 (1) アグスが毎朝納豆を食べること。 (2) ウ
(3) No, he doesn't[does not].

11 ① Fridays ② library ③ send

解説

1

(1) 主語がIなので，動詞の形は変わらない。
(2) 主語 The museum は3人称単数なので，動詞は3人称単数現在を使う。
(3) 主語Ken and Maryは複数なので，動詞の形は変わらない。
(4) haveの3人称単数現在はhas。
(5)，(6) 否定文や疑問文では，主語にかかわらず，動詞は原形を使う。

2

(1) 「～を歌う」＝sing
(2) 「～を待つ」＝wait for ～
(3) 「(人)の～を手伝う」＝〈help＋人＋with ～〉

ミス注意

helpが目的語にとるのは「人」。「もの」はとらない。
× Maki helps my homework.
○ Maki helps me **with** my homework.
(マキは私の宿題を手伝ってくれます。)

(4) 〈don't＋動詞の原形〉の形で否定文をつくる。
(5) 〈Does＋主語＋動詞の原形 ～?〉の形で疑問文をつくる。
(6) 〈疑問詞＋do＋主語＋動詞の原形 ～?〉の形で疑問文をつくる。youのすぐあとのdoは「～をする」という意味の動詞。

3

(1) study を studies にする。〈子音字＋y〉で終わる動詞の3人称単数現在は，yをiに変えて -es をつける。
(2) 主語がyouなので，最初にDoをおく。
(3) 主語Azusaは3人称単数なので，動詞のすぐ前にdoes not[doesn't]をおき，動詞を原形にする。
(4) 数をたずねるので，how manyを使う。
(5) 疑問詞whoが主語。動詞は3人称単数現在を使い〈Who＋動詞 ～?〉の語順にする。

4

(1) 1文目の are は「～にいる」という意味を表す。stay＝「滞在する」
(2) be from ～＝come from ～
(3) sing well＝「上手に歌う」

5

(1) 〈主語＋don't＋動詞の原形 ～.〉の語順。
(2) 〈Does＋主語＋動詞の原形 ～?〉の語順。
(3) sometimes のような頻度を表す副詞は，一般動詞のすぐ前におく。
(4) whatのあとは疑問文の語順。
(5) which seasonのあとは疑問文の語順。

6

(1) 1文目の walk は「歩いて行く」という意味の自動詞。2文目は「～を散歩させる」という意味の他動詞。
(2) 1文目のplayは「遊ぶ」という意味の自動詞。2文目は「～を演奏する」という意味の他動詞。
(3) 1文目のleaveは「出発する」という意味の自動詞。2文目は「～をおき忘れる」という意味の他動詞。

7

(1) 「(楽器)を練習する」=〈practice the＋楽器名〉

(2) My father が主語なので，動詞は３人称単数現在を使う。「昼食を作る」= cook[make] lunch

(3) 否定文なので〈主語＋don't＋動詞の原形〉の形。

(4) 疑問文なので〈Do＋主語＋動詞の原形 ～?〉の形。「泳ぎに行く」= go swimming

(5) 時刻をたずねるので，what time を使う。what time のあとは疑問文の語順。

(6) what subject(s) のあとは疑問文の語順。

8

近況のような現在の習慣は，動詞の現在形を使って表す。

ミス注意

習慣や日課として行っていることは現在形で表し，目の前で進行していることは現在進行形で表す。

[習慣・日課] Lou **practices** tennis.
（ルーはテニスを練習します。）

[進行中] Lou **is practicing** tennis now.
（ルーは今，テニスの練習をしているところです。）

9

アの But に注目して，流れを考える。**イ**「母はケーキを作り，私は本を読みます。」→**ウ**「私たちはふつう，このような別々のことをして楽しみます。」→**ア**「でも，私たちは時々，一緒に公園へ行きます。」

10

(1) 直前のアグスの「ぼくは毎朝納豆を食べている」という発言を指している。

(2) A 納豆の話からテンペの話に変わっているので，By the way「ところで」が適切。
B テンペの食べ方の具体例を挙げているので，For example「たとえば」が適切。

(3) イサオの５つ目の発言を参照。

〈日本語〉

イサオ：アグス，きみは朝食に何を食べるの？
アグス：ぼくは毎朝納豆を食べるよ。
イサオ：毎朝？　それを聞いて驚いたよ！　他の国から来た人々の多くは，においのせいで納豆が好きじゃないと思っていたよ。
アグス：ぼくは納豆が大好きだよ！　ところで，きみはテンペを知ってる？
イサオ：テンペ？　それは何？
アグス：それは大豆でできた食べ物だよ。納豆のように見えるけど，そんなににおいは強くないんだ。ぼくの国の人々はテンペが好きで，とてもよく食べるよ。きみたちは納豆をご飯の上にのせて食べるけど，ぼくたちは少し違うやり方でテンペを食べるんだ。
イサオ：想像できないな。もっと教えて。
アグス：テンペはとても便利なんだよ。たとえば，それをサラダやカレーに入れたり，ピザの上にのせたりすることなどができる。肉の代わりにテンペを食べるのを好む人もいるよ。
イサオ：それはおもしろいね。ぼくはテンペを食べてみたいな。実は，ぼくたちの ALT は肉を食べないそうなんだ。
アグス：肉を食べない人々はたくさんいるよ。彼らには彼らの理由があるんだ。
イサオ：なるほど。世界の人々は食べ物についてさまざまな考えを持っているんだね。

11

メモを読んで，適する語を推測してから聞く。前後の文脈から，①曜日，②場所，③動詞が入る。

02

Hello, everyone. I'm going to talk about the English Club. This year, we meet on Tuesday and Friday every week. When we meet, we do many things. We talk a lot in English, of course. We sometimes go to the school library, find some English books and read them together there. We also use the computer room in our school. There, we write and send e-mails to students in America.

〈日本語〉

こんにちは，みなさん。私は英語クラブについて話します。今年は毎週，火曜日と金曜日に集まります。集まったときはたくさんのことをします。もちろん，英語でたくさん会話をします。時々，学校の図書室へ行き，英語の本を見つけ，そこで一緒に読みます。また，学校のコンピュータ室を利用します。そこでアメリカの生徒にEメールを書き，送ります。

3 動詞の働き編 過去形

基礎力チェック

問題➡本冊P.19

解答

1 ① is ② were ③ were ④ live
⑤ played ⑥ made

2 ① talked ② liked ③ planned ④ tried
⑤ had ⑥ saw

3 ① was ② called

4 ① Was ② Did ③ weren't ④ write

5 ① イ ② ウ ③ イ ④ イ

解説

2

③ planの過去形はnを重ねて-edをつけてつくる。

4

④ 過去の否定文では，動詞は常に原形を使う。

5

④ today＝「今日」は過去の文でも用いる。過去の行為を表すので，過去形で答えている文を選ぶ。

実践問題

問題➡本冊P.20

解答

1 (1) was (2) were (3) walked
(4) met (5) had (6) tried (7) went

2 (1) Were you (2) Did, listen
(3) was not (4) didn't go
(5) How was (6) When did

3 (1) did (2) Yes, did
(3) bought (4) were (5) did

4 (1) I practiced basketball hard last summer.
(2) Did you watch TV last night?
(3) My sister did not[didn't] visit the museum two weeks ago.

5 (1) I took pictures of my family yesterday.
(2) Angela lived in Okayama five years ago.
(3) Were these books interesting?
(4) We did not[didn't] have rice and *miso* soup for breakfast.
(5) How did they tell the news to Nick?

6 (1) My brother was not in
(2) did not want anything
(3) Did you use this computer last
(4) What did you give to
(5) How was the weather in Kobe

7 (1) My dog was very[so] small[little] three years ago.
(2) Alice left[started] for Seoul yesterday.
(3) We were not[weren't] in the[our] classroom two hours ago.
(4) Some students did not[didn't] finish their homework.
(5) When did you go to Hiroshima?
(6) Why did you learn[study] Japanese?

8 (1) Yes, I was. / No, I wasn't.
(2) Yes, I did. / No, I didn't.
(3) 例 I got up at seven (this morning).
(4) 例 It was a lot of fun.
(5) 例 I had cereal and milk (yesterday morning).
(6) 例 It was sunny[cloudy / rainy] (yesterday).

9 ウ→ア→イ

10 (1) ① ア ④ イ ⑤ ウ
(2) ② came ③ took (3) ウ

11 ア

解説

1

時を表す表現に注目する。過去を表す ～ago「～前」，yesterday「昨日」，last ～「この前の～」がポイント。

(2) 主語 All the members は複数なので，are の過去形wereを使う。

(6) 〈子音字＋y〉で終わる動詞の過去形は，yをiに変えて-edをつけてつくる。

2

(1) 〈Were＋主語 ～?〉の形。
「病気で寝ている」＝be sick in bed

(2) 〈Did＋主語＋動詞の原形 ～?〉の形。

(3) 〈主語＋was not ～.〉の形。

(4) 〈主語＋didn't＋動詞の原形 ～.〉の形。
「泳ぎに行く」＝go swimming

(5) 様子をたずねるにはhowを使う。過去の文なので，be動詞の過去形を入れる。

(6) 〈疑問詞＋did＋主語＋動詞の原形 ～?〉の形。

3

(1) 「宿題をする」= do *one's* homework
「～をする」という意味の動詞doの過去形did。

(2) 空所のあとで「それ[その映画]には興奮した」とあるので，肯定の返答が適切。

(3) buy =「買う」の過去形はbought。

(4) 過去の文で主語が複数なのでwereを使う。

(5) *B*の文の主語はsheで動詞readにsがついていないので，このreadは過去形。[red]と発音する。過去のことを質問しているので，didを使う。

ミス注意

readの過去形は，原形とつづりが同じ。ほかにhit「打つ」，put「置く」なども過去形が原形と同じ形。

4

(1) 下線部が過去を表す語句なので，動詞を過去形にする。

(2) 過去の疑問文では動詞の原形を使う。

(3) 過去の否定文ではdid not [didn't]を使う。

5

(1) takeの過去形はtook。

(2) liveの過去形はlived。

(3) 〈Were＋主語 ～?〉の形にする。

(4) 〈主語＋did not [didn't]＋動詞の原形 ～.〉の形。hadは原形のhaveにする。

(5) by e-mailは「Eメールで」の意味。手段をたずねるのは〈How＋did＋主語＋動詞の原形 ～?〉の形。

6

(1) 〈主語＋was not ～.〉の形。

(2) 〈主語＋did not＋動詞の原形 ～.〉の形。否定文中のanythingは「何も」の意味を表す。

(3) 〈Did＋主語＋動詞の原形 ～?〉の形。

(4) 〈What＋did＋主語＋動詞の原形 ～?〉の形。

(5) 〈How＋was＋主語 ～?〉の形。

7

(1) 3年前の状態を表すので，be動詞は過去形を使う。

(2) 「～へ出発する」= leave [start] for ～　leaveの過去形はleft。「昨日」= yesterdayは文頭においてもよい。

(3) 〈主語＋were not [weren't] ～.〉の形。

(4) 「何人かの生徒は宿題を終えていませんでした。」と考える。「宿題を終える」= finish *one's* homework

(5) 時をたずねるにはwhenを使う。〈When＋did＋主語＋動詞の原形 ～?〉の形。

(6) 理由をたずねるにはwhyを使う。〈Why＋did＋主語＋動詞の原形 ～?〉の形。

8

(1) 「今日，学校に遅刻しましたか。」

(2) 「今日，何かスポーツをしましたか。」

(3) 「今朝，何時に起きましたか。」 getの過去形はgot。「～時(じ)に」と時刻を表すにはat ～を使う。

(4) 「この前の英語の授業はどうでしたか。」
fun =「楽しいこと」以外には，easy=「簡単な」，interesting =「おもしろい」，difficult =「難しい」，boring=「退屈な」などがある。

(5) 「昨日の朝，朝食に何を食べましたか。」
had (haveの過去形) を使って答える。

(6) 「昨日はどんな天気でしたか。」 wasを使って答える。

9

アのthereとイのthe songsがさすものを考える。thereはウのin the music room，the songsはアのsome English songsをさす。

ウ「昨日，私たちは音楽室で英語の授業を受けました。」→ア「私たちはそこで英語の歌を歌いました。」→イ「私はその歌のうち1曲をとてもよく知っていました。」

10

(1) ア「彼女は彼をいすから降ろすことができませんでした」 イ「彼は祖父をいすに戻し，2人は戻ってきました」 ウ「祖父は男性についてあることを知ってとても驚きました」

① 前の文に「彼(＝祖父)は祖母には重すぎた」とあるので，アが適切。

④ 男性が祖父をトイレでいすから降ろしたあとのことなので，イが適切。

⑤ すぐあとに「男性の2本の足は義足だったのです。」とあるので，ウが適切。

(2) 動詞を過去形にする。
come→came，take→took

(3) 第2段落の内容を表すものを選ぶ。旅先のホテルで，見知らぬ男性がトイレで祖父を手伝ってくれた。

〈日本語〉

祖父は75歳で歩けません。祖父は毎日，車いすを必要とします。祖父にとって生活は簡単ではありません。ですが，時々何かよいことが起こります。

ある日，祖父母は旅行に行きました。ホテルで祖父はトイレを使いたくなりましたが，祖父は祖母には重すぎました。だから祖母は祖父をいすから降ろすことができませんでした。祖父母はだれかを探してまわりを見渡しました。すぐに1人の男性が来て「お手伝いがいりますか。」と言いました。祖母は「主人がトイレを使いたいのですが，私は彼をいすから降ろすことができません。」と言いました。その親切な男性は大柄ではありませんでしたが，祖父をトイレに連れていって，いすから降ろしてくれました。数分後，男性は祖父をいすに戻し，2人は戻ってきました。

祖父母が「どうもありがとうございます。」と言ったあと，男性は向きを変えて，歩いていきました。そのとき祖父は男性についてあることを知ってとても驚きました。男性の2本の足は義足だったのです。

11

morningを聞き取り，午前中にしたことを表す絵を選ぶ。took pictures＝「写真を撮った」

03

Yesterday Rie went to the park and took pictures of the flowers in the morning. She came back home at noon because it began to rain. In the afternoon she enjoyed listening to music in her room.

Question : What did Rie do yesterday morning?

〈日本語〉

昨日リエは朝，公園へ行き，花の写真を撮りました。雨が降り始めたので，彼女は正午に帰宅しました。午後，彼女は部屋で音楽を聞いて楽しみました。

質問：リエは昨日の朝，何をしましたか。

4 動詞の働き編 未来を表す言い方

基礎力チェック

問題➡本冊 P.25

解答

1 ① will cook　② start
③ am going to join　④ I'm

2 ① will　② will practice
③ are going to hold
④ is going to snow
⑤ is going to have

3 ① Will　② Is　③ will　④ am

4 ① イ　② ア　③ イ　④ ウ

解説

1

② willのすぐあとの動詞は，主語にかかわらず原形を使う。

3

④ go abroad＝「海外に行く」

4

② be going to ～ の形の疑問文なので，be動詞を使って答える。

③ 未来のことを質問されているので，Tomorrow.が適切。

④ 未来の予定を質問されているので, be going to ～を使って答える。

実践問題

問題➡本冊 P.26

解答

1 (1) will be [come]　(2) I'll write
(3) are going　(4) She'll like
(5) Are you　(6) won't go

2 (1) will　(2) No, isn't
(3) I'm [We're] going　(4) How, be

3 (1) will begin　(2) I'm going
(3) are, going, do

4 (1) My mother is going to come home soon.
(2) I will be busy tomorrow morning.
(3) How long are you going to stay in Canada?

5 (1) I will[am going to] play tennis next Saturday.
(2) The people are going to clean the beach.
(3) Will Peter use this computer tonight?
(4) We are not[aren't] going to visit New York.
(5) What is Yuka going to do tomorrow?
(6) Who will come here first?

6 (1) is going to arrive
(2) will not be busy
(3) He's not going to study
(4) Will Bobby enjoy this
(5) Why are you going to go

7 (1) This player will be[become] famous in the future.
(2) When are you going to wash your car?
(3) This window will not open.

8 ① 例 will go to Nara by bus (6語) / are going to go to Nara by bus (8語)
② 例 going to take pictures in many places (7語)

9 ① エ ② ウ ③ オ ④ ア

10 ① イ ② ア ③ ウ

11 イ

解説

1

(1) willのすぐあとには動詞の原形を続ける。
「戻る」＝be[come] back
(2) 空所の数からI willの短縮形I'llを使う。
(3) 空所のあとにto playがあるので，be going to ～ で未来の予定を表す。
(4) 空所の数からShe willの短縮形She'llを使う。
(5) 空所のあとにgoing to seeがあるので，be going to ～ を使う文であることがわかる。
(6) 空所の数からwill notの短縮形won'tを使う。[wount]と発音することに注意。

2

(1) Will ～？の疑問文にはwillを使って答える。
(2) 「彼には宿題がたくさんある。」と続けているので，noで答える。
(3) *A*の文のyouは「あなた」と「あなたたち」の両方の意味が考えられる。空所の数からI amの短縮形I'mまたはWe areの短縮形We'reを使う。
(4) 未来の天気をたずねる文。be動詞の原形はbe。

3

(1)，(2) be going to ～ ＝ will ～
(3) 「今日のあなたの予定は何ですか。」
→「今日あなたは何をするつもりですか。」

4

(1) be going toのあとは，主語にかかわらず動詞の原形を使う。
(2) willのあとには動詞の原形が必要。busyは形容詞なので，willのすぐあとにbeを補う。
(3) going toがあるので，willではなくbe動詞を使う。

5

(1) 未来のことを表すので，willまたはbe going to ～ を使う。
(2) 主語が複数なのでbe動詞はareを使う。〈主語＋are going to＋動詞の原形 ～.〉の形。
(3) 〈Will＋主語＋動詞の原形 ～？〉の形。
(4) areのすぐあとにnotをおく。
(5) 「ユカは明日，何をするつもりですか。」という疑問文に書き換える。whatと「～をする」という意味の動詞doを使うのがポイント。
(6) 「だれが最初にここへ来るでしょうか。」という疑問文に書き換える。〈Who ＋ will ＋動詞の原形 ～？〉の形。

6

(1) 〈is going to＋動詞の原形 ～〉の形。
(2) beはbe動詞の原形。〈will not be＋形容詞〉の形。
(3) he'sはhe isの短縮形。〈He's not going to＋動詞の原形〉の語順。「留学する」＝study abroad
(4) 疑問文なので〈Will＋主語＋動詞の原形 ～？〉の形。
(5) 理由をたずねるWhyを使った疑問文。Whyのあとは疑問文の語順。

7

(1) 「～になるでしょう」＝will be[become] ～，「有名な」＝famous，「将来」＝in the futureで表す。
(2) 予定をたずねるので，be going to ～ を使う。〈When ＋ be動詞＋主語＋ going to ＋動詞の原形 ～？〉の形。
(3) 「どうしても～しない」という強い拒絶はwill not[won't]で表す。

8

① 明日のことを表すので，will または be going to ～ を使う。「バスで」＝by bus

② I'm で始まっているので，be going to ～ を使う。「写真を撮る」＝take pictures

9

① 審査官が滞在の目的をたずねているので，**エ**が適切。**ア**は And で始まっているので，ここには合わない。

② マモルは「1 か月間です。」と答えているので，期間をたずねる文を選ぶ。

③ マモルは「はい。」と答えたあとに「ナイアガラの滝に行く」と続けているので，「どこかへ行く予定ですか。」とたずねる文を選ぶ。

④ ナイアガラの滝が有名だと言われたあと，マモルが「知っています。」に続けるセリフなので，**ア**が適切。

〈日本語〉
審査官：こんにちは。パスポートをお願いします。
マモル：わかりました。はいどうぞ。
審査官：ありがとう。あなたの滞在の目的は何ですか。
マモル：ぼくはニューヨークのホストファミリーのところに滞在する予定です。
審査官：どのくらいの間，滞在する予定ですか。
マモル：1 か月間です。
審査官：わかりました。どこかへ行く予定ですか。
マモル：はい。ナイアガラの滝へ行きます。
審査官：いいですね！　そこはとても人気のある場所です。
マモル：知っています。それから自由の女神像も訪れるつもりです。
審査官：わかりました。滞在を楽しんでください。
マモル：そうします。ありがとうございます。

10

① ジムが初めに海へ行くことを提案した日。ケンは 1 回目の発言でその日に野球の試合があると言っている。その日は3日の次の日なので，4日が正答。

② ジムの発言に対して「No」と言っているので，3 日が暇でない理由を説明していると考える。**ア**の「ぼくたちのチームはその日，野球の練習をするだろう。」が適切。

③ 海に行く日が決まって，ケンの「天気がいいといいね。」を受けての発言。**ウ**の「予定は変えられるけど，天気は変えられないからね。」を選ぶ。

〈日本語〉
ジム：8月 4 日に海へ行こう。ぼくはその日，予定がないんだ。君の予定表にも予定が見当たらないしね。
ケン：ああ，ぼくはその日，野球の試合があるんだ。初めその試合は8月3日に計画されてたんだけど，その次の日へ移されたんだ。
ジム：じゃあ，8月3日は暇だよね。
ケン：いや。ぼくたちのチームはその日に野球の練習をするんだ。試合のほんの 1 日前だからね。8月12日ではどうかな？
ジム：それはいい考えだと思わないよ。ぼくの家族は 8 月 11 日に富士山にいる予定なんだ。ぼくたちはその日の夜遅くに帰ってくるだろう。その次の日はとても疲れていると思うんだ。8月8日はどうかな？
ケン：君はその日ピアノのレッスンがあるよ。
ジム：それは次の週に変えられるんだ。
ケン：本当？　できるの？
ジム：うん，8月8日に海へ行こうよ。
ケン：天気がいいといいね。
ジム：そうだね。予定は変えられるけど，天気は変えられないからね。

11

選択肢を見て，どんな内容の対話になるかを予想してみてから聞くとよい。

04

A：Excuse me.　Will we stop at Miyazaki Station?
B：Yes.　We'll be there soon.
A：Oh, thank you.　I'll get off there.
B：You are welcome.

〈日本語〉
A：すみません。宮崎駅に止まりますか。
B：はい。もうすぐ着きますよ。
A：まあ，ありがとうございます。私はそこで降りるのです。
B：どういたしまして。

5 動詞の働き編 進行形

基礎力チェック

問題 ➡ 本冊P.31

解答

1 ① writing ② sleeping ③ are ④ was
⑤ know

2 ① speaking ② using ③ planning
④ looking ⑤ eating ⑥ sitting

3 ① おふろに入っています
② 友だちと話していました

4 ① Is ② playing ③ wasn't ④ running

5 ① ア ② イ ③ ウ ④ イ

解説

1
⑤ knowのような継続的な状態を表す動詞は，通常は進行形にならない。

2
③ plan，⑥ sitは〈短母音＋子音字〉で終わるので，子音字を重ねて-ingをつける。

5
④疑問文に合わせて，過去進行形で答える。

実践問題

問題 ➡ 本冊P.32

解答

1 (1) helping (2) having (3) looking
(4) enjoying (5) running (6) driving
(7) talking

2 (1) is playing
(2) went，were studying
(3) isn't crying (4) Were you
(5) is，is

3 (1) We were carrying these boxes to our classroom.
(2) My sister is playing soccer now.
(3) Is the cat sleeping now?
(4) Daniel is not[isn't] playing a video game.
(5) What was Koji doing at eight last night?
(6) Who is Sakura waiting for?

4 (1) Yes, I am. / No, I'm not.
(2) Yes, it was. / No, it wasn't.
(3) 例 I was having dinner then.

5 (1) I'm just looking for
(2) ② ウ ③ ア
(3) ウ

6 Ⓐ × Ⓑ × Ⓒ × Ⓓ ○

解説

1
進行形の文なので，動詞を-ing形にする。
(1)，(3)，(4)，(7) -ingをつける。
(2)，(6) eをとって，-ingをつける。
(5) nを重ねて-ingをつける。

2
(1) 現在進行形なので，is -ingの形。
(2) 過去進行形なので，were -ingの形。
(3) 否定文は，be動詞のあとにnotをおく。空所の数から，is notの短縮形isn'tを使う。
(4) 疑問文なので，Were you -ing ～？の形。
(5) 現在進行形でwhoが主語の文。whoは3人称単数扱い。答えの文でもisを使う。

3
(1) carriedをwere carryingに変える。
(2) playsをis playingに変える。
(3) isを主語の前にだす。
(4) isのすぐあとにnotをおく。
(5) 「コウジは昨夜8時に何をしていましたか。」という疑問文に書き換える。whatを使う。
(6) 「サクラはだれを待っていますか。」という疑問文に書き換える。whoを使う。

4
(1) 「今，自宅で勉強していますか。」
(2) 「今朝起きたとき，雨が降っていましたか。」
(3) 「昨夜7時に何をしていましたか。」

5
(1) justの位置に注意。I'm just -ing ～.の語順。
(2) ② 今現在のことを表すので，現在進行形が適切。
③ 現在の状態を表すので，現在形を使う。have「～を持っている」は進行形にしない。
(3) ア「ジェシカは今，彼女のイヌと一緒に歩いています。」 ジェシカはイヌを探しているので，イヌと一緒にはいない。
イ「ジェシカのイヌは黄色いTシャツが好きです。」 ジェシカのイヌが今着ているのは黄色のTシャツだが，黄色のTシャツが好きとは述べられていない。

ウ「ジェシカとコウタはイヌについて話しています。」
エ「ジェシカとコウタは今，公園で話しています。」
ジェシカはこれから公園へ向かう。

〈日本語〉
コウタ　：やあ，ジェシカ。どうかしたの？
ジェシカ：こんにちは，コウタ。私はただイヌを探しているの。小さい白いイヌを見なかった？
コウタ　：えーと…。思い出せないなあ。
ジェシカ：そのイヌは黄色のTシャツを着ているの。
コウタ　：黄色のTシャツ？　毛が長いよね？
ジェシカ：うん，そう。
コウタ　：ぼくが公園で写真を撮っているとき，そのイヌはそこにいたよ。そこへ行ってみたら？
ジェシカ：ありがとう，コウタ。

6
イヌ，男性，ベンチ，木の位置関係を聞き取り，絵と照らし合わせる。

05
Ⓐ The man is walking with a dog.
Ⓑ The man is standing under the tree.
Ⓒ The man is running in the park.
Ⓓ The man is sitting on the bench.

〈日本語〉
Ⓐ 男性はイヌと一緒に歩いています。
Ⓑ 男性は木の下に立っています。
Ⓒ 男性は公園で走っています。
Ⓓ 男性はベンチに座っています。

6 動詞の働き編 現在完了

基礎力チェック

問題➡本冊 P.35

解答

1 ① played　② has　③ have known
④ has been

2 ① visited　② used　③ come　④ carried
⑤ gone　⑥ written　⑦ left　⑧ opened
⑨ stopped

3 ① Have　② used　③ have　④ been
⑤ never

4 ① ウ　② イ　③ ウ　④ イ

5 ① ウ　② イ　③ ア

解説

3
②，④疑問文や否定文でも過去分詞を使う。
⑤never は「一度も～ない」という意味の副詞。経験を表す現在完了の文でよく使われる。

4
③ウ「いいえ，まだです。」の意味。「完了」の文で使う。

5
①「私は球場で野球の試合を一度見たことがあります。」
②「ボビーはすでに家を出ました。」
③「私たちは30分間，フレッドを待っています。」

実践問題

問題➡本冊 P.36

解答

1 (1) ア　(2) オ　(3) キ　(4) エ　(5) イ
(6) ク

2 (1) worked　(2) read　(3) wanted
(4) seen　(5) waiting　(6) done
(7) heard

3 (1) have been　(2) has already
(3) has been　(4) Have you
(5) Has he, yet　(6) hasn't talked
(7) I've never

4 (1) haven't　(2) since　(3) for
(4) haven't　(5) known

5 (1) have, for　(2) has lost
(3) haven't visited　(4) have passed

6 (1) I have [I've] known Mary and her family for ten years.
(2) Emma has been to the village once.
(3) My sister has already sent a letter to her friend.
(4) Has Jeff been in the library since this morning?
(5) It has been raining since this morning.
(6) How long have they studied English?
(7) How many times [How often] has Jack been to the park?

7 (1) has already gone to
(2) been good friends since we were
(3) have never been to such
(4) How many times have you been

8 (1) We have[We've] been listening to music for three hours.
(2) His speech has not[hasn't] started [begun] yet.
(3) Have you ever written a letter in English?

9 (1) 彼らは昨夜からずっと働いています。
(2) ユカは何度も伊吹山(いぶきやま)に登ったことがあります。
(3) 私はちょうど駅へ行ってきたところです。

10 (1), (2) Yes, I have. / No, I haven't.
(3) 例 I have[I've] lived in my city since I was born.

11 (1) ア (2) ② イ ③ ウ ④ ア

12 No.1 twice No.2 nine

解説

1

(1) 期間を表すにはforを使う。
(2) 「ちょうど」の意味のjustが適切。
(3) ( ) が主語と過去分詞の間にあるので，「今までに」の意味のeverが適切。
(4) 「もう」の意味のyetが適切。
(5) 「～から(今までずっと)」のように，始まった時を表すにはsinceを使う。
(6) 「～回」の意味のtimesが適切。

2

(1)～(4)，(6)，(7) 現在完了の文なので，動詞を過去分詞にする。
(1)，(3) -edをつける。
(2)，(4)，(6)，(7) 不規則動詞。
(5) 現在完了進行形の文なので，waitingにする。

3

(1) 現在完了進行形は〈have been＋動詞のing形〉の形。
(2) 「すでに」はalreadyで表す。〈has＋already＋過去分詞〉の語順に注意。
(3) 「～へ行ったことがある」＝have[has] been to ～
(4) 疑問文は〈Have＋主語＋過去分詞 ～?〉の形。
(5) 疑問文で「もう」の意味を表すにはyetを使う。
(6) 否定文は〈has not[hasn't]＋過去分詞 ～〉の形。
(7) 「一度も～ない」はneverで表す。〈have＋never＋過去分詞〉の語順に注意。ここでは空所の数からI haveの短縮形I'veを使う。

4

(1) 空所の数から，have notの短縮形haven'tを用いる。
(2) sinceを使って始まった時を表す。
since I was born＝「生まれてから」
(3) 期間を表すにはforを使う。
(4) 「私は長い間，あなたに会っていません。」の意味になる。
(5) 「20年間，彼を知っている」→「20年間，彼と知り合いである」

5

(1) 「2週間滞在している」という現在完了の文で表す。
(2) 時計をなくして，今もその状態が続いているので，「結果」の意味の現在完了で表す。
(3) 「これは私たちのこの場所への初めての訪問です。」→「私たちは以前にこの場所を訪れたことがありません。」
(4) 「トムは10年間，ナンシーに会っていません。」→「トムが最後にナンシーに会ってから10年がたっています。」「時がたつ」はpassで表す。

6

(1) 動詞を現在完了〈have＋過去分詞〉に変える。
(2) 「一度」＝once，「～へ行ったことがある」＝have [has] been to ～
(3) 「もう」はalreadyで表す。〈has＋already＋過去分詞〉の語順。
(4) 疑問文なので，hasを主語の前にだす。
(5) 現在完了進行形の文なので，〈has been＋動詞のing形〉の語順。
(6) 期間をたずねるにはhow longを使う。how longのあとは疑問文の語順。
(7) 回数をたずねるにはhow many timesまたはhow oftenを使う。

7

(1) 〈has already＋過去分詞〉の語順。
(2) we'veはwe haveの短縮形。〈since＋主語＋動詞〉の部分の動詞は過去形。
(3) 「～へ一度も行ったことはない」はhave never been to ～の語順。suchは「こんな～」の意味で，〈such a＋形容詞＋名詞〉の語順になる。
(4) 回数をたずねるHow many times ～の形。

8

(1) 現在完了進行形の文をつくる。

(2) 「完了」の意味の現在完了の否定文をつくる。「まだ」はyetで表す。

(3) 「経験」の意味の現在完了の疑問文をつくる。everの位置に注意し，〈Have you ever＋過去分詞～?〉の語順で表す。

9

(1) 現在完了進行形の文なので，「ずっと～し続けている」という意味。

(2) many times＝「何度も」

(3) justがあるので「ちょうど～したところ」の意味。

10

(1) 「もう夕食を終えましたか。」 Noの場合はNo, not yet. でもよい。

(2) 「今までに落語を見たことがありますか。」

(3) 「あなたの市にどのくらいの間住んでいますか。」 I have[I've] lived in my city for five years. のようにforを使って答えてもよい。

11

(1) すぐ前にhave beenとあるので現在完了の文。「～から(今までずっと)」はsince ～ で表す。

(2) **ア**「これらにちがいがあると感じますか。」

イ「以前に英語でいくつか俳句をよんだことがあります。」

ウ「わかった！」

②「学校で俳句の授業があった。」と続けているので，**イ**が適切。

③「それは日本語のカエルだよ。」と続けているので，**ウ**が適切。

④**ア**の文中のthemは，カエルが1匹の場合と，カエルがたくさんの場合をさしている。

〈日本語〉

メアリー：なんてきれいな桜の花！　これらの桜の木は樹齢何年かな？
カナ　　：わからないわ。でも，私のお父さんが子どものころからずっとあるの。
メアリー：木の下で座っている人もいるわ。みんなとっても楽しそう。
カナ　　：そうね。桜の木の下で食べたりおしゃべりをしたりすることは人気があるのよ。私たちは桜が大好きなの。桜にあたる日本語は，古い日本の歌にも出てくるの。
メアリー：俳句か何かのことを言ってるの？
カナ　　：俳句を知っているの？
メアリー：うん。以前に英語でいくつか俳句をよんだことがあるの。学校で俳句の授業があったから。
カナ　　：えっ，本当に？
メアリー：うん。先生はある有名な日本の俳句を紹介してくれたの。よく覚えてないけど，カエルについてだったよ。
カナ　　：わかった。それは日本語のカエルだよ。
メアリー：カエル。わかった。新しい日本語を1つ覚えちゃった。
カナ　　：たぶんあなたが言っている俳句はこんなふうだわ。「古池やかわず飛び込む水の音」「かわず」はこの俳句ではカエルのことよ。
メアリー：その英語訳を知ってる？
カナ　　：ええと，それについてはよく知らないわ。
メアリー：先生は「もし彼の俳句にカエルが1匹ならどんな感じがしますか。もしカエルがたくさんならどんな感じがしますか。これらにちがいがあると感じますか。多くの日本人は（ちがいが）あると感じるのです。だからカエルの数が大切なのです」と言ったわ。結局，カエルは何匹なの？
カナ　　：1匹だと思うわ。確かじゃないけど。このことを明日，国語の先生に聞いてみましょうよ。

12

No.1　second visit(2回目の訪問)を聞き取る。「2回」はtwiceと言う。

No.2　リョウは9歳のときから，現在までテニスを続けている。

06

No.1 Ms. Johnson came to Japan last month. That was her second visit. When she was a student, she stayed in Tokyo for a few weeks.

No.2 Ryo is a good tennis player. He started tennis when he was nine years old. So he has played tennis for six years.

〈日本語〉

No.1 先月，ジョンソンさんが日本に来ました。それは2回目の訪問でした。彼女は学生のころ，数週間，東京に滞在しました。

No.2 リョウはよいテニス選手です。彼は9歳のときにテニスを始めました。だから，6年間テニスをしています。

1 品詞編 名詞

基礎力チェック

問題 ➡ 本冊 P.43

解答

1 ①ア ②ウ ③エ ④イ ⑤オ ⑥ア

2 ① baby ② cats ③ time ④ classes
⑤ hours ⑥ money ⑦ rain ⑧ friends

3 ① glass ② cup ③ piece [sheet]
④ pieces ⑤ cups ⑥ pieces

4 ① girls ② boxes ③ libraries
④ photos ⑤ leaves ⑥ women
⑦ watches ⑧ CDs ⑨ days
⑩ cities ⑪ rooms ⑫ teeth

解説

3

④，⑥ a piece of ～を使って数えるものが複数あるときは … pieces of ～ とする。

4

⑤ leaf は -f で終わるので f を v に変えて -es をつける。

⑥ woman は women と特別な変化をする。発音が [wímin] となることにも注意する。

⑫ tooth は teeth と特別な変化をする。発音は [ti:θ]。

実践問題

問題 ➡ 本冊 P.44

解答

1 (1) ○ (2) × (3) ○

2 (1) tomatoes (2) children
(3) dictionaries (4) fish (5) wolves
(6) people

3 (1) movies (2) friends (3) trains
(4) pieces [sheets] (5) glass

4 (1) Steve wants a pair of glasses.
(2) I need some sheets of paper.
(3) The Browns have lived in peace for a long time.
(4) My sister Nana has a lot of work on Mondays.

5 (1) read this book three times
(2) about a cup of coffee

6 (1) ウ (2) ア
(3) ① × ② ○ ③ ×

7 No.1 Ⓑ No.2 Ⓑ

解説

1

(1) trees [z] leaves [z]
(2) books [s] dogs [z]
(3) churches [iz] dishes [iz]

2

(1) -es をつけて複数形にする。
(2) 発音にも注意。child [ai] — children [i]
(3) y を i に変えて -es をつける。
(4) fish の複数形は通例，単数形と同じつづり。
(5) f を v に変えて -es をつける。
(6) people は複数として扱う。ただし，「国民，民族」という意味では peoples のように複数形にもなる。

3

(1) 数えられる名詞について「～が好きである」と言うときはふつう〈like＋名詞の複数形〉で表す。
(3) 「電車を乗り換える」＝change trains
(4) 「数枚の紙」＝some pieces [sheets] of paper
(5) 「1 杯の水」＝a glass of water

4

(1) 「1 つのめがね」＝a pair of glasses
(2) paper を数えるときは sheet を複数形にする。paper はそのままの形でよい。
(3) peace は抽象名詞なので数えられない。
in peace＝「平穏に，穏やかに」
(4) 「仕事」の意味の work は数えられない名詞なので -s をつけない。

ミス注意

paper，water などは数えられない名詞なので，ふつう，複数形にしたり，a をつけたりしない。
× two **waters**，two glasses of **waters**
○ two glasses of **water**

5

(1) 3回以上は〈数＋times〉で表す。

ミス注意

time は「時」,「時間」という意味で使うときは，ふつう，a をつけたり，複数形にしたりしない（ただし，1つの種類として扱うときはaをつける）。

○ That takes **time**.（それは時間がかかります。）

○ We had **a** good **time**.（私たちは楽しい時を過ごしました。）

(2)「～はいかがですか。」＝How about ～？

6

(1) milk は数えられない名詞なので，a をつけたり，複数形にしたりしない。

(2) 切り分けたケーキの1切れは a piece of cake と言う。

(3) ① カーラは5行目で「砂糖だけ」と言っている。
②，③ 8行目でジュンがケーキをすすめたのに対し，キャシーは I'd like some. =「少しいただきます。」と答えている。some は some cake のこと。それに対してカーラは，ケーキはいらないと言っているので，おなかがいっぱいなのはケーキを食べたからではない。

〈日本語〉

キャシー，カーラ：おいしい昼食だったわ。ごちそうさま，ジュン。
ジュン　：それはよかった。キャシー，コーヒーはどうする？
キャシー：ミルクを入れてほしいわ。
ジュン　：わかった。君はどうする，カーラ？
カーラ　：砂糖だけ入れて。
ジュン　：わかった。はい，どうぞ。
キャシー，カーラ：ありがとう，ジュン。
ジュン　：ケーキを1つどう？
キャシー：ええ。少しいただくわ。
カーラ　：遠慮するわ。おなかがいっぱいなの。

7

No.1　絵から，兄1人，妹2人だと判断する。

No.2　女性はウェイターに何かをお願いしている。

07

No.1　Ⓐ I have one brother and one sister.
Ⓑ I have one brother and two sisters.
Ⓒ I have two brothers and two sisters.

No.2　Ⓐ I don't like tea.
Ⓑ I'd like another cup of tea.
Ⓒ How about another cup of tea?

〈日本語〉

No.1　Ⓐ 私には兄1人，妹1人がいます。
Ⓑ 私には兄1人，妹2人がいます。
Ⓒ 私には兄2人，妹2人がいます。

No.2　Ⓐ 私は紅茶が好きではありません。
Ⓑ 紅茶をもう1杯ください。
Ⓒ 紅茶をもう1杯いかがですか。

2 品詞編 冠詞

基礎力チェック

問題 ➡ 本冊 P.47

解答

1 ① a　② an　③ a　④ an　⑤ an

2 ① イ　② エ　③ ア　④ ウ　⑤ イ

3 ① a　② the　③ The　④ The　⑤ an　⑥ The

4 ① a　② the　③ ×　④ ×　⑤ an　⑥ ×

解説

1

③ used [juːzd] と発音するので，an ではなく a をつける。

⑤ hour [áuər] と発音するので，a ではなく an をつける。

3

③ sky =「空」は1つしかないものなので the をつける。

⑥ the Thames =「テムズ川」

4

③「通学する」→「学校に行く」= go to school

④ 交通手段を表すときは名詞に冠詞はつかない。

⑥「テレビを見る」= watch TV

実践問題

問題 ➡ 本冊 P.48

解答

1 (1) The moon　(2) on foot
(3) a, cold　(4) a day

2 (1) Bill's brother is a university student.
(2) Let's go to the beach by car.
(3) I usually walk my dog in the evening.
(4) Ruth and I are in the same class.

品詞編
1 名詞
2 冠詞

3 (1) 学校は3時に終わります。/ この学校は1960年に始まりました。
(2) エリカはベッドの上で本を読んでいました。/ エリカは11時に寝ます。
(3) 私は宿題を1時間で終えることができます。/ 私の父は1時間に7キロ歩くことができます。

4 (1) the park twice a week
(2) plays the flute after school
(3) had a good time at
(4) returned home an [one] hour ago

5 (1) How do you get [go, come] to school?
(2) The first month of the year is January.

6 (1) ① a ② the ③ × ④ the
(2) 例 健康によいこと。地球(環境)によいこと。

7 No.1 ウ No.2 ア

解説

1

(1) 「月」= moon は1つしかないので the をつける。
(2) 「歩いて」= on foot
(3) 〈形容詞 + cold〉には，ふつう a [an] をつける。
(4) 「1日に(つき)」= a day

2

(1) university [jù:nivə́:rsəti] と発音するので a を使う。
(2) by car「車で」と by で交通手段を表すとき，car には冠詞をつけない。
(3) 「夕方に」は in the evening。
(4) same =「同じ」には通例 the をつける。

3

(1) 1文目の school は建物が本来の目的や役割を表しているので，冠詞がつかない。
(2) 1文目の bed は「ベッド」, 2文目は go to bed =「寝る」の意味。

ミス注意

冠詞の有無で，意味がちがう点に注意。
Mary went to **bed**.
(メアリーは寝ました。)
Mary went to **the bed**.
(メアリーはベッドのところへ行きました。)

(3) 1文目の an は「1つの」, 2文目は「～につき」の意味。

4

(1) 「～につき」は a, an を使って表す。
(2) 「楽器を演奏する」は〈play the + 楽器名〉の形。
「放課後」= after school
(3) 「楽しむ」= have a good time
(4) hour [áuər] と発音するので，a ではなく an を補う。

5

(1) 手段・方法をたずねるときは how を用いる。
「通学する」= get [go, come] to school
(2) 「最初の」の意味の first と「1年」の意味の year には the をつける。月の名前の前には冠詞はつけない。

6

(1) ②「学校」はすでに話題にのぼっているので the をつける。
③ 固有名詞には冠詞はつけない(無冠詞)。
(2) 2人の最後のやりとりから読み取る。

〈日本語〉
ケビン：エミ，きみのお父さんは何の仕事をしているの？
エミ　：私の父は高校の先生よ。
ケビン：本当？　学校はどこ？
エミ　：東京にあるわ。
ケビン：お父さんは車で出勤しているの？
エミ　：いいえ。自転車で通勤しているの。
ケビン：健康にいいね。
エミ　：その通り。地球にもいいわよ。

7

No.1　How about you, Mike? は通学手段をたずねている。I take a bus. を聞き取る。〈by + 交通手段〉の bus には冠詞がつかない。
No.2　from Monday to Friday と言っているので，週5日。

08

No.1 *A* : Do you come to school by train?
B : Yes, I do. How about you, Mike?
A : I take a bus.
Question : How does Mike come to school?

No.2 *A* : What do you do after school, Yumi?
B : Well, I play tennis from Monday to Friday.
Question : How often does Yumi play tennis?

〈日本語〉
No.1 A：あなたは電車で通学していますか。
B：はい，そうです。マイク，あなたは？
A：バスを利用しています。
質問：マイクはどのように通学していますか。

No.2 A：放課後は何をしているの，ユミ？
B：ええと，月曜日から金曜日までテニスよ。
質問：ユミはどれくらいの頻度でテニスをしますか。

3 品詞編 代名詞

基礎力チェック

問題 ➡ 本冊 P.51

解答

1 ① our ② her ③ its ④ them
2 ① yours ② mine ③ his ④ ours
3 ① himself ② themselves ③ yourself ④ itself ⑤ yourselves ⑥ ourselves
4 ① myself ② hers ③ us ④ their ⑤ yourself
5 ① イ ② ウ ③ ア ④ エ ⑤ オ

実践問題

問題 ➡ 本冊 P.52

解答

1 (1) we (2) their (3) his
2 (1) イ (2) イ (3) エ (4) ウ (5) エ (6) ウ (7) イ (8) エ
3 (1) hers (2) Me (3) yourself (4) those (5) its
4 (1) theirs (2) No one (3) help yourself (4) everything (5) Neither of
5 (1) ours (2) himself (3) nothing (4) It, snows (5) much rain (6) Something
6 (1) Something (2) one (3) it (4) one
7 (1) イ himself (2) ウ ones (3) イ others
8 (1) It takes ten minutes
(2) big box is his
(3) All of us like soccer
9 (1) 例 It's sunny and very hot here.
(2) 例 Mr. Smith is always trying something new.
10 (1) 例 She has two sisters.
(2) 例 She has stayed in Japan for three weeks.
(3) 例 She is interested in Japanese history.
11 (1) ① 例 コーヒーのような作物をはやく作ること。 ② 例 日本にはフェアトレードを知っている人がほとんどいないこと。
(2) 例 1人ひとりがフェアトレードについて学び，何かを始めるべきだと考えている。
12 No.1 ア No.2 イ

解説

1

(1) you and Iは「私たちは」で受ける。
(2) theyの所有格。
(3) heの所有代名詞。

2

(1) be動詞がwasなので，主語はIまたは3人称単数。
(2) you and your sisterと聞かれたときの答えの文の主語なので「私たちは」が適切。
(3) 空所のあとに名詞がないので所有代名詞が適切。
(4) likesから，主語は3人称単数だと考える。
(5) 「お互い」＝one another
(6) 性別がわからない人の場合は，itで受ける。
(7) each otherは代名詞なのでwithが必要。
(8) Some peopleに着目してOthersとする。

3

(1) 「～の友だちの1人」は〈a friend of＋所有代名詞〉で表す。
(2) Me, too. ＝「私もです。」
(3) Take care of yourself. ＝「お大事に。」
(4) areがあるので複数形にする。
(5) 名詞のすぐ前なので所有格に変える。

4

(1) 「彼らのもの」＝theirs
(2) 空所の数から，no one＝「だれも～ない」を使う。
(3) 「自由に取って食べる」＝help *oneself*
(4) 「調子はどう？」＝How's everything?
(5) 「どちらの～も…ない」＝neither of ～

5

(1) belong to us＝「私たちに属する」→「私たちのもの」と考える。
(2) enjoy *oneself*＝「楽しむ」
(3) not ～ anything＝nothing
(4) 「雪が降る」というときは，itを主語にする。

(5) 下の文のweは「一般の人々」を表す。

(6) something is wrong with ～＝「～の調子が悪い」，「～の具合が悪い」

6

(1) something light＝「(色の)何か明るいもの」

(2)，(4) (a) shirtをくり返さないためにoneを使う。

(3) 差し出されたシャツをさすのでitを使う。

7

(1) introduce *oneself*＝「自己紹介をする」

(2) thoseのあとなのでonesとする。

(3) some ～, and others ...＝「～する人もいれば…する人もいる」

8

(1) 「(時間が)かかる」はit takes ～ の形で表す。

(2) heを「彼の(もの)」his(所有代名詞)にする。

(3) all ofに続けるのでweをus (目的格) にする。

9

(1) 天気と寒暖を表す文なので，itを主語にする。

(2) 「何か新しいこと」＝something new

-thingを修飾する形容詞はうしろにおく。

10

(1)～(3) Judyは女性なのでsheで受ける。

(3) She is interested in ～. などの形を使う。

11

(1) ①，② 下線部はすぐ前の文の内容を受ける。

(2) 最終文を簡潔にまとめる。

〈日本語〉

フェアトレードはヨーロッパで約50年前に始まりました。当時，世界の多くの地域で農場労働者が大きな問題を抱えていました。彼らは十分なお金を稼ぐことができなかったのです。世界中の商店はコーヒーや紅茶のようなものを売ってお金を稼ぎ，農場経営者もお金を稼ぎました。しかし，そのお金は労働者のもとへ届きませんでした。

大金を得ようとして，コーヒーのようなものをはやく作る農場経営者もいました。このような理由で，農場経営者はより多くの化学薬品を使いました。また，農場経営者は農場で子どもたちを働かせました。そういった子どもたちは彼らからお金をもらえませんでした。多くの子どもたちは学校に行けず，農場で働かなければなりませんでした。

そのようなとき，フェアトレードは始まりました。1キロのコーヒーが平均約160円のとき，いくつかの商店は1キロのコーヒーを約300円で購入しました。それらの店はフェアトレードを支持していたのです。フェアトレードのおかげで，いくつかの変化が起こりました。農場経営者は大量の化学薬品を使用するのをやめました。彼らは労働者へより多くのお金を渡しました。子どもたちは働かなくてもよくなりました。子どもたちのための新しい学校が建設されました。

現在，世界中の多くの人々がフェアトレードに関心を持っています。しかし日本では，フェアトレードについて知っている人はほとんどいません。それが私にはとても悲しいです。フェアトレードのコーヒーは高価です。でも，もしフェアトレードのコーヒーを選べば，世界中の多くの労働者と子どもたちを手助けすることになります。私たち1人ひとりがフェアトレードについて学び，何か始めるべきです。

12

No.1 最後の文「あれが君のじゃない？」に続けて意味が通るのは，アのみ。

No.2 頭痛がすると言う相手にかける言葉を選ぶ。

ア「楽しんでね。」 イ「おだいじにね。」 ウ「ご自由に召し上がってください。」

09

No.1 *A* : Where's my pen? Do you know?
B : Well, something is under your chair. Is that yours?

No.2 *A* : You don't look well. Are you all right?
B : I'm OK, but I have a headache.

〈日本語〉

No.1 A：私のペンはどこ？ 知ってる？
B：ああ，いすの下に何かあるよ。あれが君のじゃない？

No.2 A：元気ないね。大丈夫？
B：平気だけど，頭痛がするんだ。

4 品詞編 形容詞

基礎力チェック

問題 ➡ 本冊 P.57

解答

1 ①ウ ②ウ ③イ
2 ① no ② few ③ fans ④ little
3 ① any ② some ③ any ④ Some
4 ① second ② third ③ fourth ④ sixth ⑤ twelfth ⑥ twentieth

解説

1
①名詞を修飾するときは，その名詞の前に形容詞をおく。
②主語を説明するときは，動詞のあとに形容詞をおく。
③ something を修飾するときは，そのあとに形容詞をおく。

3
①「…がまったくありません」は not have any ...で表す。
②「いくらかの水が欲しいです。」と考える。
③ 疑問文で「いくつかの～」というときは any を用いる。
④「～もいる」は「～も何人かいる」と考え，some で表す。

実践問題

問題 ➡ 本冊 P.58

解答

1 (1) short (2) Japanese (3) a little (4) ninth (5) fifth (6) thirsty (7) natural
2 (1) イ (2) エ (3) イ (4) ア (5) イ (6) イ (7) ウ (8) ア (9) イ (10) エ
3 (1) first (2) famous (3) full (4) twelfth (5) Few (6) wrong (7) proud (8) few (9) familiar (10) Forty, thirtieth
4 (1) cold (2) long (3) expensive
5 (1) Every student knows Mr. Green.
(2) There is a little milk in the glass.
(3) Are you interested in science?
6 (1) doesn't, any (2) different (3) first (4) Almost everyone
7 (1) I'm afraid that he's
(2) very good at cooking
(3) you interested in Japanese
(4) anything interesting in it
8 (1) 例 I'm glad (that) they visited my house.
(2) 例 We had little rain in Tokyo last week.
(3) 例 We're surprised at [by] the news.
(4) 例 She is good at any sport(s).
9 (1) ウ (2) エ
10 No.1 Ⓑ No.2 Ⓐ

解説

1
(1) tallの反意語。
(2)「日本の」の意味の形容詞。
(3) 数えられない名詞を修飾して，「少しの」という意味を表す語句を答える。
(4)，(5) それぞれ序数詞を答える。
(6) A，B は food =「食べ物」，hungry =「空腹の」なので，water =「水」に対して thirsty =「のどがかわいた」となる。
(7) 名詞と形容詞の関係。nature =「自然」なので natural =「自然の」とする。

2
(1)「いちばん好きな」，「お気に入りの」= favorite
(2)「役に立つ」= useful
(3) because以下から，tired =「疲れた」が適切。
(4) be interested in ～=「～に興味を持っている」
(5) be sure (that) ～=「～ということを確信している」
(6) 前後の文脈から，*B*にとってテストは難しくなかったことがわかるので「簡単な」が適切。
(7) timeは数えられない名詞。
(8) Noとあるので，たくさん釣れたわけではない。
(9) because よりも前に着目する。CD を買えないのはお金をほとんど持っていなかったから。
(10)「(人が)驚いた」はsurprisedで表す。

ミス注意

「(人が)驚いた」は surprised，「(物事などが)驚くべき」は surprising で表す。主語に注意。

I was **surprised** at the news.
(私はその知らせに驚きました。)

The news was **surprising**.
(その知らせは驚くべきものでした。)

3

(1) 「初めて」= for the first time

(2) 「～で有名な」= be famous for ～

(3) 「～でいっぱいの」= be full of ～

(4) twelveのveをfに変えることに注意する。

(5) peopleは数えられる名詞なのでFewとする。

(6) 「間違い電話」はthe wrong numberと言う。

(7) 「～に誇りを持っている」= be proud of ～

(8) 「2，3の」，「少しの」= a few ～

(9) 「～をよく知っている」= be familiar with ～

(10) Forty，thirtiethの下線部のつづりに注意。

4

(1) 上の文のcoldは「彼女はひどい風邪をひいた」という意味。下の文は「今日は寒い」という意味。

(2) 上の文のlongは「ずっと昔」という意味。下の文は期間をたずねている。

(3) 上の文のexpensiveは「このコンピュータは高すぎます。」という意味。下の文は「彼はプレゼントとしてそのように高価なものを私にくれました。」という意味。

5

(1) 〈every＋名詞の単数形〉は，3人称単数扱い。

(2) milkは数えられない名詞なので，a littleが適切。

(3) 「(人が)興味を持った」はinterestedで表す。interestingは「興味深い」の意味。

6

(1) no ... はnot ～ any ... で書き換えることができる。

(2) 上の文は「私はあなたの考えに賛成できない。」という意味。「～と異なる」= be different from ～を使って書き換える。

(3) 「京都に行ったことがない」→「京都への初めての訪問」となる。

(4) 「ほとんど全員が出席した」という文にする。everyoneはeverybodyとしてもよい。

7

(1) I'm afraid (that) ～=「あいにくですが～」

(2) be good at ～=「～が得意[上手]である」

(3) be interested in ～=「～に興味を持っている」

(4) anythingのすぐあとにinterestingをおく。

8

(1) 「～ということがうれしい」= be glad (that) ～

(2) 「雨」= rainは数えられない名詞なので，「ほとんど～ない」にはlittleを用いる。

(3) 「～に驚いている」= be surprised at[by] ～

(4) 肯定文で「どんな～も」を表すときは，anyを用いる。

9

(1) ① ケンジはすぐあとでThey're easy. =「簡単だよ。」と答えているので「難しいのか」とたずねたことがわかる。

③「たいへんだったけれど」に続く表現。あとに続く「たこが空高く飛んだときはうれしかった。」という内容からも「おもしろかった」が適切。

(2) **ア**「冬はたこをあげるのによい季節です。」

イ「今，私たちは店でたくさんのものを買うことができます。」

ウ「あなたはテレビゲームにとても興味があります。」

エ「私が少年だったとき，私はそういうゲームを持っていませんでした。」

あとの文の「だから昔から伝わる日本の遊びを楽しんでいた。」に続けるので，**エ**の「子どものころにはなかった」という内容が適切。

〈日本語〉

おじいさん：冬休みは楽しかったかい？

ケンジ：うん。おもしろい本を読んで，テレビゲームをして楽しんだよ。それらはお父さんからのクリスマスプレゼントだったんだ。

おじいさん：テレビゲームをするのは楽しい？

ケンジ：うん。おもしろい。テレビゲームしたい？

おじいさん：一度もしたことないからね。テレビゲームは難しいかね？

ケンジ：いや。簡単だよ。リモコンで遊べるよ。

おじいさん：すごいな。私が子どものころはそういうゲームはなかったからね。だから昔から伝わる日本の遊びをして楽しんだんだよ。

ケンジ：昔はどんな種類の遊びをしたの？

おじいさん：冬になると，たいてい友だちとたこをあげたよ。あのころは，みんなが「だれのたこがいちばん空高く飛ぶか」と考えていた。冷たい風の中で互いに競ったよ。とても楽しかった。

ケンジ：すごい！　どこでたこを買ったの？

おじいさん：竹や紙などで，自分のたこを作ったんだ。たいへんだったけど，とてもおもしろかった。たこが空高く飛んだときはうれしかったよ。

ケンジ：すてきだね。おじいちゃんの友だちも自分のたこを作ったの？

おじいさん：ああ，もちろん。一緒にたこについて話したり，アイデアを交換したりしてね。あれはよい経験だった。

10

No.1 女性はあいさつをしている。Ⓐ，Ⓒはその返事として適切ではない。

No.2 相手の意見に同意する表現はThat's right.

🔊 10

No.1 How are you today?
Ⓐ That's too bad.
Ⓑ Not bad.
Ⓒ That's not a bad idea.

No.2 This Japanese garden is beautiful!
Ⓐ That's right.
Ⓑ I'm all right.
Ⓒ It's on your right.

〈日本語〉

No.1 今日は元気ですか。
Ⓐ それはお気の毒です。 Ⓑ まあまあです。
Ⓒ それは悪くない考えです。

No.2 この日本庭園はきれいですね！
Ⓐ その通りです。 Ⓑ 私は大丈夫です。
Ⓒ それは右側にあります。

5 品詞編 副詞

基礎力チェック

問題 ➡ 本冊 P.63

解答

1 ① come ② walk ③ ready ④ went ⑤ heavy ⑥ got ⑦ fast ⑧ reads

2 ① now ② over there ③ too ④ late ⑤ well

3 ① too ② too ③ either ④ so

4 ① You aren't old enough.
② I'll do my homework at Maiko's house tomorrow.

解説

2

⑤good「上手な」は形容詞，well「上手に」は副詞として使う。

3

④soは〈主語＋動詞 ～〉の代わりに使う。

実践問題

問題 ➡ 本冊 P.64

解答

1 (1) well (2) late (3) there

2 (1) ウ (2) ア (3) ウ (4) ア

3 (1) every Saturday [on Saturdays]
(2) over there
(3) sometimes touches
(4) home, soon [early]

4 (1) hard worker (2) was, good
(3) abroad [overseas]

5 (1) ヨウコはとても一生懸命に英語を練習します。
(2) 私たちはお互いをほとんど知りません。

6 (1) Summer is almost over
(2) is not large enough

7 (1) write
(2) She started studying it two years ago.

8 No.1 Ⓐ ○ Ⓑ ○ Ⓒ ×
No.2 Ⓐ × Ⓑ ○ Ⓒ ○

解説

1

(1) 形容詞と副詞。easy＝「簡単な」とeasily＝「簡単に」，good＝「上手な」とwell＝「上手に」。

(2) 反意語。fast＝「速く」とslowly「ゆっくりと」，early＝「早く」とlate＝「遅く」。

(3) 近くと遠くを表す語。this＝「これは」とthat＝「あれは」，here＝「こちら」とthere＝「あちら」。

2

(1) Here you are.＝「(差し出して)はい，どうぞ。」

(2) 否定文で「～もまた」は～, eitherで表す。

ミス注意

肯定文で「～もまた」と言うときは, tooを用いる。
John is nice. — I think so, **too**.
(ジョンは優しいです。— 私もそう思います。)

(3) grow up＝「大人になる，成長する」

(4) farは比較級を強める副詞。

3

(1) 「毎週～曜日に」はevery ～と表す。everyを用いる場合は，直後に単数形を続ける。

(2) 「向こうに」＝over there

(3) sometimesは一般動詞のすぐ前におく。

ミス注意

sometimes，always の -s は，3 人称単数現在の -s ではないので注意。

× He sometimes **touch** his nose.

○ He sometimes **touches** his nose.

(4) 「できるだけ早く」＝as soon[early] as possible

4

(1) hard は副詞・形容詞の両方の働きがある。

(2) well の文を，good を用いて書き換える。
また，動詞が過去形なので，be動詞も過去形にする。

(3) in a foreign country ＝「外国で」＝ abroad または overseas。

5

(1) hard ＝「一生懸命に，熱心に」

(2) hardly ＝「ほとんど～ない」

6

(1) almost は「ほとんど，ほぼ」という意味の副詞。over のすぐ前におく。

(2) large の直後に enough をおく。

ミス注意

副詞の enough は必ず形容詞のすぐあとにおく。

× This room is not **enough large**.

○ This room is not **large enough**.

7

(1) well は「上手に」という意味の副詞。write を修飾している。

(2) 「2 年前に日本に来て，それからそれ（習字）を勉強している。」と言っている。

〈日本語〉

メアリー：あなたは何の教科が好きなの，タク？
タク　　：僕の大好きな教科は国語だよ。習字も好きだよ。
メアリー：私も習字が好きよ！　私は 2 年前に日本に来て，それからそれを勉強しているの。それは私にはとても難しいけど，私はそれを勉強することをとても楽しんでいるわ。
タク　　：それはいいね。君はとても上手に漢字を書くことができるよね。
メアリー：ありがとう。

8

No.1　well＝「上手に」，good＝「上手な」

No.2　too＝「～もまた」，either＝「～もまた（…ない）」

11

No.1 Ⓐ Aya speaks English well.
Ⓑ Aya is a good English speaker.
Ⓒ Aya doesn't speak good English.

No.2 Ⓐ Jun likes Japanese. He likes English, too.
Ⓑ Sara likes math. Tim likes math, too.
Ⓒ Jun doesn't like English. Tim doesn't like English, either.

〈日本語〉

No.1 Ⓐ アヤは上手に英語を話します。
Ⓑ アヤは上手な英語の話し手です。
Ⓒ アヤは上手な英語を話しません。

No.2 Ⓐ ジュンは国語が好きです。彼は英語も好きです。
Ⓑ サラは数学が好きです。ティムも数学が好きです。
Ⓒ ジュンは英語が好きではありません。ティムも英語が好きではありません。

6 品詞編　助動詞

基礎力チェック

問題 ➡ 本冊 P.67

解答

1 ① use　② speak　③ be able to

2 ① Can your dog　② can't[cannot]
③ Can they，Yes，can

3 ① may　② may　③ must　④ can
⑤ mustn't　⑥ have

4 ① Will　② Shall　③ Will　④ Shall

解説

1

③ will can のように助動詞を 2 つ並べることはできない。

3

⑥ すぐあとに to があるので have to ～ の形にする。

実践問題

問題 ➡ 本冊 P.68

解答

1 (1) ウ　(2) イ

2 (1) ウ　(2) イ　(3) エ　(4) ア

3 (1) ア　(2) ア　(3) エ　(4) ウ　(5) イ　(6) ア

4 (1) Will you tell me the way to the station?

(2) Shall we go to the movies?

(3) I will be able to ski well.

(4) I had to send an e-mail to Rose.

(5) My father has to go to his office today.

(6) Don't be noisy in this class.

(7) Must I leave now? — No, you don't have to.

5 (1) Shall I pick you

(2) Will you give me

(3) You mustn't be late

6 (1) 例 You don't have to wait for the next train.

(2) 例 I may not be able to attend the party.

7 (1) 例 May [Can] I use a [the] computer?

(2) 例 Shall we talk about American music?

(3) 例 Could you take me to the hospital?

8 (1) Can I walk to your house?

(2) You don't have to bring anything.

9 (1) ウ　(2) ② ア　③ イ

(3) 明日は12時半ごろレストランへ来てほしいこと。/ カナダについての本を持ってきてほしいこと。

10 No.1 イ　No.2 ア　No.3 ウ

解説

1

(1) 「それをいただきます。」

(2) 「(より)小さいのをお見せしましょうか。」 ユキが最初に見ているTシャツが大きすぎると言っていることから，それに対しての店員の発言だと考える。

2

(1) Can I ～? 「～してもいいですか。」への応答。Sure. = 「もちろん。」

(2) *B* の Will you ～? は相手を誘う文。あとに，会う約束が続いていることから，肯定的な返答を選ぶ。

(3) エの Can I ～? は，ここでは「～しましょうか。」と相手の意向をたずねる表現として使われている。

(4) 「発信音のあとで」という日本語から，その前の *B* は留守番電話の音声だと考えられる。「申し訳ありません。ただいまここにいません(留守にしております)。伝言を残してください。」に続く文として，アの「あとでお電話します。」が適切。

3

(1) Shall we ～? には，Yes, let's. や No, let's not. と答えることができる。

(2) Certainly. = 「もちろん。」は許可するときに使う。

(3) Shall I help you? = 「(私が)手伝いましょうか。」

(4) この Will you ～? は，依頼をする文。

(5) ケーキをもう1切れ食べたがっている相手に言う。Please help yourself. = 「自由にとって召し上がってください。」

(6) will be able to ～ = 「～できるでしょう」

4

(1) Please ～. = Will you ～?

(2) Let's ～. = Shall we ～?

(3) 時制を表す will を使うので，can を be able to に変える。

(4) have を過去形にする。

(5) must = have [has] to ～

(6) 「このクラス[授業]では静かにしていなければなりません。」を，Don't を使って「このクラス[授業]ではやかましくしてはいけません。」とする。

(7) have to と must は，肯定文と疑問文ではほぼ同じ意味だが，否定文になると意味が変わる。Must I ～? = 「～しなければなりませんか。」に対して No, you mustn't. = 「いいえ，してはいけません。」とは答えない。

ミス注意

「～する必要はない」，「～するのは不必要だ」と言うときは don't [doesn't] have to ～ を用いる。

You must not [mustn't] go. [禁止]
(あなたたちは行ってはいけません。)

You don't have to go. [不必要]
(あなたたちは行く必要がありません。)

5

(1) 「(私が)～しましょうか。」= Shall I ～?

(2) 「～してくれませんか。」= Will you ～?

(3) 「～してはいけません。」= You mustn't ～.

6

(1) 「～する必要はない」= don't have to ～

(2) 「～できないかもしれない」= may not be able to ～

7

(1) 許可を求めるときは May [Can] I ～? を使う。

(2) 誘うときは Shall we ～? を使う。

品詞編

6 助動詞

(3) 依頼をするときはCould you ～? を使う。
「～を…へ連れていく」= take ～ to ...

8

(1) 直後のケイコの発言から，Can I ～?「～できますか。」とたずねる文だと考える。

(2) 最後のやりとりから，何も持っていく必要がないとわかる。not ～ anything =「何も～ない」

9

(1) ジェーンがすぐあとで，お父さんはいないと言っているので，アキラはジェーンのお父さんと話したかったと考える。May I speak to ～? =「～をお願いします。」

(2) ② アキラが「はい，お願いします。」と答えていることから，ジェーンが伝言を受けようとしていることがわかる。
③ 空所の直後に you が続くので，Will you ～? という文が適切。

(3) アキラの4回目の発言を簡潔にまとめる。

〈日本語〉
(アキラは今，電話をしています。)
ジェーン：もしもし，ジェーンです。
アキラ　：やあ，ジェーン。お父さんの友人のナカムラ アキラです。お父さんをお願いできますか。
ジェーン：すみません。父は今，不在です。伝言をおあずかりしましょうか。
アキラ　：お願いします。彼に伝える必要があることを書き留めてくれますか。
ジェーン：もちろんです。ちょっと待ってください。ペンを持ってこなければなりません。
アキラ　：はい。
ジェーン：ペンを持ってきました。伝言は何でしょうか。
アキラ　：明日の12時半ごろ，レストランへ来て欲しいと思っています。それから，そのときカナダについての本を何冊か持ってきて欲しいです。
ジェーン：わかりました。父が帰ったら伝えます。
アキラ　：ありがとう，ジェーン。
ジェーン：どういたしまして。さようなら。
アキラ　：さようなら。

10

No.1 Shall I ～? にはYes, please.
またはNo, thank you. と答える。
No.2 コウジは水をくださいとお願いしている。
No.3 Will you say that again? =「もう一度言ってくださいませんか。」に対しての言葉なので，同じことをもう一度くり返す。

12

No.1 *A* : Koji, I want to carry this bag, but it's too heavy.
B : OK, shall I carry it for you?
No.2 *A* : What would you like to drink, Koji?
B : May I have some water?
No.3 *A* : Koji, where were you yesterday?
B : I can't hear you. Will you say that again?

〈日本語〉
No.1 A：コウジ，このかばんを運びたいんだけど，重すぎるの。
B：わかった，ぼくが運ぼうか？
No.2 A：何を飲みますか，コウジ？
B：お水をもらってもいいですか。
No.3 A：コウジ，昨日はどこにいたの？
B：聞こえない。もう一度言ってくれる？

7 品詞編 前置詞

基礎力チェック

問題 ➡ 本冊 P.73

解答

1 ① The building ② (will) fly ③ did (her homework)
2 ① in ② at ③ in ④ during ⑤ on ⑥ since
3 ① in ② on ③ to ④ under
4 ① by ② in ③ with ④ about

解説

2

④「(休みなどの)間に」はduringを用いる。
⑥2000年という過去の一時点からの継続を表すときにはsince =「～以来」を使う。

3

③「～ページを開いてください。」というときの決まった言い方。

実践問題

問題 ➡ 本冊 P.74

解答

1 (1) エ (2) イ (3) イ (4) イ (5) ウ (6) ア (7) イ (8) イ (9) イ (10) ウ (11) ア

2 (1) him in front of
(2) help me with my homework

3 (1) ① ウ ② イ ③ ア
(2) They clean it for fifteen[15] minutes.

4 No.1 ウ No.2 ア

解説

1

(1) 「壁にかかっている」状態はon the wallと表す。
(2) midnightは「深夜12時」なのでatを使う。
(3) 「～での滞在中に」＝during *one's* stay in ～
(4) 「(2つのもの・人)の間に」＝between
(5) 「～までに」という期限を示すときはbyを用いる。
(6) 「～でいっぱいである」＝be full of ～
(7) 「～で有名な」＝be famous for ～
(8) 「～を持った」＝with ～
(9) 特定の日の夕方なのでonを使う。
(10) 「空港」という比較的狭い場所に到着すると考え，inではなくatを選ぶ。
(11) against＝「～に反対して」⇔ for＝「～に賛成して」

2

(1) in front of ～＝「～の前で」で1つの前置詞のように扱う。
(2) 〈help＋人＋with＋物事〉の順。

3

(1) ①時間割から音楽の時間は水曜日の社会と英語の間。between *A* and *B*＝「*A*と*B*の間」 ②昼食時間の前に4時間の授業がある。before＝「～の前に」 ③掃除の時間は昼食時間のあと。after＝「～のあとに」
(2) 時間割から掃除の時間は13:40～13:55の15分間だとわかる。for＝「～の間」

〈日本語〉
アレックス：見て。これはぼくの学校の時間割だよ。ぼくは音楽がいちばん好きなんだ。この時間割だと，水曜日の社会と英語の間にあるよ。
ケイト　　：私が学生のときは美術がいちばん好きだったわ。ほかの授業はどう？
アレックス：国語と社会は少し難しいけどおもしろいよ。昼食時間の前にある4時間の授業がぼくには少し大変なんだ。4時間目の間にお腹がすくからね。
ケイト　　：そうなの？　あら，昼食時間のあとの掃除の時間は何？
アレックス：全生徒は自分たちの教室や学校のほかの場所を掃除するんだよ。

4

No.1 最終文のon the wall by the window「窓のそばの壁に」を聞き取る。
No.2 最後の2人のやりとりから，ケンのかぎはby those books「あれらの本のそば」だとわかる。

13

No.1 Tomoya bought a new picture last week. It's a picture of a beautiful mountain. He already has a picture of flowers. It's on the piano. At first, he put the new picture on the small table, but the picture was too big. So he put it on the wall by the window.
Question : Where is the new picture now?

No.2 *A* : What are you looking for, Ken?
B : I can't find my key, Mom. I think I put it on the table.
A : I can't see anything on the table. Oh, there is a key under the table.
B : That's not mine.
A : Oh, there is another key by those books. Is it yours?
B : Yes! That's mine. Thank you, Mom!
Question: Where is Ken's key?

〈日本語〉
No.1 トモヤは先週，新しい絵を買いました。それは美しい山の絵です。彼はすでに花の絵を持っています。それはピアノの上にあります。最初，彼は新しい絵を小さなテーブルの上に置きましたが，その絵は大きすぎました。それで，彼はそれを窓のそばの壁にかけました。
質問：新しい絵は今どこにありますか。
No.2 A：何を探しているの，ケン？
B：ぼくのかぎが見つからないよ，お母さん。テーブルの上に置いたと思うんだけど。
A：テーブルの上には何もないわ。まあ，テーブルの下にかぎがあるわよ。
B：それはぼくのじゃないよ。
A：あら，本のそばに別のかぎがあるわ。あなたの？
B：そうだ！　ぼくのだ。ありがとう，お母さん！
質問：ケンのかぎはどこにありますか。

8 品詞編 接続詞

基礎力チェック

問題 ➡ 本冊P.77

解答

1 ① I know Susan and (I know) David.
[I know both Susan and David.]
② I know that Kana will go abroad.
③ Could you come to my house when you have time? [When you have time, could you come to my house?]

2 ① or ② but ③ and ④ so ⑤ and

3 ① that ② if ③ when
④ because [since, as] ⑤ before

4 ① both ② well ③ either ④ but
⑤ not only

解説

1

③〈従属接続詞＋主語＋動詞〉は文の前半にも後半にもおくことができる。

2

⑤〈命令文, and 〜〉は「…しなさい, そうすれば〜」, 〈命令文, or 〜〉は「…しなさい, さもないと〜」という意味。

3

⑤「〜しないうちに」は「〜する前に」と考える。

実践問題

問題 ➡ 本冊P.78

解答

1 (1) ウ (2) ア (3) ウ (4) ウ (5) イ
(6) イ (7) ア (8) ウ

2 (1) or (2) both, and
(3) Though [Although]
(4) because [since, as]
(5) since (6) Be, and (7) If, don't

3 イ→ウ→ア

4 (1) told me that she would
(2) you doing when I
(3) you think he will come

5 (1) 例 Will [Would, Can, Could] you help me if you are free tomorrow?
(2) 例 I think (that) we can have a good time together.

6 ① 例 My favorite subject is English because I like singing English songs. (11語)
② 例 I like baseball very much because I'm a fan of Ichiro Suzuki. (12語)

7 (1) マラソン大会のためにボランティアとして働くことは初めての経験だったから。
(2) イ (3) イ

8 ウ

解説

1

(1) 文の前半が「急ぎなさい」, 後半が「バスに乗り遅れる」という意味なので, orを選ぶ。
(2) 後半が前半の理由なのでbecauseが適切。
(3) 後半が前半の結果を表すのでsoが適切。
(4) 〈*A*, *B* and *C*〉の形。3つのことを並べるときは*B*のあとにandを入れる。
(5) when he was seven years old =「彼が7歳のとき」
(6) not 〜 until ... =「…して初めて〜する」
(7) 前半のWe not only 〜に合わせてbutを選ぶ。
(8) 〈as soon as＋主語＋動詞 〜〉=「〜するとすぐに」

2

(1) 「もし〜しなければ…」の文を, 「〜しなさい, そうしないと…」と書き換える。
(2) 「コウジも彼の兄[弟]も2人とも知っている」という1文にする。
(3) 「雨が降っていたが出かけた」という内容にする。
(4) 「昨日は具合が悪かった, だから学校を休んだ」の文を, 「学校を休んだ, なぜなら昨日は具合が悪かったから」と書き換える。
(5) 「おじがなくなってから2か月になる」という内容にする。
(6) 「親切にしなさい, そうすれば…」という内容にする。
(7) 「もし〜しなければ…」という内容にする。

3

ア〜**ウ**の文中にあるキーワードを考えて並べてみる。( )の2文前のa planが**イ**の文にthe planとして出ている→**イ**の文のtalked aboutが**ウ**の文にある→**ウ**の文のapplesがan apple cakeとして**ア**の文に出てくる。

〈日本語〉
今日は母の日でした。ユミには計画がありました。それはお母さんのためにケーキを作ることでした。イ彼女は妹[姉]とその計画について話し合いました。ウ彼女たちはそれについて話し合ったあと, 買い物に行き, リンゴをいくつか買いました。ア彼女たちは戻ると, リンゴケーキを作り始めました。2時間後,

2人は作り終えました。2人のお母さんはそれを食べて，「このケーキはとてもおいしいわ。どうもありがとう。」と言いました。ユミはとても幸せでした。

4

(1) 〈tell＋人＋that ～〉の順にする。

(2) Whatが文頭にある疑問文。*B*のI wasから*A*のセリフにはwere youと続く。残りの語からwhenを使って「～するとき」を表す語句を続ける。

(3) think (that) 以下は〈主語＋助動詞＋動詞の原形〉の順にする。

5

(1) if you ~~will~~ be free tomorrowとは言わない。

ミス注意

条件を表す副詞節のあとでは，未来のことを現在形で表す。

(2) 「私は～だと思います。」＝I think (that) ～.

6

My favorite subject[sport] is ～ because .... の形で書くとよい。

ミス注意

Because ～. はWhy ～? の疑問文に答えるときに使うが，それ以外では〈*A* because *B*〉，または〈Because *B*, *A*〉のどちらかの形で用いる。

7

(1) 直後のbecause以下に理由が書かれている。

(2) 前半が「他のランナーたちは満足そうに見えた」，後半が「彼らは走り終えた」なので，これらを結びつける語を選ぶ。

(3) ボランティアとして働くミキたちにお礼を言ってくれるランナーもいたので，**イ**「ボランティアとして働くことによってランナーたちを手助けできると知ってうれしかった。」が適切。

〈日本語〉

私の名前はミキです。毎年秋に私たちの街でマラソン大会があります。昨年，私の友だちのケンタと私はボランティアとして一日中働きました。マラソン大会の日は晴れていました。マラソン大会のためにボランティアとして働くことは初めての経験だったので，私は緊張していました。

ケンタと私はほかのボランティアたちと一緒にゴール地点の近くにいました。私たちのボランティアの仕事はランナーに水の入ったペットボトルを渡すことでした。私たちの前には大きな箱に入ったたくさんの水のペットボトルがありました。私たちは箱を運び，ペットボトルを箱から取り出し，それをテーブルの上に置きました。それは大変な仕事でした。

10時半ごろ，最初のランナーがゴールして，ゴール地点の近くにいた人みんなが彼に拍手をしました。たくさんの人々は彼のまわりに集まりました。彼らはとても興奮していました。他のランナーたちは，彼らが走り終えたとき満足そうに見えました。

午後には残りの何人かのランナーがゴールにたどり着きました。私たちはとても忙しかったです。私は彼らに水の入ったペットボトルを渡しました。彼らの中には「ボランティアとして働いてくれてありがとう。」と私に言ってくれる人もいました。ボランティアとして働くことによってランナーたちを手助けできると知って，私はうれしかったです。

8

選択肢に先に目を通しておく。becauseより前は同じなので，そのあとの語句に注意して聞き取る。

14

A : Hi, Jane. You didn't come to Nancy's house yesterday. There was a party.

B : Oh, Ken. I did. But you weren't at the party when I arrived there after nine. I had a lot of work yesterday, so I couldn't leave my office early.

A : That's too bad. I was busy, too. So I had to go back to my office before eight.

Question : Could Jane see Ken at the party yesterday?

〈日本語〉

A：やあ，ジェーン。きみは昨日ナンシーの家に来なかったね。パーティーがあったんだよ。

B：あら，ケン。行ったわよ。でも私が9時すぎに着いたとき，あなたはパーティーにはいなかったわ。私は昨日，仕事がたくさんあって早く事務所を出られなかったの。

A：それはお気の毒に。ぼくも忙しかったんだ。だから8時前に事務所に戻らなくちゃならなかったんだ。

質問：ジェーンは昨日パーティーでケンに会うことができましたか。

1 いろいろな文の形編 5つの文構造

基礎力チェック

問題➡本冊P.83

解答

1 ① speaks：V, Chinese and English：O
② My dog：S, hungry：C
③ that girl：O, Victoria：C
④ little children：O, English：O

2 ① listened to　② visits　③ looked
④ sounds　⑤ tell
⑥ me a new bike　⑦ to
⑧ for　⑨ her a good player

3 ① ウ　② イ　③ ア　④ オ　⑤ エ

解説

1

④動詞の後ろに目的語が2つ続く文型。

2

①listenは「聞く」という意味だが，「～を聞く」というときは，あとにtoが必要。

②visitは「～を訪れる」の意味。goは「行く」の意味で，「～に行く」というときは，あとにtoが必要。

⑤「人(you)」と「もの(my e-mail address)」の2つの目的語をとるのは，speak, tell, talkの中ではtellのみ。

⑨〈主語＋動詞＋目的語＋補語〉の形の文。「そのコーチはすぐに彼女をよい選手にするでしょう。」という意味。

3

①文の形は〈主語(I)＋動詞(play)＋目的語(tennis)〉となっている。on Sundays＝「日曜日に」は修飾語。ウは〈主語(We)＋動詞(have)＋目的語(two big dogs)〉で同じ形。

②文の形は〈主語(Shota)＋動詞(studies)〉となっている。hard＝「一生懸命に」, for the test＝「テストのために」は修飾語。イは〈主語(My dog)＋動詞(runs)〉で同じ形。around the park＝「公園のまわりを」, with me＝「私と一緒に」, before breakfast＝「朝食前に」は修飾語。

③文の形は〈主語(Emily)＋動詞(became)＋補語(a Japanese teacher)〉となっている。
last year＝「去年」は修飾語。アは〈主語(Your idea)＋動詞(sounds)＋補語(great)〉で同じ形。

④文の形は〈主語(We)＋動詞(named)＋目的語(our team)＋補語("The Dolphins")〉となっている。オは〈主語(The news)＋動詞(made)＋目的語(me)＋補語(surprised)〉で同じ形。

⑤文の形は〈主語(Ms. Jones)＋動詞(asked)＋目的語(me)＋目的語(some questions)〉となっている。エは〈主語(Kate)＋動詞(showed)＋目的語(us)＋目的語(an interesting picture)〉で同じ形。

実践問題

問題➡本冊P.84

解答

1 (1) get　(2) tell　(3) call　(4) look
(5) give　(6) make　(7) teach

2 (1) is a good singer
(2) The story always makes me
(3) you ask him the question

3 (1) became　(2) you some books
(3) tell[show] us　(4) named
(5) tastes sweet　(6) Keep, clean

4 (1) teaches　(2) us lunch
(3) to　(4) call　(5) What
(6) What makes[made]

5 (1) ① 私は父の机の上にこの本を見つけました。　② 私はこの本はおもしろいと思いました。
(2) ① 彼らは息子のために大きなケーキを作りました。　② 彼らは彼らの息子を教師にしました。　③ 彼らは彼らの息子を幸せにしました。

6 (1) I will reach the station at ten.
(2) My father bought this glove <u>for</u> me.
[My father bought <u>me this glove</u>.]
(3) Tom gave a present <u>to</u> me.
(4) That sounds <u>like</u> a good idea.
(5) People will become <u>happy</u> soon after the war is over.

7 (1) father bought me this dog
(2) the story taught me something important
(3) his friends call him Ken
(4) makes me very excited

8 (1) I <u>will</u> write (a letter) <u>to</u> you.
(2) Please <u>tell</u> me when <u>to</u> leave home.
(3) The game <u>made</u> our team famous.

9 1文目：例 He walks[takes a walk] every day.
2文目：例 In America[the United States], his friends called him Tom.

10 (1) ケンが教師の仕事を楽しんでいるのに対し，自分は仕事を楽しめていないから。(36字)
(2) saw people's smiling faces

11 ① next ② five

解説

1

(1) 〈get＋形容詞〉＝「〜(の状態)になる」
(2) 〈tell＋人＋もの〉＝「(人)に(もの)を話す」
(3) 〈call＋*A*＋*B*〉＝「*A*を*B*と呼ぶ」
(4) 〈look＋形容詞〉＝「〜に見える」
in *kimono*＝「着物を着て」
(5) 〈give＋人＋もの〉＝「(人)に(もの)を与える」
(6) 〈make＋*A*＋*B*〉＝「*A*を*B*にする」
(7) 〈teach＋人＋もの〉＝「(人)に(もの)を教える」

2

(1) 〈主語(She)＋動詞(is)＋補語(a good singer)〉の形の文。
(2) 〈主語(The story)＋動詞(makes)＋目的語(me)＋補語(sad)〉の形の文。
(3) 〈主語(You)＋動詞(ask)＋目的語(him)＋目的語(the question)〉の形の文。

3

(1) becomeは補語に名詞をとって，「〜になる」の意味を表す。
(2) 「(人)に(もの)を持っていく」＝〈bring＋人＋もの〉
(3) 「(人)に(もの)を教える」＝〈tell[show]＋人＋もの〉

ミス注意

「道を教える」ときに，teachを使うのは間違い。道を言葉で説明する場合はtellを，地図で説明したり，相手を連れていったりする場合はshowを使う。
○ Tell[Show] me the way to the station.
× Teach me the way to the station.

(4) 「*A*を*B*と名づける」＝〈name＋*A*＋*B*〉
(5) 「〜の味がする」＝〈taste＋形容詞〉
(6) 「*A*を*B*(の状態)にしておく」＝〈keep＋*A*＋*B*〉

4

(1) 「父は高校で教えています。」とする。
(2) 〈cook＋もの＋for＋人〉→〈cook＋人＋もの〉
(3) 〈send＋人＋もの〉→〈send＋もの＋<u>to</u>＋人〉
(4) 「名前は何ですか」を「何と呼びますか」と書き換える。
(5) 「それについてどう思いますか。」をthinkを使って表すときには，howではなくwhatを使う。
(6) makeを使って「何があなたをそんなに悲しませている[悲しませた]のですか。」という文にする。主語のwhatは単数扱い。

5

(1) ①のfindは「〜を見つける」，②のfindはSVOCの文型で「OがCだとわかる[思う]」
(2) ①のmakeは「〜を作る」，②③のmakeはSVOCの文型で「OをCにする」で，②はCの部分に名詞を，③は形容詞をおいた形。

6

(1) reachは「〜に着く」の意味で，直後に目的語がくる。
(2) buyは〈buy＋もの＋<u>for</u>＋人〉か〈buy＋人＋もの〉の形をとる。
(3) giveは〈give＋もの＋<u>to</u>＋人〉か〈give＋人＋もの〉の形をとる。
(4) soundのあとに名詞が続く場合は，〈sound <u>like</u>＋名詞〉の形。この場合のlikeは前置詞。
(5) happilyは副詞。becomeが補語にとるのは形容詞や名詞なので，形容詞のhappyに直す。

ミス注意

becomeの補語になるのは形容詞や名詞。副詞は修飾語なので補語や目的語にはならない。
○ People will become happy.
(人々は幸せになるでしょう。)
× People will become happily.

7

(1) boughtはbuy＝「〜を買う」の過去形。
〈bought＋人＋もの〉の順。
(2) taughtはteach＝「〜を教える」の過去形。
〈taught＋人＋もの〉の順。somethingを修飾する形容詞はsomethingのすぐあとにおく。
(3) 〈call＋人＋呼び名〉の順。
(4) 〈make＋人＋形容詞〉の順。

8

(1) toを使わずに表すと，I will write you a letter.となる。
(2) 〈when to＋動詞の原形〉が間接目的語になる。Tell me when to leave home, please.でも可。

いろいろな文の形編 1 5つの文構造

(3)「その試合が私たちのチームを有名にしました。」と考える。

9

1文目：「散歩をする」はgo (out) for a walkでも可。

2文目：〈call＋人＋呼び名〉の形を使う。主語をHis friends in Americaとしてもよい。

10

(1) 下線部の直前のbutに注目する。マークはケンが仕事を楽しんでいることをうれしく思っているが，そうでない自分の状況を悲しく思っている。

(2) 最終段落後半のPeople's ～の文参照。

〈日本語〉

マークは車の整備士でした。彼は自分の仕事に問題を抱えていました。彼は毎日同じことをするのに飽き，仕事を楽しめませんでした。

ある日マークはケンから数通の手紙を受け取りました。マークは，高校の交換留学生として1か月間日本に滞在していたときにケンに会いました。

> こんにちは，ケンです。ぼくはこの手紙と写真を君に送ります。そして過去からの2通目の手紙も同封しています。ぼくたちが10年後に読むために，自分たち自身に手紙を書いたことを覚えていますか。先週，ぼくはそれを読みました。今，ぼくは高校で英語を教えています。君のおかげで，ぼくは英語に興味を持つようになりました。ぼくは英語を教えることが好きです。君もすぐにぼくに手紙を書いてくれるとうれしいな。

その写真でケンはとても幸せそうに見えました。「彼は自分の仕事を楽しんでいる。」とマークは思いました。マークはその手紙と写真をうれしく思いましたが，少し悲しくも感じました。「もし今だれかがぼくの写真を撮ったら，ぼくはどんなふうに見えるのだろう。」 それから彼はもう1通の手紙を読みました。

> こんにちは！ 調子はどうですか。君の夢は実現しましたか。きっと君は車の整備士として働いているでしょう。君はその仕事が大得意にちがいありません。そして，あらゆる型の車を修理できるでしょう。今はどんな型の車が人気なのですか。

「ぼくが仕事を始めたとき，たくさんのことを学ばなければならなかった。例えば，ぼくは新しい科学技術を知らなければならなかった。車を上手に修理することはとても難しかった。」とマークは思いました。すぐにマークは自分が好きな仕事をしていることに気づきました。「今，ぼくは何か大切なことを思い出している。車を修理し終えたとき，人々の笑顔がぼくを幸せにしてくれた。ぼくは自分の仕事に誇りを持っていた。」と彼は思いました。彼は自分の仕事が好きなことを思い出しました。1週間後，彼はケンに手紙の返事を書いて彼に感謝しました。

11

① ジェーン先生は今22歳で，23歳になるのは次の10月。日記の日付が9月なので，next monthとなる。

② ジェーン先生には両親と2人の姉妹がいるので，ジェーン先生を入れて5人家族。

🔊 15

Hello, everyone. Nice to meet you. I'm Jane Tanaka from Canada. Please call me Jenny. I'm 22 years old and my birthday is October the 8th. My family members are my father, mother, two sisters, and me. I love Japanese food. And I hope I can eat school lunch with all of you. Let's enjoy English together.

〈日本語〉

こんにちは，みなさん。初めまして。私はカナダ出身のジェーン・タナカといいます。ジェニーと呼んでください。22歳で，誕生日は10月8日です。家族は父，母，姉妹2人，そして私です。私は日本の食べ物が大好きです。だから，みんなと一緒に給食を食べられたらいいなと思います。一緒に英語を楽しみましょう。

2 いろいろな文の形編 疑問文 (1)

基礎力チェック

問題 ➡ 本冊P.89

解答

1 ① Are ② Was ③ Do ④ Did ⑤ come ⑥ visit

2 ① Can I ② Will Lucy be ③ Must we

3 ① What ② Where ③ Which ④ many

4 ① ア ② イ ③ ウ ④ ア ⑤ イ

解説

1

⑤Does，⑥ Didで始まる一般動詞の疑問文では，動詞は原形にする。

2

③助動詞mustは「～しなければならない」の意味。

3

③a plane or a trainに着目して，Whichを選ぶ。

④〈How many＋名詞の複数形 ～?〉＝「いくつの～。」

4

⑤曜日をたずねる文なので，イを選ぶ。日付をたずねるときはWhat's the date? を，時刻をたずねるときはWhat time is it? を使う。

実践問題

問題➡本冊P.90

解答

1 (1) ウ (2) ウ (3) イ (4) ア

2 (1) Whose (2) Why (3) How
(4) How old (5) What time

3 (1) What's (2) many times
(3) Why (4) What, like
(5) Why, she

4 (1) イ (2) エ (3) ウ (4) エ

5 (1) Is Daisuke good at baseball?
(2) Will they leave early in the morning?
(3) Did Mr. Jones teach English songs?

6 (1) How much is
(2) What did, buy
(3) Who uses

7 (1) Who was your English teacher
(2) When will you go to
(3) Whose idea are you interested in
(4) What kind of flowers do you like
(5) How long does it take

8 (1) What is[What's] the date today?
(2) Which season do you like (better), summer or winter?
(3) How many chairs do you need?
(4) Why will you[are you going to] go to Canada?

9 ① How long did you
② What did you do[enjoy]

10 (1) 例 Why did you go there
(2) ウ (3) cleans plates, before

11 No.1 ウ No.2 エ No.3 イ

解説

1

答えの中心となる部分を最も強く発音する。(1) は場所，(2) は人数，(3) は車の特徴である色，(4) は動作をする人。

2

(1) 持ち主をたずねるときはwhoseを使う。
(2) 理由をたずねるときはwhyを使う。
(3) 交通手段をたずねるときはhowを使う。
(4) 年齢だけでなく学校のような施設にも，how oldを使って創立からの年数などを聞くことができる。
(5) 時刻をたずねるときはwhat timeを使う。

ミス注意

時刻をたずねるwhat timeと，期間をたずねるhow longを混同しない。
〈時刻〉**What time** did you come here?
（あなたは<u>何時に</u>ここへ来ましたか。）
〈期間〉**How long** did you stay there?
（あなたは<u>どのくらいの間</u>そこにいましたか。）

3

(1) 「何色が好きですか。」→「好きな色は何ですか。」
(2) 回数や頻度をたずねるhow many timesを使う。timesと複数形になることに注意。
(3) How about -ing? = Why don't you ～?
(4) howは1語で状態や様子をたずねるが，whatを使うときは，前置詞like「～のような」と組み合わせて，What is ～ like? として「～はどのようですか。」とする。
(5) 「何が彼女をそんなに怒らせたか」→「なぜ彼女がそんなに怒っていたか」

4

(1) 過去の疑問文なので，イの「3週間前。」が適切。
(2) *A* が「とてもおもしろかった。」と答えているので，エの「試合はどうだった？」が適切。
(3) *A* が「夕食のために卵がいくつか必要です。」と答えているので，ウの「何を買うべきですか。」が適切。
(4) *A* が「なぜこの前の日曜日に学校に行ったのですか。」とたずねているので，エの「図書室で友だちと勉強するためです。」が適切。

5

(1) isを主語の前におく。
(2) 助動詞willを主語の前におく。
(3) taughtはteach(教える)の過去形なので〈Did＋主語＋動詞の原形 ～?〉の形にする。

6

(1) 値段をたずねるhow muchのあとは，疑問文の語順。
(2) ものをたずねるにはwhatを使う。boughtはbuy(買う)の過去形なので，whatのあとは過去の疑問文の形にする。
(3) 「だれが」とたずねるので疑問詞whoを使う。疑問詞が主語になるときは3人称単数扱い。

7

(1) 〈Who＋be動詞＋主語 ～?〉の語順。

(2) 疑問詞のあとは疑問文の語順なので，助動詞 will は主語youのすぐ前におく。

(3) 「だれのアイディア」＝whose idea，「～に興味がある」＝be interested in ～

(4) 「どんな種類の～」＝what kind of ～

(5) 「(時間が)～かかる」と言うときは，itを主語にし，動詞はtakeを使う。

8

(1) What's today's date? または What date is it [today]? でも可。

(2) 「*A*と*B*のどちらの～が好きですか。」＝Which ～ do you like (better), *A* or *B*?

(3) 数をたずねる疑問文では〈how many＋名詞の複数形〉を使う。

(4) 理由をたずねる疑問文ではwhyを使う。

9

① 「3週間滞在した。」と答えているので，how long を使って滞在期間をたずねる文を作る。

② 「スノーボードや温泉を楽しんだ。」と答えているので，日本にいる間に何をした[楽しんだ]かをたずねる文を作る。

10

(1) 空所直後で和歌山に行った理由を答えているので，それをたずねる表現を考える。

(2) 空所のあとに「楽しい時を過ごした。」と言っているので，**ウ**「あなたの滞在はどうでしたか。」が適切。

(3) ケンの6回目の発言参照。ケンの祖母は皿を洗う前に，古い布で皿を拭く。また，それをすることで水を節約できると言っている。

〈日本語〉

ケン　：やあ，エミリー。この写真を見て。
エミリー：あら，これはとても美しい浜辺ね。
ケン　：うん。ぼくは先週和歌山に行ったんだ。
エミリー：①**例** あなたはなぜそこへ行ったの？
ケン　：和歌山にいるおばあちゃんに会いたかったからだよ。
エミリー：なるほど。私は和歌山に行ったことがあるわ。私はそこの素晴らしい自然が大好きなの。あなたの滞在はどうだった？
ケン　：楽しい時間を過ごしたよ。ぼくはおばあちゃんと料理を楽しんだよ。彼女はほかのこともたくさん教えてくれたんだ。ぼくが台所で米をといでいたら，彼女はぼくに環境のために何をすべきかを教えてくれたよ。
エミリー：彼女は何をあなたに教えたの？
ケン　：彼女は米のとぎ汁を使うようにぼくに言ったんだ。彼女によると，米のとぎ汁は植物のよい肥料なんだ。だから彼女はその水を花にやるんだよ。それに，もしその水が川に流れたら，魚に悪影響を及ぼすかもしれない。米のとぎ汁を植物にやることは環境にいいんだよ。
エミリー：わあ，私はそれを聞いたことがなかったわ。すばらしいわね。
ケン　：彼女はまた，皿を洗う前に古い布で皿をきれいにするんだ。もしぼくたちがそうすれば，水を節約できるんだよ。
エミリー：なるほど。それはそんなに難しくないわね。

11

No.1 ユウコは最初の発言でI want to buy a present for my mother. と言っている。

No.2 ポールは2回目の発言の最後にIt will start at two. と言っている。Itは野球の試合のこと。

No.3 ポールは3回目の発言でMy father will take us there in his car. と言っている。

🔊 16

Paul : Hi, Yuko. Are you free tomorrow?
Yuko : Sorry, Paul. I'm going to go shopping in the morning. I want to buy a present for my mother. But in the afternoon I'm free.
Paul : That's good. I'm going to watch a baseball game tomorrow afternoon. I have two tickets. Will you watch the game with me? It will start at two.
Yuko : OK. I don't play baseball, but my brother is a baseball player. So I often go and watch his baseball games. Well, where shall we meet tomorrow, Paul?
Paul : Please come to my house at one in the afternoon. My father will take us there in his car.
Yuko : All right. See you then.

Question:
No.1 What is Yuko going to do tomorrow morning?
No.2 What time will the baseball game start?
No.3 How will Yuko go to the baseball game tomorrow?

〈日本語〉

ポール：こんにちは，ユウコ。明日は時間ある？

ユウコ：ごめんね，ポール。午前中は買い物に行く予定なの。お母さんにプレゼントを買いたいのよ。でも午後なら暇よ。
ポール：それはよかった。明日の午後，野球の試合を見に行くつもりなんだ。チケットが２枚あるんだ。一緒に試合を見に行かない？ 2時に始まるんだ。
ユウコ：いいわよ。私は野球をしないけど，弟が野球選手なのよ。だからよく弟の野球の試合を見に行くわ。それで，明日はどこで会う，ポール？
ポール：午後１時にぼくの家に来てよ。お父さんが車で連れていってくれるから。
ユウコ：わかったわ。じゃ，そのときに。
質問：
No.1 ユウコは明日の午前，何をする予定ですか。
No.2 野球の試合は何時に始まりますか。
No.3 ユウコは明日，どのようにして野球の試合に行くつもりですか。

3 いろいろな文の形編 疑問文（2）

基礎力チェック

問題 ➡ 本冊 P.95

解答

1 ① isn't ② don't ③ didn't ④ he ⑤ are ⑥ should ⑦ does ⑧ they

2 ① Yes ② don't ③ didn't ④ Yes

3 ① what ② he is ③ has ④ when, came ⑤ who took

解説

1

肯定文のあとには否定形，否定文のあとには肯定形の付加疑問が続く。

④，⑧ 付加疑問では主格の代名詞を使う。

2

③，④ 否定文に続く付加疑問の答えには注意が必要。日本語の「はい」「いいえ」にまどわされず，③「降りませんでした」なので否定形，④「来ることができます」なので肯定形で答える。

実践問題

問題 ➡ 本冊 P.96

解答

1 (1) ア (2) ア (3) ウ (4) イ (5) ア (6) ウ

2 (1) isn't it (2) did he
(3) will you, Sure (4) he is
(5) what color, likes
(6) you why (7) whose house

3 (1) don't you (2) where he went
(3) what I should (4) how old
(5) where, lives (6) what time, arrive

4 (1) Kenji played the guitar very well, didn't he?
(2) I wonder where my key is.
(3) We didn't know when she would leave Japan.

5 (1) You washed your hands, didn't you?
(2) Her speech hasn't started yet, has it?
(3) I know how Kota usually goes to school.
(4) I don't know when Jane came to Japan.
(5) Do you remember which team won the game?
(6) I want to know where I should go.
(7) I want to know how much this is.

6 (1) me why Ann is sad
(2) didn't know what I should talk about
(3) know what they are talking
(4) what kind of food she
(5) Does anyone know what happened

7 (1) I don't know why the bus is late.
(2) Do you know what they need?
(3) I don't know who wrote this report.
(4) Please tell me how long Bill will [is going to] stay in Japan.

8 (1) I don't know what she wants
(2) Do you know how long she has been studying it

9 (1) he didn't know what he should talk about
(2) She left it in front of her house.
(3) ほかの国々からの人々を助けるために，たくさんのことができるということ。

10 No.1 ○ No.2 ×

いろいろな文の形編 2 疑問文(1) 3 疑問文(2)

解説

1

(1) canの肯定文に続ける付加疑問なので，〈canの否定形＋代名詞〉を選ぶ。

(2) 過去の否定文に続ける付加疑問なので，〈didの肯定形＋代名詞〉を選ぶ。

(3) あとの文からまだオープンしていないことがわかるので，No, it isn't. を選ぶ。

ミス注意

否定文に続く付加疑問の答えには注意が必要。

The store isn't open, is it?
（その店は開いていませんよね。）
— Yes, it is.（いいえ，開いています。）
= Yes, it is (open).
No, it isn't.（はい，開いていません。）
= No, it isn't (open).

疑問文の形にかかわらず，Yesのあとには肯定の表現が，Noのあとには否定の表現が続く。

(4)，(5) 間接疑問では，疑問詞のあとは〈主語＋動詞〉の語順。

(6) Let's ～ . の文にはshall we? を続ける。

2

(1) 肯定文には〈否定形＋代名詞〉の付加疑問。

(2) 否定文には〈肯定形＋代名詞〉の付加疑問。

(3) 命令文の付加疑問には〈, will you?〉を使う。命令文に付加疑問〈, will you?〉をつけると，ていねいな表現になる。答えの文は，Certainly. でも可。

(4) 間接疑問では，疑問詞のあとは〈主語＋動詞〉の語順。

(5) 「何色」はwhat colorで表す。likesと3人称単数を使うことに注意。

(6) 〈tell＋人＋もの〉の文。「人」がyou。「もの」にあたる「なぜこの本がすばらしいのか」の部分を間接疑問で表している。

(7) 「だれの家」はwhose houseで表す。

3

(1) ～, right? は「～ですね？」と確認するときに使う表現。付加疑問も同じ意味で使われる。

(2) 「あなたは彼が昨日どこに行ったのか知っていますか。」という文にする。

(3) 「私は何をするべきか決めることができません。」という文にする。

(4) his ageをhow oldを使った間接疑問で表す。

(5) 「彼の住所」→「彼がどこに住んでいるか」

(6) arrivalは「到着」の意味。「彼女の到着時刻」→「彼女が何時に到着するか」

4

(1) 過去の肯定文に続ける付加疑問なので，didをdidn'tに直す。

(2) whereのあとを〈主語 (my key)＋動詞 (is)〉の語順に直す。

(3) didn'tに合わせて，willを過去形のwouldに直す。

5

(1) 過去の肯定文なので〈, didn't you?〉を続ける。

(2) 現在完了の付加疑問はhave［has］を使う。Her speechは代名詞itで受ける。

(3) 疑問詞howのあとは〈主語(Kota)(＋副詞)＋動詞(goes)〉の語順にする。

(4) 疑問詞whenのあとは〈主語(Jane)＋動詞(came)〉の語順にする。did Jane comeから過去形のcameを使うことに注意。

(5) Which teamが主語なので，間接疑問の文でもwon the gameはそのままの語順。

(6) 疑問詞whereのあとが〈主語(I)＋動詞(should go)〉の語順になる。

(7) how muchのあとが〈主語(this)＋動詞(is)〉の語順になる。

6

(1) 〈tell＋人＋もの(間接疑問)〉の形。

(2) 「私はわかりませんでした」を先に並べ，「(ホストファミリーと)何を話したらよいのか」を〈疑問詞(what)＋主語(I)＋動詞(should talk about)〉の語順にする。

(3) what they are talking ～ がknowの目的語になる。

(4) 「どんな種類の食べ物」＝what kind of foodをひとまとまりにする。

(5) 「だれか～を知っていますか。」＝Does anyone know ～？

7

(1) 「遅れる」＝be late

(2) 「彼らが何を必要としているか」＝what they need

(3) 「だれがこのレポートを書いたか」＝who wrote this report

ミス注意

疑問詞が主語のとき，間接疑問の語順は〈疑問詞＋動詞 ～〉のままでよい。

Who wrote this report?
↓　↓
I don't know who wrote this report.

(4) 〈tell＋人＋もの (間接疑問)〉の形。

8

(1) お母さんへのプレゼントをまだ買っていない様子から，「私は彼女が何を欲しがっているか知りません。」という文をつくる。

(2) 「彼女がどのくらいそれ (日本語) を勉強しているのか知っていますか。」という文をつくる。has と studying から，how long のあとは現在完了進行形にする。

9

(1) he didn't know のあとに疑問詞 what を置き，そのあとに肯定文の語順を続ける。

(2) 2段落目に she left her burnable garbage in front of her house とある。

(3) いちばん最後の文を参照。

〈日本語〉

コウタは中学生です。ある日の英語の授業で，彼の英語の先生のサトウ先生は授業のためにスピーチを書くようにみんなに言いました。コウタはスピーチを書き始めたかったのですが，彼は何について話すべきかわかりませんでした。

一週間後，サトウ先生は新しい ALT のバウワー先生と一緒に授業に来ました。彼女は一週間前にコウタの町に来ました。コウタと彼のクラスメイトは，授業のあとにバウワー先生と話しました。彼らが彼女と話している間に，彼女はある問題があると言いました。3日前，彼女は朝可燃ごみを彼女の家の前に置いていったのですが，それはその晩もまだそこにあったのです。彼女は町のごみ収集のルールを知りませんでした。彼女はインターネットを使って，そのルールについてのポスターを見つけました。

バウワー先生はインターネットで見つけたポスターを生徒に見せました。そのポスターは日本語で書かれていました。彼女は日本語を学んでいましたが，そのポスターをよく理解することができませんでした。コウタと彼のクラスメイトはバウワー先生が持ってきたポスターを見て，英語で彼女を助けようとしました。それはコウタにとって難しかったので，そのルールについて英語で彼女に伝えるために辞書が必要でした。彼女は可燃ごみを火曜日と金曜日の朝8時30分までに収集場所に持って行かなければいけませんでした。「ああ，なるほど。どうもありがとう。今，私は何をすべきかわかったわ。」とバウワー先生は言いました。「君たちみんなはよくやったね。これでバウワー先生が日本で暮らしやすくなるだろうね。」とサトウ先生は言いました。

そのあと，サトウ先生はコウタに「今，君はスピーチのためのよいアイディアがあるね。」と言いました。コウタもそう思いました。コウタは，ほかの国々からの人々を助けるために，たくさんのことができるということを学びました。

10

No.1 女性はどのバスが駅に行くのかわからなかったので男性にたずねている。

No.2 男性は現在の時刻を答えている。Do you have the time? は時刻をたずねる表現。

17

No.1

Woman : Excuse me. I want to go to the station. Do you know which bus I should take?

Man : Sure. Take that green one.

No.2

Woman : Excuse me. Do you have the time?

Man : Uh... it's five thirty now.

〈日本語〉

No.1

女性：すみません。駅に行きたいのです。どのバスに乗ればよいか知っていますか。

男性：もちろん。あの緑のに乗ってください。

No.2

女性：すみません。何時ですか。

男性：ええと…今は5時半です。

4 いろいろな文の形編 否定文

基礎力チェック

問題 ➡ 本冊 P.101

解答

1 ① not ② doesn't ③ weren't ④ didn't

2 ① will not ② cannot[can't] sing

3 ① hasn't ② won't ③ mustn't ④ wasn't

4 ① Can't ② Yes, is ③ No, don't

5 ① 私たちは毎日英語を勉強するわけではありません。
② 父はいつも忙しいとは限りません。
6 ① No ② nothing

解説

1
①be動詞とdon'tは一緒に使わない。

4
②「〜です」〈肯定〉なのでYes, it is. と答える。
③「〜しません」〈否定〉なのでNo, I don't. と答える。

実践問題

問題➡本冊P.102

解答

1 (1) ウ (2) エ (3) イ (4) ウ (5) エ
2 (1) オ (2) ア (3) キ (4) ク (5) イ
(6) カ (7) ウ
3 (1) do not (2) isn't
(3) can't[cannot] (4) doesn't snow
(5) didn't eat
4 (1) This river was not[wasn't] clean.
(2) You may not come in my room.
(3) I have no English books.
(4) Paul won't[will not] play soccer next Saturday.
(5) I had nothing in my pocket.
(6) They did not[didn't] listen to any speeches about world peace.
(7) My father never drinks coffee.
(8) Because the book is too[very] difficult, I can't[cannot] read it. [I can't [cannot] read the book because it is[it's] too[very] difficult.]
5 (1) does not (2) weren't very[so]
(3) little water (4) doesn't, all
6 (1) don't have any questions
(2) That's not a hotel but
(3) We can't[cannot] run anymore
7 (1) オ (2) ア (3) ウ (4) イ
8 (1) 窓を開けてはいけません。
(2) 今朝はだれも遅刻しませんでした。
(3) この村には小さな子どもがほとんどいません。
(4) あなた(たち)は昨日，なぜ来なかったのですか。
9 (1) Our shop won't (be) open until[till] ten (o'clock).
(2) I don't think it's[that's] a good idea.
(3) Yoko doesn't walk to school every day.
10 (1) have no
(2) the last
(3) Long, no
11 (1) 病院で使われる多くの言葉が難しくて，医者が言っていることが理解できないから。
(2) ウ
12 Ⓐ× Ⓑ○ Ⓒ×

解説

1
(1) 文末にlast weekがあるので過去の文。
(2) friendは数えられる名詞なのでfewを選ぶ。
(3) No, it wasn't difficult. と考える。
(4) because以下の内容から，禁止の文にする。
(5) 空所のあとがworks(3人称単数現在の形)なのでdoesn'tは不可。動詞worksを修飾する副詞neverを選ぶ。

2
(1) talkingとnowがあるので現在進行形の文。
(2) 助動詞の否定文はすぐあとにnotをおく。
(3) haveとlast Mondayがあるので一般動詞の過去の文。not 〜 any ... =「少しも…が〜ない」
(4) next weekがあるので未来の文。
(5) comingがあるのでbe動詞の否定形を選ぶ。
(6) nobodyは主語になる。「だれも〜ない」の意味。
(7) 文末にlast nightがあるので過去の否定疑問文。itが主語。

3
(1) 一般動詞の現在の文。
(2) be動詞の現在の文。空所の数から，短縮形isn'tが適切。
(3) 助動詞(can)のある否定文。cannot, can'tのどちらかを用いる。
(4) snowsは3人称単数現在の形なので，doesn'tを使う。
(5) 過去の否定文は〈didn't＋動詞の原形〉の形。ateを原形のeatにする。

4
(1) wasのすぐあとにnotをおく。
(2) mayのすぐあとにnotをおく。
(3) a lot ofをnoにする。English booksはそのままの形。

(4) 未来の文になるので doesn't を won't [will not] にする。
(5) not ～ anything = nothing
(6) 過去の否定文なので，動詞のすぐ前に did not [didn't] をおき，listened を原形の listen にする。否定文ではふつう，some ではなく any を用いることにも注意。
(7) never は副詞なので，主語が 3 人称単数で現在の文なら，動詞 (drink) に -s をつける。
(8) 「その本は私には難しすぎて読めません。」→「その本はとても難しいので，私はそれを読めません。」

5

(1) 主語が 3 人称単数なので does not を動詞の原形のすぐ前におく。
(2) 「あまり～でない」= not very [so] ～
(3) water は数えられない名詞なので little を使う。
(4) 「まったく～ない」= not ～ at all

6

(1) 「まったく…が～ない」= not ～ any ...
(2) 「*A* ではなく *B*」= not *A* but *B*
(3) 「これ以上～ない」= not ～ anymore

7

(1) 「パーティーはどうだった？」—「まあまあだったよ。」
(2) 「あなたのペンを使ってもいいですか。」—「いいえ。ごめんなさい。」
(3) 「いろいろとありがとう。」—「どういたしまして。」
(4) 「私は彼に同意しません。」—「私もです。」

8

(1) You mustn't ～ . は禁止の意味。
(2) no one = 「だれも～ない」
(3) few は数えられる名詞の前につき，「ほとんどない」の意味。a few = 「少しはある」と区別する。
(4) Why didn't you ～ ? = 「どうして～しなかったのですか。」

9

(1) 予定を表すので〈won't + 動詞の原形〉の形。won't は will not の短縮形。
(2) 通例，think (that) ～ のあとを否定形にするのではなく，I think のほうを否定形にして，〈I don't think (that) + 主語 + 動詞 ～ .〉で表す。
(3) not ～ every day = 「毎日～するわけではない」

10

(1) I don't have any ～ . = I have no ～ .
(2) the last ～ = 「最も…しそうにない～」，speak ill of ～ = 「～のことを悪く言う」
(3) Long time no see. は，しばらく会っていない相手に言う言葉。

11

(1) 下線部直後に because of that 「それが理由で」とある。that の内容は前の文で述べられた「病院で使われる多くの言葉が難しくて医者が言っていることが理解できないので病院に行くのが難しい」をさす。
(2) この段落では，レストランのメニュー表に原材料が書かれていないことの不便が述べられているので，**ウ**が適切。

〈日本語〉

日本に住む外国人の数は毎年増えています。私たちの町でも，以前よりもよく他の国から来た人々を見かけます。私たちの町の多くの人は友好的ですが，ほかの言語を話す人はそう多くはありません。ここの外国の人々は，苦労なく暮らしているのでしょうか。私には 1 年前にインドからここに引っ越してきた友だちがいます。彼女は私の日本語を理解しています。それは彼女は日々のコミュニケーションで苦労していないということを意味しています。しかしながら，彼女には日本での生活で困ったことが 2 つあります。

1 つ目に，病院で使われる多くの言葉が難しくて医者が言っていることが理解できないので，彼女にとって病院に行くことは難しいです。それが理由で，とても具合が悪いときでさえ病院に行かない外国の人々もいると彼女は言います。私はこの状況を変える必要があると思います。医者や看護師は簡単な日本語の使い方を学ぶべきです。そうすれば外国の人々が病院に行きやすくなるでしょう。

次に，彼女にとってレストランで食事をすることは難しいです。多くのレストランの前には食べ物の見本があります。しかしながら，メニューにはふつう料理になんの材料が使われているかは書かれていません。知っての通り，食べ物の制限がある宗教もあります。また，肉などの食べ物を食べないことを選択する人もいます。食べ物の制限がある人々は材料が分からないと何を注文すべきか決めることができません。どうするべきなのでしょうか。レストランは材料を表示するべきだと私は思います。たとえば，もし卵が使われていたら，メニューには卵の写真が表示されるべきです。そのようなメニューは日本語がわからない人々にとっても助けになるでしょう。

私たちの町に住んでいるすべての人が，苦労なく彼らの生活を楽しめることを願っています。

12

Ⓑ© T シャツに書かれているのは Love & Peace という英単語。日本語は書かれていない。

18

Ⓐ The T-shirt has a star on the front.
Ⓑ The T-shirt has no Japanese words.
Ⓒ The T-shirt doesn't have any English words.

〈日本語〉
Ⓐ Tシャツの前面には星が1つあります。
Ⓑ Tシャツには日本語がありません。
Ⓒ Tシャツには英語の単語がまったくありません。

7 待ち合わせの場所：イ
待ち合わせの時刻：午前11時40分

解説

1

(1) let'sのすぐあとには動詞の原形を続ける。

(2) 「～でありなさい。」は〈Be＋形容詞 ～.〉の形。

(3) 「遅刻してはいけません。」→「遅れてはいけません。」

ミス注意

Don't には動詞の原形を続ける。be を忘れないように注意する。
× Don't late.　○ Don't be late.

2

(1) 〈Don't＋動詞の原形 ～.〉の形。
You mustn't sit down. も可。

(2) Let's ～. = Shall we ～?

3

(1) 空所のあとの「もうすぐ雨が降りそうです。」から，誘いを断る文を選ぶ。

(2) Please help yourself (to ～). =「(～を) ご自由に取って食べてください。」は料理などをすすめる決まった言い方。ここではお礼を言う エ が適切。

(3) 「ええ，そうします。」という返事から，「また来てください。」が自然。

4

(1) You must not ～. = Don't ～.

(2) Will you ～? = Please ～.

(3) Let's ～. = Why don't we ～?

5

(1) 5語という指定から〈Let's＋動詞の原形 ～.〉の形。

(2) 4語という指定から〈Don't＋動詞の原形 ～.〉の形。

6

道案内でよく使われる表現。

(1) turn right =「右に曲がる」，traffic light =「信号」，on your left =「左側に」

(2) change trains =「電車を乗り換える」

〈日本語〉
(1) 2人は路上で話しています。
女性　：すみませんが，市立病院への道を教えていただけませんか。
ナオコ：もちろんです。この道をまっすぐ行って，2番目の信号を右に曲がってください。そうすると左側に見えます。
女性　：ありがとうございます。

5 いろいろな文の形編　命令文

基礎力チェック

問題 ➡ 本冊 P.107

解答

1 ① Close　② stand　③ Listen　④ be

2 ① Don't　② play　③ Don't be
④ don't

3 ① Let's　② sing　③ All

4 ① 教科書を開きなさい。
教科書を開いてはいけません。
② あなたは親切です。
親切でいなさい。
③ この問題について考えてください。
この問題について考えましょう。

解説

1

④ Mike, は呼びかける語で，主語ではない。

実践問題

問題 ➡ 本冊 P.108

解答

1 (1) let's begin [start]
(2) Be kind [nice]　(3) Don't be

2 (1) Don't sit down.
(2) Shall we play cards?

3 (1) ウ　(2) エ　(3) イ

4 (1) Don't give　(2) Please open
(3) Why don't

5 (1) 例 Let's play soccer next Saturday.
(2) 例 Don't use this bag.

6 (1) ウ　(2) ア

(2) 2人は電車の中で話しています。
女性　：すみません。ミネヤマ駅に行きたいのです。電車を乗り換える必要がありますか。
マコト：ええ。ノダ駅で海洋線に乗り換えてください。ノダ駅の前まであと2駅あります。ミネヤマ駅はノダ駅から2つ目の駅です。

7

聞きながら地図をたどる。また，数字が出てきたら必ず書き留める。

ミス注意

40の聞き取りに注意。14よりも[i]が短くて弱い。
× fourteen [fɔ̀ːrtíːn]　○ forty [fɔ́ːrti]

19

Hi, this is Ann. I'm sorry, I can't meet you at Sakura Station. I will leave school at 11:15, but I have to go to the library first. So, let's meet at the movie theater. Do you know where it is? From the station, go down Sakura Street and turn left at the second traffic light. Go straight and walk across a bridge. You will see a bookstore on your right. The movie theater is next to it. The movie will start at 11:50, so let's meet there at 11:40. Let's go to a restaurant after the movie. See you later.

〈日本語〉

もしもし，アンです。ごめんなさい，サクラ駅では会えません。11時15分に学校を出るつもりですが，まず図書館に行かなければなりません。だから，映画館で会いましょう。映画館の場所はわかりますか。駅から，サクラ通りをまっすぐ進んで，2番目の信号を左に曲がります。まっすぐ進んで橋を渡ります。右側に本屋が見えるでしょう。映画館はその隣です。映画は11時50分に始まるので，そこで11時40分に会いましょう。映画のあとレストランへ行きましょう。ではあとで。

6 いろいろな文の形編　感嘆文

基礎力チェック

問題➡本冊P.111

解答

1 ① How hot　② How happy
③ How slowly　④ How large

2 ① What a　② What a
③ What nice boys
④ What good singers

3 ① How quickly
② What, nice dress
③ How heavy

4 ① How　② What　③ How　④ What

5 ① あの大きい箱は何ですか。/ あれはなんと大きい箱なのだろう！
② その建物はどのくらいの高さですか。/ その建物はなんと高いのだろう！

実践問題

問題➡本冊P.112

解答

1 (1) What a　(2) How expensive
(3) an exciting

2 (1) What a beautiful picture this is!
(2) How tall that player is!

3 (1) How kind　(2) What, wonderful

4 (1) How cute this cat is!
(2) What a cool day!

5 No.1 Ⓐ　No.2 Ⓒ

解説

1

(1) good driver (形容詞＋名詞) が続くのでWhat aを使う。
(2) this bag is (主語＋動詞) が続くので〈How＋形容詞〉を使う。
(3) 「興奮させる」= excitingは母音で始まるのでan excitingとする。

2

(1) 〈a＋形容詞＋名詞〉を強めるのでWhatを使う。How beautiful this picture is! も可。
(2) 〈How＋形容詞＋主語＋動詞！〉の形にする。

3

(1) you are (主語＋動詞) が続くので〈How＋形容詞〉

を使う。

(2) son(名詞)が続くのでWhatを使う。

4

(1) 語数指定からHow cuteとする。

(2) What a cool day it is!の下線部を省略した形。

5

No.1 プレゼントをもらったときの言葉を選ぶ。

No.2 化石の古さに驚く相手に対する言葉を選ぶ。

🔊 20

No.1 Hi, Yukina. This is a present for you.
Ⓐ How nice! Thank you.
Ⓑ What a good idea! Let's go.
Ⓒ How happy you are!

No.2 Look at this stone. How old it is!
Ⓐ I don't know. How old are you?
Ⓑ Sure. I'm fifteen years old.
Ⓒ That's right. It's a very old one.

〈日本語〉

No.1 やあ,ユキナ。君にプレゼントだよ。
Ⓐ すてき! ありがとう。
Ⓑ いい考えね! 行きましょう。
Ⓒ あなたはなんと幸せなのでしょう!

No.2 この石を見て。なんと古いのだろう!
Ⓐ わかりません。あなたは何歳ですか。
Ⓑ ええ。私は15歳です。
Ⓒ その通りです。それはとても古いものです。

1 不定詞・動名詞・分詞編 不定詞

基礎力チェック

問題➡本冊P.115

解答

1 ① to ② learn ③ study ④ to drink
⑤ to win ⑥ is

2 ① ア ② イ ③ ウ ④ ア ⑤ ウ ⑥ イ

3 ① to use ② what ③ to bring
④ Lucy to ⑤ It ⑥ too ⑦ kind enough

解説

1

②,③ 主語の人称や時制にかかわらず,不定詞は常に〈to+動詞の原形〉の形。

⑥不定詞が主語になるときは単数扱い。ここではTo see movies=「映画を見ること」が主語。

2

②は目的,⑥は原因を表す副詞用法。

3

⑥too ~ to *do* =「あまりに~で…できない」

⑦enough =「十分に」は形容詞や副詞を後ろから修飾する。

実践問題

問題➡本冊P.116

解答

1 (1) ウ (2) ウ (3) ア (4) イ

2 (1) what to (2) to see (3) To, is
(4) Jack to (5) It, to
(6) cold to drink

3 (1) My father likes to listen to music.
(2) Why did Dave get up early?
(3) Do you know when to call a doctor?
(4) It is dangerous to swim in this lake.

4 (1) you to (2) to eat
(3) too, to (4) enough to (5) not, late

5 (1) He was rich enough to buy the car.
(2) My father wants me to be a doctor.
(3) We have a lot of problems to solve.

6 (1) to the post office to buy some stamps
(2) learns how to use a computer
(3) asked me to clean the blackboard
(4) Let me take you to
(5) It's impossible for me to imagine life

7 (1) home before it begins to rain
(2) to call you very late
(3) do you have anything to
(4) It is important to know we live together

8 (1) 例 I'm very[so] happy[glad] to see [meet] you.
(2) 例 He helped me (to) carry this heavy desk.
(3) 例 What do you want to be[become] in the future?
(4) 例 I can't decide which pen to buy.
(5) 例 My dog is too old to run fast.

9 例 I like to write (an) e-mail to my friends in America. We can communicate in English. I want to see them someday. (3文)

10 (1) 若者に太鼓の演奏を教えること。
(2) showed me how to perform *taiko*

11 wants to make a lot of Japanese friends

12 例 I want to be[become] a flight attendant because I can go to many countries. And I want to meet many people. (2文)

解説

1

(1) love to *do* =「～するのが大好きだ」
(2) 原因を表す副詞用法の不定詞。「ルーシーはそのニュースを聞いて悲しむでしょう。」の意味。
(3) too ～ to *do* =「あまりに～で…できない」
(4) *B* が「向こうで買えます。」と場所を答えているので，「どこで買えばよいか」の意味になるように where を選ぶ。

2

(1)「何をすればよいか」= what to do
(2)「コアラを見るために」を目的を表す副詞用法の不定詞 to see koalas で表す。
(3) 不定詞を使って，主語を To pass the exam で表す。不定詞は単数扱いなので, be動詞は is を使う。
(4)「(人)に～するように頼む」=〈ask＋人＋to *do*〉
(5)「漢字を書くのは」を不定詞の to write *kanji* で表すが，文頭におかれていないことから，It is ～ to *do* の形を考える。ここではその否定文。
(6)「何か冷たい飲み物」を「飲むための冷たい何か」と考え，something cold to drink で表す。

ミス注意

something, anything, nothing などを修飾する形容詞は，-thing のすぐあとにおく。
○ something cold　× cold something
1つの -thing を形容詞と不定詞で修飾するときは，〈-thing ＋形容詞＋不定詞〉の語順。
○ something cold to drink
× cold something to drink
× something to drink cold

3

(1)「～するのが好きだ」= like to *do*
(2) 下線部は「朝食を作るために」と目的を表すので，why を使った疑問文にする。
(3) 間接疑問の文には〈疑問詞＋ to *do*〉を用いて書き換えられるものもある。when you should call ～ =「いつあなたが～を呼ぶべきか」→ when to call ～ =「いつ～を呼べばよいか」
(4) It で始める指示から, It is ～ to *do* の形にする。「この湖で泳ぐことは危険です。」という文。

4

(1) 上の文は「どうか私の友だちを助けてください。」と相手に頼む文。下の文が I want で始まっていることから「あなたに私の友だちを助けて欲しい。」という意味の文にすると考え，〈want ＋人(you) ＋ to *do*〉の形にする。
(2) どちらの文も食べ物がない状態を言う文。上の文の don't have any food と，下の文の nothing に注目して，不定詞の形容詞用法を使って nothing を後ろから修飾する形にする。
(3) so ～ that ... can't = too ～ to *do*
(4) 上の文の「とても親切なので～を教えてくれた」を「親切にも～を教えてくれた」とする。
～ enough to *do* =「…するのに十分～」
(5)「(人)に～しないように言う」は〈tell ＋人＋ not to *do*〉で表す。下の文の late は副詞。

5

(1) enough「十分に」は形容詞 (rich) を後ろから修飾する。
(2)〈want＋目的語＋to *do*〉「(目的語)に～してほしい」
(3) a lot of problems が solve の目的語になっているので，them は不要。

6

(1)「切手を買いに」→「切手を買うために」= to buy

some stamps

(2) 「～のしかたを習う」＝learn how to *do*

(3) 「(人) に～するように頼む」＝〈ask＋人＋to *do*〉

(4) Let me *do* ～. で「私に～させてください。」。

(5) it's があるので，It's ～ to *do* の形を使う。for me はto *do* のすぐ前におく。「テレビなしの生活」というようなときのlifeには冠詞はつかない。

7

(1) begin to *do*＝「～し始める」「雨が降り始める前に帰宅しなさい。」の意味。

(2) 原因を表すので，sorryのあとにto callをおく。「とても夜遅くに電話してごめんなさい。」の意味。

(3) anythingのすぐあとにto (eat)をおく。

(4) It is ～ to *do* の順におく。「私たちが自然とともに生きているのを知ることが大切です。」の意味。

8

(1) 「～してうれしい」＝be happy [glad] to *do*

(2) 「(人) が～するのを手伝う」＝〈help＋人＋ (to) *do*〉

(3) 「～になりたい」＝want to be [become] ～，「将来」＝in the futureで表す。

(4) 「どちらの～を…すればよいか」＝which ～ to *do* 「どちらのペン」なのでwhich penとする。

(5) 「あまりに～で…できない」＝too ～ to *do*

9

質問は「暇なときに何をするのが好きですか。」の意味。I like [love] to *do* ～. で始めるとよい。

10

(1) It は to 以下「若者に太鼓の演奏を教えること」を指す形式主語。

(2) 〈show＋人＋how to *do*〉の語順。how to＝「～のしかた」

〈日本語〉

ぼくが中学生のとき，ぼくは友だちと地元の祭りに行きました。ぼくたちはお年寄りたちによる太鼓の演奏を見て楽しみました。ぼくは家で父にその太鼓の演奏について話しました。彼は「祭りではお年寄りたちは伝統的な太鼓を使っているね。最近は若い太鼓奏者を見ないな。若者に太鼓の演奏を教えることはとても大切だよ。」と言いました。ぼくは「太鼓の演奏がとてもかっこいいから，ぼくは太鼓を練習したいよ。」と言いました。彼は「祭りのお年寄りの演奏者の一人が私の友だちなんだ。君を彼のところに連れて行こう。」と言いました。

その週末，父はぼくを家の近くの体育館へ連れて行きました。ぼくはそこでハタヤマさんと会いました。彼は75歳でした。ぼくの地域のお年寄りたちはそこで太鼓を練習していました。ハタヤマさんは「私たちと太鼓を練習しないかい？」と言いました。ぼくは彼らに参加することを決めました。

最初は，ぼくは一人で太鼓を練習しているときは力強くて美しい音を出すことができました。しかし，ほかの人たちと一緒に太鼓を練習するときは，ぼくは美しい音が出せませんでした。ハタヤマさんは「君は若い。熱心に練習し続ければ，上手に太鼓を演奏できるようになるよ。」と言いました。ぼくはいつも彼に励まされました。ほかのたくさんのお年寄りたちも，僕に太鼓の演奏のしかたを教えてくれました。

１年後，再び地域の祭りがやってきました。ぼくは初めてたくさんの人の前で太鼓を演奏しました。ぼくたちが演奏を終えたとき，ぼくたちに向けた大きな拍手が聞こえました。ぼくはハタヤマさんに「ぼくに太鼓を教えてくれてありがとうございます。」と言いました。ハタヤマさんはほほえんで，「私は君に太鼓を教えることを楽しんだよ。私のような年寄りもまだ若者の手助けができるんだね。」と言いました。ほかのたくさんのお年寄りたちも，「君と一緒に太鼓を演奏できてうれしかったよ。」と言いました。ぼくもうれしかったです。

11

メアリーについての文章なので，she はメアリーのこと。質問文の want to do in Japan に対応するのは第６文の She wants to make a lot of Japanese friends. の部分。

21

My sister Mary is seventeen years old. She is interested in Japan. She has studied Japanese for three years. I often tell her about Japanese students by e-mail. She will come to Japan next week. She wants to make a lot of Japanese friends. Please talk to her in Japanese when she comes here.
Question: What does Mary want to do in Japan?

〈日本語〉

ぼくの姉のメアリーは17歳です。彼女は日本に興味を持っています。彼女は日本語を３年間勉強しています。ぼくはよくＥメールで彼女に日本の生徒たちについて知らせます。彼女は来週，日本に来ます。彼女は日本の友だちをたくさん作りたがっています。ここに来たら日本語で話しかけてあげてください。
質問：メアリーは日本で何をしたがっていますか。

12

将来つきたい職業とその理由を聞かれている。解答の文は I want to be [become] ～ because ... の形にするとよい。want to のすぐあとには動詞の原形が続くので，「～になる」の意味で be 動詞を使うときは原形の be にするのを忘れないこと。

22

Today we will talk about dreams. I want you to tell me about your dreams. What do you want to be in the future? And why?

〈日本語〉

今日は夢について話をします。私はあなたたちに自分たちの夢について私に話してもらいたいです。あなたたちは将来何になりたいですか。そして，それはなぜですか。

2 不定詞・動名詞・分詞編 動名詞

基礎力チェック

問題➡本冊 P.121

解答

1 ① Saving ② growing ③ doing ④ crying

2 ① ア ② ア，イ ③ ア，イ ④ ア ⑤ イ ⑥ ア，イ

3 ① helping ② swimming ③ fond of ④ How about ⑤ seeing

解説

2

①beforeのような前置詞のあとには動名詞を使う。

3

②go -ingで「～しに行く」という意味。

④動名詞のtakingが続くので，How aboutを選ぶ。

⑤look forward to のあとは動名詞か名詞なので seeing を選ぶ。to のあとに動詞の原形を続けないように注意。

実践問題

問題➡本冊 P.122

解答

1 (1) began [started] raining
(2) Playing [Doing], is
(3) without saying (4) changing

2 (1) fond, taking (2) Using

3 (1) enjoy playing tennis on weekends
(2) I've just finished cooking dinner
(3) is interested in watching movies
(4) had to give up going

4 (1) 例 Thank you for carrying my bag(s).
(2) 例 I'm looking forward to seeing [meeting] you again.

5 (1) teaching
(2) ア
(3) think studying science is very important

6 ① 読書 ② 市立図書館 ③ つり ④ 海 ⑤ 写真を撮る ⑥ カメラの使い方

解説

1

(1) begin [start] は目的語に不定詞と動名詞のどちらもとるが，ここでは空所の数から動名詞。

(2) 動名詞 Playing [Doing] sports が主語の文。動名詞は単数扱いなので，動詞はisを使う。

(3) 「～を言わないで」＝without saying ～

(4) Would you mind *doing*? は「～することをいやだと思いますか。」→「～していただけませんか。」という意味。ていねいに依頼するときに使う。

ミス注意

Would you mind -ing? という文に答えるとき，相手の依頼を受け入れるときは，no や not を使う。
No, not at all.（かまいませんよ。）
Of course not.（もちろんいいですよ。）

2

(1) 「～するのが好きである」＝be fond of *doing*

(2) 「もしコンピュータを使うと，あなたの仕事は簡単になるでしょう。」→「コンピュータを使うことがあなたの仕事を簡単にしてくれるでしょう。」となる。

3

(1) 「～して楽しむ」＝enjoy *doing*

(2) 「～し終える」は finish *doing* で表す。I've just finishedの語順にも注意。

(3) 「～することに興味がある」＝be interested in *doing*

(4) 「～することをあきらめる」＝give up *doing*

4

(1) Thank you for *doing*. を使って「かばんを運んで

くれてありがとう。」という意味の文にする。

(2) look forward to *doing* を使って「またあなたに会えるのを楽しみにしています。」という意味の文にする。

5

(1) 前置詞のあとの動詞は動名詞にする。

(2) 直後のブラウン先生の発言に，「それはとてもよかったです。多くの日本人は親切で，日本食はどれも大好きでした。」とあるので，**ア**「日本での生活はどうでしたか。」が適当。

(3) I think のあとに，動名詞 studying を主語にした文を続ける。

〈日本語〉

ヒロト　　：ぼくたちに英語を教えてくれてありがとうございました，ブラウン先生。あなたが日本を去ってしまうのは残念です。
ブラウン先生：どういたしまして。私はこの学校で英語を教えることを本当に楽しんだよ。
ヒロト　　：日本での生活はどうでしたか。
ブラウン先生：とてもよかったよ。多くの日本人は親切で，日本食はどれも大好きだったよ。
ヒロト　　：よかった。ぼくはそれを聞いてうれしいです。カナダでは何をするつもりですか。
ブラウン先生：また科学を勉強するつもりだよ。ここに来る前は，カナダで科学を勉強していたんだ。教えることも楽しんだけど，私の夢は将来科学者になることなんだ。
ヒロト　　：本当ですか？　それは知らなかったです。どうして科学者になりたいんですか。
ブラウン先生：地球を守りたいからだよ。そうするために，科学を勉強することはとても大切だと思うんだ。

6

表を見て，読まれる内容を予測しておくとよい。

①, ③, ⑤「をすること」,「こと」の前に入る語句なので，動名詞か不定詞が使われることを予測する。

①は enjoys reading books，③は likes fishing，⑤は enjoy taking pictures の部分を聞き取る。

②，④「に行く」，「へ行った」の前に入る語句なので，場所などを表す語句を予測する。②は goes，④は went のあとの語句に注意して聞き取る。

⑥「お父さんから」の前に入る語句なので，father という語が出てきたら注意して聞く。これはヨウコのことについてなので，スピーチをしているヨウコが I を主語にして話している部分になる。

how to use a camera =「カメラの使い方」

23

Taro enjoys reading books very much. Every month he reads about fifteen books. He usually reads books at home, but on Saturdays he often goes to the city library near his house.

Ken likes fishing. When he was a little boy, he sometimes went fishing in the sea with his grandfather. So he likes to go fishing very much. Last Saturday he went fishing in the sea with his father.

I enjoy taking pictures. I learned how to use a camera from my father. He gave me his old one. I sometimes go out to take pictures with the camera.

〈日本語〉

タロウは本を読むことをとても楽しみます。毎月，彼はおよそ15冊の本を読みます。彼はたいてい家で読書をしますが，土曜日にはよく自宅近くの市立図書館に行きます。

ケンはつりが好きです。彼は幼いころ，時々，おじいさんと一緒に海へつりに行きました。だから，彼はつりに行くのがとても好きです。この前の土曜日，彼はお父さんと海へつりに行きました。

私は写真を撮ることを楽しみます。私は父からカメラの使い方を習いました。父は私に古いカメラをくれました。私は時々そのカメラを持って，写真を撮りに出かけます。

3 不定詞・動名詞・分詞編 分詞

基礎力チェック

問題 ➡ 本冊 P.125

解答

1 ① using, used ② cooking, cooked
③ studying, studied
④ making, made
⑤ selling, sold ⑥ reading, read

2 ① dancing ② playing ③ running

3 ① spoken ② written ③ taken

4 ① ア ② ウ ③ イ ④ エ

実践問題

問題 ➡ 本冊 P.126

解答

1 (1) ウ (2) エ (3) ウ

2 (1) sleeping (2) broken (3) playing
(4) known (5) sitting (6) used

3 (1) flying bird (2) man running
(3) woman [lady] talking (4) car made
(5) played, was

4 (1) written by (2) living in
(3) loved by

5 (1) don't like that barking dog
(2) standing by that tree
(3) show you more pictures taken in
(4) fish caught in the river
(5) The rising sun seen from

6 (1) The girl studying with Mike is Rika.
(2) This is a book written for children.
(3) My grandfather was a great baseball player loved by many [a lot of] people.

7 (1) 例 Do you know the man talking with Jack
(2) 例 What is the language spoken there [in India]

8 (1) ① some pictures sent by him
② the students wearing uniforms
(2) same

9 ウ

解説

1

(1) that girl を修飾して「(めがね)をかけている」の意味を表す現在分詞を選ぶ。
「めがねをかける」= wear glasses

(2) a temple を修飾して「(400年ほど前に)建てられた」の意味を表す過去分詞を選ぶ。

(3) the language を修飾して「(世界中で)話されている」の意味を表す過去分詞を選ぶ。

2

(1), (5)「～している…」の意味にするのが適切なので現在分詞。

(2), (6)「～された…」の意味にするのが適切なので過去分詞。

(3) Who's は Who is の短縮形なので, 現在進行形の文と考え, 現在分詞(-ing形)にする。

(4) I've は I have の短縮形なので, 現在完了の文と考え, 過去分詞にする。know は know - knew - known と変化する。

3

(1)「飛んでいる」なので現在分詞を使う。flying が単独で「鳥」を修飾するので〈現在分詞+名詞〉の語順にする。

(2)「走っている」なので現在分詞を使う。running が「川沿いを」= along the river をともなって, running along the river の形で前の the man を修飾する形。〈名詞+現在分詞 ～〉の語順にする。

(3)「話している」なので現在分詞を使う。talking が「電話で」= on the phone をともなって, talking on the phone の形で前の the woman を修飾する形。〈名詞+現在分詞 ～〉の語順にする。

(4)「作られた」なので過去分詞を使う。made が「ドイツで」= in Germany をともなって, made in Germany の形で前の a car を修飾する形。〈名詞+過去分詞 ～〉の語順にする。

ミス注意

分詞を単独で使う場合は名詞の前におくが, 分詞が語句をともなう場合は, まとめて名詞のすぐあとにおく。

電話で話している女性
○ the woman talking on the phone
× the talking woman on the phone

(5)「演奏された」なので過去分詞を使う。played が「昨日の夜」= last night をともなって, played last night の形で前の the music を修飾する形。〈名詞

＋過去分詞 ～〉の語順にする。

4

(1) writeの過去分詞writtenを使って，「山田さんによって書かれたこの本」という意味の主語をつくる。動詞はis。

(2) liveの現在分詞livingを使って，「この地域に住んでいるこの人たち」という意味の主語をつくる。動詞はgrow。

(3) loveの過去分詞lovedを使って，「多くの人たちに愛されている歌」という意味の目的語をつくる。動詞はmade。

5

(1) 分詞が単独なので〈分詞＋名詞〉の順にする。

(2) standing ～ で名詞のThe boyを後ろから修飾する。

(3) 「カナダで撮られたより多くの写真」と考え，名詞のmore picturesのあとにtaken in (Canada)をおき，後ろから修飾する。

(4) 名詞のa fishのあとにcaught in the riverをおき，後ろから修飾する。caughtはcatchの過去分詞。

(5) 名詞の「日の出」＝the rising sunのあとに「(富士山の頂上)から見える」＝seen from ～を続ける。

6

(1) 名詞の主語をThe girl studying with Mikeで表す。

(2) 名詞の「本」＝a bookのあとに「子どもたち向けに書かれた」＝written for children (過去分詞＋語句)をおき，後ろから修飾する。

(3) 名詞の「すばらしい野球選手」＝a great baseball playerのすぐあとに「多くの人に愛された」＝loved by many[a lot of] peopleをおき，後ろから修飾する。

7

(1) *A*が「彼はグリーンさんです。」と答えていることと問題文の〈?〉から，疑問文にする。knowから「知っていますか」という文を考え，残りの語句からmanを分詞を使って後ろから修飾する形にする。「ジャックと話している男性を知っていますか。」という意味にする。

(2) 問題文の〈?〉から疑問文と考え，whatを文頭におき，languageを分詞を使って後ろから修飾する形にする。「そこ[インド]で話されている言語は何ですか。」という意味にする。

8

(1) ① sentがsend＝「送る」の過去分詞と考え，名詞のpicturesを修飾する語として使う。不要語はto。「彼によって送られた何枚かの写真」＝some pictures sent by him

②名詞のstudentsをwearingを使って後ろから修飾する形にする。不要語はis。「この写真の中で制服を着ている生徒たち」＝the students wearing uniforms in this picture

(2) 1つ前のブラウン先生の発言「外国ではすべてがちがっていると思われているが，同じこともたくさんある」を聞いて，ミキが制服のことについて「これも同じことの例だ」と言ったと考える。

〈日本語〉

ミキ：来月ニュージーランドから新入生が来るんです。名前はポールです。私たちは彼のために何か特別なことをしたいと思います。

ブラウン先生：いいですね。では，私の英語の授業で彼のために何か発表しましょう。

ミキ：どうもありがとうございます，ブラウン先生。ポールはニュージーランドから手紙を何通か送ってくれました。それらの手紙がきっとすごく役に立つと思います。

ブラウン先生：ここに彼が送ってきた写真が何枚かありますよ。

タロウ：ええと，ポールは自転車に乗るのが好きなんです。自転車に乗るときに役に立つことを教えてあげましょう。まず，ぼくたちの町で行くといいところを教えてあげられます。次に，日本の交通ルールを教えてあげられます。

ブラウン先生：すばらしい！　そのルールを1つ私に教えてくれませんか。

タロウ：はい。ニュージーランドでは車は通りの右側を進みます。でも日本では…。

ブラウン先生：待って！　ニュージーランドでも車は左側を進みますよ！

タロウ：それは知りませんでした！　外国の映画を見ていて，「車は外国では右側を進むんだ」と思っていました。

ブラウン先生：日本人の多くは外国ではすべてがちがうと思っています。でもたくさんのことが同じです。運転することはその1つの例です。

ミキ：この写真の制服を着ている生徒たちを見てください。ポールの学校には制服があって，私たちにも制服があります。彼らは私たちとよく似ています！　これも同じことの別の例で

　　　　　　すね。
ブラウン先生：その通りです！

9

質問が最後に読まれるので，絵の女の子の特徴をそれぞれ確認しながら聞くとよい。ヒサコはエミリーのことを「ソファーに座り，カップを持って，自分の妹と話している」と言っている。ヒサコの妹は立っている女の子。

24

Ryan : Thank you for inviting me, Hisako.
Hisako : Hi, Ryan, I'm happy you are here. Come in, please. The party has just started.
Ryan : Thank you. I heard there is someone special here today.
Hisako : Oh, yes! It's Emily. She is the best tennis player in her school.
Ryan : Really? Which girl is Emily? There are four girls over there.
Hisako : Please guess, Ryan. She is sitting on the sofa. She has a cup, and she is talking with my sister.
Ryan : OK. Is your sister sitting?
Hisako : No, no. She is standing.
Ryan : Oh, I see. Hisako, will you introduce me? I want to play tennis with her.
Hisako : All right.
Question : Which girl is Emily?

〈日本語〉

ライアン：招待してくれてありがとう，ヒサコ。
ヒサコ　：こんにちは，ライアン。来てくれてうれしいわ。どうぞ入って。パーティーがちょうど始まったところなの。
ライアン：ありがとう。今日は特別な人がいるって聞いたけど。
ヒサコ　：そうそう！　それはエミリーよ。彼女は学校でいちばんのテニス選手なの。
ライアン：本当？　どの女の子がエミリー？　向こうに4人の女の子がいるよ。
ヒサコ　：当ててみてよ，ライアン。彼女はソファーに座っているわ。カップを持って，私の妹と話しているわ。
ライアン：うん。君の妹は座っているの？
ヒサコ　：ちがうわ。私の妹は立っているわ。
ライアン：ああ，わかった。ヒサコ，ぼくを紹介してくれる？　彼女とテニスがしたいな。
ヒサコ　：わかったわ。
質問：エミリーはどの女の子ですか。

1 いろいろな表現編　There is [are] ～の文

基礎力チェック

問題 ➡ 本冊 P.131

解答

1 ① is　② are　③ are　④ is
2 ① is, under　② is, by [near]　③ are, in　④ are, on
3 ① Is there　② there are　③ aren't
4 ① a cat　② a few students　③ were　④ was　⑤ will be　⑥ many

解説

1
④waterのような数えられない名詞にはisを使う。

2
④壁などに接しているときはonを使う。

3
③There aren't any ～. =「まったく～がない。」の意味になる。

4
①，② There is [are] ～. の文は，my cat =「私のネコ」，these students =「これらの生徒たち」などのように，特定できるものには使えない。

実践問題

問題 ➡ 本冊 P.132

解答

1 (1) イ　(2) ウ　(3) エ　(4) イ
2 (1) There is　(2) There are　(3) Was there
3 (1) There are many stars in the sky.
(2) There isn't [There's not] a telephone box near here.
(3) How many people are there in her family?
4 (1) There are　(2) no books　(3) are there
5 (1) Yes, there are. / No, there aren't.
(2) 例 There are thirty students.
6 (1) there are some differences between these two groups
(2) エ
7 No.1 ウ　No.2 イ

解説

1
(1) a cup(単数)なのでisを使う。
(2) 答えの文でもthereを使う。「向こうに見えます」と続くので，Yesの答えを選ぶ。
(3) beforeがあるので過去の文。また( )の後ろがmany monkeys(複数)なので，wereを選ぶ。
(4) our ～，the ～ のような特定のものはThere is [are] ～. の文には不適切。

ミス注意

There is[are]～. の文で表すのは不特定のもの。the, my, thisなどのついた特定のものは表せない。
○ There will be a concert.
× There will be the〔our〕 concert.

2
(1) 「(単数のもの)があります。」＝There is ～.
(2) a lot of English booksが複数なのでThere areを用いる。
(3) 「(単数のもの)がありましたか。」＝Was there ～?

3
(1) many stars(複数)になるので, isをareに変える。
(2) 否定文はisのすぐあとにnotをおく。
(3) 数をたずねるので,〈How many＋名詞の複数形＋are there ～?〉の形を使う。

4
(1) 「私の市は～を持っている。」という言い方から，There are ～ を使って「私の市には～がある。」とする。
(2) not any ～ ＝no ～
(3) 「あなたの家はいくつの部屋を持っていますか。」という言い方から，there are ～ を使って「あなたの家にはいくつの部屋がありますか。」とする。How many roomsのあとは疑問文の語順にする。

5
(1) 「あなたの学校にアメリカ出身の先生はいらっしゃいますか。」
(2) 「あなたのクラスには生徒が何人いますか。」

6
(1) thereとareがあるので，there are ～ の文が予想できる。第1段落はグループAとグループBの類似点，第2段落は相違点を述べている。この2つの段落をつなぐ「しかし，これら2つのグループにいくつかちがいがあります。」という文をつくる。
(2) 第2段落後半参照。グループAのほうがグループBより約50分長く費やす項目はスポーツ。

〈日本語〉
グループAの人は10歳から14歳で，グループBの人は15歳から19歳です。グループAとグループBの人は「睡眠」に最も長い時間を費やします。彼らは9時間ほど眠ります。彼らは3時間半ほど「買い物」と「テレビ，ラジオ，新聞，雑誌」に費やします。
しかし，これら2つのグループにいくつかちがいがあります。グループBの人はグループAの人より長く勉強しますが，彼らの勉強時間は1時間半未満です。あなたはそれで十分だと思いますか。グループAの人はグループBの人よりスポーツに長い時間を費やします。そのちがいは約50分です。グループBの人はスポーツに長い時間を費やしません。
あなたが10歳から14歳のとき，日曜日に何をしたか思い出してください。高校時代に日曜日をどのように過ごすか決めてください。あなたが今までしたことがないことをたくさんできます。

7
No.1 by the desk＝「机のそばに」
No.2 How many pencils で鉛筆の数をたずねている。

25
No.1 Is there a chair by the desk?
No.2 How many pencils are there on the desk?

〈日本語〉
No.1 机のそばにいすが1つありますか。
No.2 机の上に鉛筆が何本ありますか。

2 いろいろな表現編 比較

基礎力チェック

問題 ➡ 本冊P.135

解答

1 ① colder, coldest
② more useful, most useful
③ nicer, nicest ④ busier, busiest
⑤ hotter, hottest ⑥ better, best

2 ① longer than ② as good as
③ more carefully ④ the shortest
⑤ most expensive of

3 ① taller ② players

4 ① ○ ② ○ ③ ×

解説

3

①「ほかのどの女の子よりも…」から比較級で表す。〈比較級＋than＋any other＋単数名詞〉の形。

実践問題

問題 ➡ 本冊 P.136

解答

1 (1) widest　(2) earlier　(3) better
(4) most

2 (1) イ　(2) ウ　(3) ウ　(4) ア　(5) ア
(6) イ　(7) イ　(8) ア

3 (1) my best　(2) likes, best
(3) more than　(4) best singers

4 (1) the fastest　(2) easier than
(3) as colorful as　(4) No other
(5) worse than

5 (1) tree is as old as this
(2) be the coldest winter in
(3) three times as many books

6 (1) the best tennis player in
(2) not run as fast as
(3) one of my best friends
(4) baseball is as exciting

7 ウ

8 ① baseball　② tennis
③ basketball

9 例 I like January the best because it has *shogatsu*. On New Year's Day, we enjoy nice Japanese dishes. I love Japanese dishes. We also exchange many cards with our friends. (4文，30語)

10 (1) エ　(2) ウ　(3) イ，オ

11 (1) ウ　(2) ア　(3) ① エ　② イ　③ ウ

12 No.1 ウ　No.2 ウ

解説

1

(1) -eで終わる語は語尾に-stをつけて最上級をつくる。
(2) 語尾のyをiに変えて-erをつける。

ミス注意

-lyで終わる副詞はmore ～, most ～と変化するが, earlyはearlier－earliestと変化する。
× more early－most early

(3) wellはbetter－bestと変化する。
(4) manyはmore－mostと変化する。

2

(1) すぐあとにthanがあるので比較級を選ぶ。
(2) 3つ(the three)を比べるので最上級が適切。
(3) すぐ前にas excitingとあるのでasを選び，〈not as＋原級＋as〉の形にする。「このアクション映画はあの映画ほどわくわくしません。」という意味の文。
(4)「ティナはナオミと同じくらい…ギターを弾く」という内容なので，「上手に」が適切。〈as＋副詞の原級＋as〉の形。
(5) classは範囲を表す語なのでinを選ぶ。
(6) thanがあるので比較級をつくるmoreを選ぶ。
(7) 答えの文からトムよりもボブが年下だとわかる。
(8)「ほかのどの～も—ほど…ない」＝No other ～ is as ... as —

3

(1)「最善をつくす」＝do *one's* best
(2)「～がいちばん好き」＝like ～ the best
(3)「～以上」＝more than ～
(4)「最も～な…の1人」＝〈one of the＋最上級＋名詞の複数形〉 singersと複数形にすることに注意。

4

(1) シュン，ジュン，コウジの順に速く走るので，「シュンが3人の中で最も速い」という文にする。
(2)「問題*A*は問題*B*よりも難しいです。」
→「問題*B*は問題*A*よりも簡単です。」
(3)「あなたのセーターは私のよりもカラフルです。」
→「私のセーターはあなたのほどカラフルではありません。」
(4)「ほかのどの男子(No other boy)も彼より背が高くない」という比較級の文に書き換える。
(5) 最上級の文から〈比較級＋than＋any other＋単数名詞〉という比較級の文に書き換える。worse, worstはそれぞれbadの比較級，最上級。

5

(1)〈as＋原級＋as〉の順におく。
(2)「20年ぶりの寒い冬になる」→「20年間で最も寒い冬になる」
(3)「～倍の—」は,〈～ times as＋原級＋名詞＋as ...〉の形で表す。「2倍」はtwiceで表すが，3倍以上は～ timesと表す。

6

(1) 〈the＋最上級＋名詞＋in〉の順におく。

(2) すぐ前に does があるので not run を続けて，〈not run as＋副詞の原級＋as〉の形にする。「ヒデキはイチロウほど速く走りません。」

(3) 「最も～な…の1人」＝〈one of my＋最上級＋名詞の複数形〉

(4) （　）内の as とすぐそのあとの as から，〈as＋原級＋as〉の形にする。「なぜなら野球はサッカーと同じくらいわくわくするからです。」

7

ア「2007年に *A* 市と *B* 市では1月がいちばん寒い月でした。」 *B* 市の最低気温は7月に記録されているので一致しない。

イ「2007年3月から12月まで *A* 市は *B* 市より常に暑かった。」 3，4，11，12月は *A* 市の気温のほうが *B* 市より低いので一致しない。

ウ「2007年の *A* 市の7月は *B* 市の9月よりも暑かった。」グラフに一致する。

エ「2007年の *B* 市の12月は *A* 市の11月よりも寒かった。」 *B* 市の12月の気温は *A* 市の11月よりも高く，一致しない。

8

① popular＝「人気のある」 グラフから，いちばん人気のあるスポーツは野球。

② 「サッカーは②よりも人気がある。」という文なので，グラフから「テニス」が適切。

③ 「でも③はサッカーよりも人気がある。」という文なので，グラフから「バスケットボール」が適切。

9

「最も好き」という文を like ～ (the) best を使って書くとよい。

10

(1) 第2段落第2～6文参照。

(2) 大分県の割合は，第2段落最終文から東京都の2分の1，つまり7%だとわかる。

(3) ア 第1段落第3文と一致しない。
イ 第1段落最終文と一致する。
ウ グラフと一致しない。
エ 第2段落第5文と一致しない。
オ グラフと一致する。

〈日本語〉

現在，私たちの生活様式はとても速く変化しています。高校卒業後，夢のために最善をつくそうとする人がいます。何もしたがらない人もいます。何をしたらよいかわからない人もいます。

このグラフは，東京都と5つの県における高校卒業者のうち就職または進学していない若者の数を示しています。東京都が最も人数が多いです。埼玉県が2番目に多く，福岡県が次に続きます。富山県は最も少ないです。沖縄県はたったの5,000人ですが，100人ごとの割合（無業者比率）は最も高いです。大分県の割合は東京都の半分です。

あなたはこの状況についてどう思いますか。

11

(1) サキは図表1を見ながら，質問に「はい」と答えた生徒の割合について話している。空所の国は5か国の中でいちばん順位が低いと言っているので，ウ「日本」。

(2) サキの4回目の発言から，韓国はノンフィクションが1位になっていることがわかるので，(A) は韓国。サキの3回目の発言から，マンガを読む生徒の割合は日本が5か国の中でいちばん高いので，(B) は日本。また，サキの1番目の発言の「あなた（＝スミス先生）の国では生徒の68.7%が『はい』と答えた」と図表1から，スミス先生はニュージーランド出身だとわかる。ヨンスの1回目の発言から，スミス先生の国では生徒の約12%がマンガを読むので，(C) はニュージーランド。

(3) サキの5回目の発言で「私の学校では30%以上の生徒がそれをするために図書館に行く」と言っている。that の内容は2つ前の文の「図書館で勉強する」を指している。よって①は study。スミス先生の3回目の発言で，「それ（＝『本を読む』）は『調べ物をする』よりも高いが，『本を借りる』よりも低い。」と言っている。よって②は borrow books，③は do research。

〈日本語〉

サキ　：図表1を見てください。5か国の生徒がこの質問をされました。あなたの国では68.7%の生徒が「はい」と答えていますね，スミス先生。これは5か国の中でいちばん高いです。
スミス先生　：わかるよ。私も読書を楽しむよ。
サキ　：日本は5か国の中で順位がいちばん低いです。
スミス先生　：驚いたよ。私は毎週末本屋に行って，そこでたくさんの人を見るのに。
サキ　：楽しみのために本を読んでいない人もいるんです。図表2を見てください。日本人はマンガが好きなことがわかります。それは5か国の中でいちばん高いです。
ヨンス　：ぼくもマンガが好きだよ。マンガを読んで日本の文化を学び始めたんだ。あなたの国では約 12%の生徒がマンガを読みますね，スミス先生。
サキ　　　：韓国はノンフィクションが 1 位になっているわね。
ヨンス　　：ぼくはノンフィクションが好きだよ。ぼくは歴史にとても興味があったから，韓国にいたときはそれについての本をたくさん借りるためによく図書館に行ったよ。
サキ　　　：私もよく本を借りるわ。でも私の友だちには図書館で勉強をする人もいるの。図表 3 を見て。私の学校では 30%以上の生徒がそれをするために図書館に行くわ。
スミス先生：「本を読む」が 3 番目だと知ってとても驚いたよ。それは「調べ物をする」より高いけど，「本を借りる」より低いね。私は図書館は読書を楽しむのにいちばんよい場所だと思うよ。
ヨンス　　：韓国では多くの生徒が図書館で勉強をしますが，ぼくは読書が好きです。ぼくはそこで本を借りて読んでいました。ぼくのお気に入りの本は日本の世界遺産についてのものでした。それには長崎の古い教会の話がたくさん載っていました。それはとてもおもしろくて，ぼくはそれについてもっと学ぼうと決めました。それでぼくはここ長崎にいるんです。
スミス先生：私は君の話が好きだよ，ヨンス。本は君の人生を変える機会をくれたと私は思うよ。
ヨンス　　：ぼくもそう思います。ぼくたちはもっと本を読むべきです。

12

No.1　ジャックの兄弟構成についての質問なので，ジャックの発言を注意して聞く。年齢の上からボブ，テッド，ジャックの順。

No.2　リサはテニスがあまり上手ではなく，お姉さんと練習をしているが，お兄さんはお姉さんより上手だと言っている。

26

No.1 *Jack* : Look at this picture, Jane. This is my brother Ted.
Jane : He looks young, Jack. You're older than Ted. Right?
Jack : No, no. I'm younger than Ted. And I have another brother. He is the oldest of the three. His name is Bob.
Jane : I have a brother, too. His name is Mike. I'll show you his picture next week.
Question : Who is the oldest brother in Jack's family?

No.2 *Man* : Hi, Lisa. I hear you are in the tennis club.
Lisa : Yes, but I can't play well, so I practice with my sister every Sunday.
Man : Does your sister play tennis well?
Lisa : Yes, but my brother plays better. I like to practice with him, but he isn't free on Sundays.
Question : Who is the best tennis player in Lisa's family?

〈日本語〉

No.1 ジャック：この写真を見てよ，ジェーン。これがぼくの兄弟のテッドだよ。
ジェーン：若く見えるわね，ジャック。あなたのほうが年上でしょう？
ジャック：ちがう，ちがう。ぼくのほうがテッドよりも年下なんだよ。それからもう 1 人兄弟がいるんだ。3 人の中でいちばん年上なんだ。名前はボブというんだ。
ジェーン：私も兄弟がいるわ。名前はマイクというの。来週，彼の写真を見せるわ。
質問：ジャックの家族の中で長男はだれですか。

No.2 男性：やあ，リサ。君はテニス部だよね。
リサ：そうよ，でも上手じゃないの。だから，毎週日曜日に姉と練習しているわ。
男性：君のお姉さんはテニスが上手なの？
リサ：ええ，でも兄のほうが上手よ。兄と練習するのがいいけど，兄は日曜日に時間がないの。
質問：リサの家族の中でテニスがいちばん上手なのはだれですか。

3 いろいろな表現編 受動態

基礎力チェック

問題 ➡ 本冊 P.143

解答

1 ① is　② made　③ by　④ was built　⑤ will be

2 ① aren't　② Was　③ were

3 ① are, by　② was made　③ was named

4 ① in　② was born　③ from

実践問題

問題 ➡ 本冊 P.144

解答

1 (1) イ (2) ウ (3) ア (4) ア (5) エ
(6) エ

2 (1) painted (2) running (3) made
(4) sleeping (5) closed (6) held

3 (1) taken, by (2) wasn't written
(3) was, broken (4) covered with
(5) were killed

4 (1) is visited (2) Was, baked
(3) is, called (4) found for
(5) be seen

5 (1) This song was often sung in our class.
(2) David will be chosen as captain.
(3) This type of phone is not[isn't] made now.
(4) Is the book read in Japan?
(5) I was invited to the game by Andy.
(6) When was the letter written?
(7) Spanish is spoken in Argentina.
(8) The cat is taken care of by Sue.

6 (1) This CD was <u>given</u> to us by Ann.
(2) His music is listened <u>to</u> by many young people.
(3) What language is <u>spoken</u> in your country?

7 (1) is played by many
(2) What language is spoken in
(3) is called Dan by his friends
(4) is used to carry many kinds of things
(5) accidents are caused by people using

8 (1) This song is known all over the world.
(2) Was your school built last year?
(3) This bike[bicycle] <u>will</u> not be used tomorrow.
(4) Where was this picture[photo] taken?
(5) I was born in November.

9 (1) Yes, it is. / No, it isn't.
(2) Yes, it was. / No, it wasn't.
(3) 例 I'm interested in video games. (5語)

10 (1) sold
(2) He was born in Paris.
(3) ① × ② ○ ③ ×

11 No.1 Ⓑ No.2 Ⓒ

解説

1

(1), (2) 受動態なので〈be動詞＋過去分詞〉の形。

(3) 空所のあとの文「フランス語も使われています。」からYesが適する。受動態の疑問文に答えるときはbe動詞を使うので，アが適切。

(4) be surprised at ～ ＝「～に驚く」

(5) invitedがあるので，受動態の疑問文と考える。

(6) talk <u>to</u> ～ で「～に話しかける」の意味で１つのまとまりなので，受動態になってもtoが必要。

2

be動詞と組み合わせて使う動詞の形は，受動態か進行形。どちらが適するかは，英文の意味を考える。

(1), (3), (5), (6) は受動態なので過去分詞。

(2), (4) は「～される」「～された」と訳すと意味が通らないことから，進行形と考え現在分詞(-ing形)にする。

3

(1) 「母に」は「母によって」と考え，by ～ を使う。

(2) 過去の否定文なのでwasn'tを使う。

(3) 「壊す」＝breakの過去分詞はbroken。Whenのあとは疑問文の語順にする。

(4) 「～におおわれている」＝be covered with ～

(5) killは「～を殺す」という意味の動詞。事故などで死ぬ場合は，受動態のbe killedの形にする。

4

それぞれ１文目が能動態，２文目が受動態の文。

(1) 主語がThis museumで現在の文。

(2) 「このケーキはポールによって焼かれましたか。」という文になる。１文目のDidから過去の文。

(3) 「この果物はアメリカで何と呼ばれていますか。」という文になる。

(4) This apartmentが主語。〈find＋人＋もの〉＝〈find＋もの＋for＋人〉なので，be foundのあとに〈for＋人〉を続ける。

(5) 助動詞のある文を受動態にするので〈助動詞＋be＋過去分詞〉の形。

5

(1) 受動態の時制はbe動詞で表す。

(2) wasをwill beに変える。as captain＝「キャプテンとして」

(3) isのすぐあとにnotをおく。

(4) isを主語(the book)の前におく。

(5) 主語をIにして〈be＋過去分詞〉を続ける。Andyはby Andyにして文末におく。「私はアンディに(よって)その試合に招待されました。」という文にする。

(6) 疑問詞 when を使って，時をたずねる文にする。Whenのあとは疑問文の語順。

(7) 主語をSpanishにして〈be＋過去分詞〉を続ける。このthey は「(アルゼンチンの)一般の人々」を表すので，by them はふつう省略される。「アルゼンチンではスペイン語が話されます。」という文にする。

(8) take care of は１つのまとまりなので，受動態にしてもbe taken care ofとする。

ミス注意

句動詞の受動態は句動詞をひとまとまりと考える。
Sue takes care of the cat.
→ The cat is taken care of by Sue.
× The cat is taken care by Sue.

6

(1) 受動態なので，過去形の gave ではなく，過去分詞のgivenを使う。

(2) 「〜を聞く」は listen to 〜 なので，これをひとまとまりと考え，listened のすぐあとに to が必要になる。

(3) What language = 「何語」が主語になる受動態の文。〈be動詞＋過去分詞〉の形にする。

7

(1) 〈be動詞＋過去分詞＋by 〜〉の語順にする。

(2) What language を主語にする。疑問詞が主語なので, What languageのあとは肯定文と同じ〈be動詞＋過去分詞〉の語順にする。

(3) 〜 is called ...で「〜は…と呼ばれている」という文にする。

(4) to carry 〜 で目的を表し，過去分詞のあとに続ける。「それは多くの種類のものを運ぶのに使われます。」

(5) causedは受動態の過去分詞，using はpeopleを後ろから修飾する現在分詞として用いる。「いくつかの事故は傘を使っている人々によって引き起こされています。」

8

(1) 「知られている」は〈be動詞＋known〉で表す。

(2) 「建てられた」は〈be 動詞＋ built〉で表す。主語が「あなたたちの学校」= your school (単数)で過去の文なので，be動詞はwas。

(3) 「使われないでしょう」から，未来を表す受動態の否定文と考え，〈will not [won't] be ＋過去分詞〉の形で表す。

(4) takeの過去分詞はtaken。

(5) 「生まれる」= be born，「〜月(がつ)に」= in 〜

9

(1) 「冬，あなたの家でこたつは使われていますか。」

(2) 「あなたの小学校では英語は教えられていましたか。」

(3) 「あなたは何に興味がありますか。」

10

(1) 文中にbe動詞のareがあるので受動態の文と考える。be sold out =「売り切れる」

(2) 第2段落第2文参照。

(3) ①「マはバイオリニストとチェリストとして有名になりました。」 第２段落第７文からチェロの演奏家として有名であることはわかるが，バイオリンの演奏家としてのことは書かれていない。

②「マは４歳より前にバイオリンを弾き始めました。」 第２段落第５文参照。バイオリンを学んだあと，４歳でチェロを学び始めている。

③「マはアジアの音楽にはまったく興味がありません。」 第3段落後半と一致しない。

〈日本語〉

現在，世界にはアジアの国の出身の有名人がたくさんいます。このようなアジア人の１人がヨーヨー・マです。

ヨーヨー・マは中国系アメリカ人です。彼はパリで生まれましたが，主にアメリカで育てられました。彼の両親は中国人です。彼のお母さんは歌手，お父さんは指揮者であり作曲家でした。バイオリンを勉強したあと，マはほんの４歳でチェロの勉強を始めました。彼はとても幼いころから特別な能力を持っていました。彼は7歳のとき, アメリカ大統領ジョン・F・ケネディのためにチェロを演奏しました。

マは世界の有名なオーケストラのほとんどと演奏しています。彼のコンサートのチケットはほとんどいつも売り切れます。彼は70以上のアルバムをつくり，たくさんの音楽の賞をもらいました。しかし彼はまだ新しい音楽の分野を探しています。1998年に, マは「シルクロードプロジェクト」と呼ばれる新しい計画を始めました。その計画で彼は，その歴史的な貿易の道でアジアの音楽がどのようにしてヨーロッパの音楽に出会ったかを研究しています。私たちは日本のテレビ番組でも時々，彼の音楽を聞くことがあります。

11

No.1 うちわを見て，何なのかをたずねている。

No.2 「席がとられているか」に対する答え。イラストの様子から，Noの答えが適切。

27

No.1 What's this?

Ⓐ It's a lot of fun.

Ⓑ It's called an *uchiwa*.

Ⓒ Some Japanese is written on it.

No.2 Excuse me. Is this seat taken?

Ⓐ Yes, it was taken away.

Ⓑ No, you can't take a picture.

Ⓒ No, it's not.

〈日本語〉

No.1 これは何ですか。

Ⓐ それはとても楽しいです。

Ⓑ それは「うちわ」と呼ばれています。

Ⓒ それには日本語が書かれています。

No.2 すみません。この席はとってありますか。

Ⓐ はい，それは持ち去られました。

Ⓑ いいえ，あなたは写真を撮れません。

Ⓒ いいえ，とってありません。

4 いろいろな表現編 関係代名詞

基礎力チェック

問題 ➡ 本冊 P.149

解答

1 ① which ② who ③ which
④ whose ⑤ who ⑥ that

2 ① who [that] plays
② which [that] I bought
③ whose mother is
④ my grandmother knitted
⑤ my friends held

3 ① ×，a sport ② ×，a scientist
③ ○，That boy

4 ① ウ ② オ ③ イ ④ ア

解説

2

④the sweater，⑤The partyはそれぞれ2文目で目的語(it)になっている。2文をつなぐときには目的格の関係代名詞を使うが，省略することができる。②も同様にitで受けているが，空所の数から，ここでは省略しない。

4

①「それはいくつかの教科を教えられている多くの生徒がいる場所です。」

②「それは借りられることのできる本がある施設です。」

③「それは私たちが病気のときに行く施設です。」

④「それは食べ物や飲み物などが売っている大きな店です。」

実践問題

問題 ➡ 本冊 P.150

解答

1 (1) ア (2) エ (3) ウ (4) ウ (5) ウ
(6) イ (7) エ (8) ウ

2 (1) 目の大きな鳥
(2) 名前を知らない男性
(3) きれいな着物を着ている女の子
(4) みんなが好きな英語の先生です
(5) 私が今までに見た最も美しい絵[写真]です
(6) イタリアで作られた腕時計を使っています
(7) そのとき母が話していた男性

3 (1) I know a girl who <u>sings</u> well.
(2) He is the player I've wanted to see.
(3) Look at those people and their cars <u>that</u> are in the park.
(4) I bought a book that <u>is</u> [<u>was</u>] very popular among children.

4 (1) which [that] was made
(2) who [that] became
(3) I drew [painted]
(4) whose，is covered
(5) players that

5 (1) a bird that lives in
(2) CD I was looking for
(3) She is a pianist who is known to
(4) exciting game that I've ever

6 (1) This is a new watch <u>which</u> my mother gave (to) me.
(2) This is the last bus <u>that</u> goes to the zoo.
(3) I like the picture(s) [photo(s)] you showed us.
(4) Is <u>there</u> anything we can do?

7 (1) standing (2) has
(3) George painted
(4) which [that]，built
(5) which [that] has (6) whose name

8 ① 例 This is a [the] park (which [that]) many people visit every year.

② 例 A singer who [that] is popular among young people is going to sing there next week.

9 (1) the girl whose hair is long

(2) give you the one I don't use

(3) I am reading was written

10 ア

11 (1) car，runs

(2) that，respected

(3) son，will

12 (1) ウ

(2) important thing we should not forget

(3) who [that] support

(4) ① He practiced *judo* [it] there every Sunday.

② Because many students looked very strong.

(5) 例 他人を敬える強い人

(6) ア，エ

13 No.1 ア　No.2 ウ

解説

1

(1) 先行詞はthe cakeなのでwhichを選ぶ。

(2) 空所の前にwhich [that] を補って考える。

(3) many studentsが先行詞。

(4) 先行詞a boy<u>の</u>父なのでwhoseを選ぶ。

(5) 先行詞はthese picturesで，複数なのでthat wereを選ぶ。

(6) 先行詞はthe only studentなので，関係代名詞のあとの動詞は3単現の形。

(7) my sister worksのあとに前置詞がないので，at whichを選ぶ。

(8) the woman who talked to meで「私に話しかけた女性」という意味になる。

2

(1) a birdをwhich以下が後ろから修飾している。

(2) a manをwhose以下が後ろから修飾している。

(3) isの前までが主語。The girlをwho ～ *kimono* が後ろから修飾している。

(4) an English teacherをthat以下が後ろから修飾している。

(5) the most beautiful pictureをI've以下が後ろから修飾している。

(6) a watchをthat以下が後ろから修飾している。

(7) the manをwhom以下が後ろから修飾している。

3

(1) 関係代名詞のあとの動詞はa girlに合わせて3人称単数現在にする。

(2) seeの目的語はthe playerなのでhimは不要。

(3) 先行詞がthose people and their carsで〈人＋もの〉なので，関係代名詞はthatを使う。

(4) a bookをthat以下が後ろから修飾しているが，「とても人気<u>である</u>」の下線部の意味となるbe動詞が抜けているのでis [was] を補う。

4

(1) 「フランス製のバッグ」を「フランスで作られたバッグ」と考える。「作られた」を過去の受動態で表す。

(2) a daughterが先行詞なので関係代名詞はwho [that] を使う。「～になる」＝becomeは過去形のbecameにする。

(3) 空所の数から，a pictureのあとの関係代名詞は省略すると考える。

(4) 「頂上」は「あの山<u>の</u>頂上」なので，関係代名詞whoseを使う。

「～でおおわれている」＝be covered with ～

(5) 〈one of＋最上級〉のあとの名詞は複数形。

5

(1) a birdのすぐあとに〈that＋動詞 ～〉を続ける。

(2) CDのすぐあとに〈主語＋動詞 ～〉を続ける。

(3) 「～に知られている」＝be known to ～

(4) the most exciting gameが先行詞。そのあとに〈that＋主語＋have ever〉を続ける。〈have ever＋過去分詞〉で現在完了を表す。

6

(1) 「母にもらった時計」→「母が私にくれた時計」と考える。This is a new watch (which [that]) I was given by my mother. としてもよい。

(2) the last bus＝「最終バス」　このあとに〈that＋動詞 ～〉を続け，後ろから修飾する。

(3) 「私は写真が好きです」「あなたが私たちに見せてくれた」の語順になる。「見せてくれた」の部分は過去形で表す。「7語で」の指定なので，picture (s) のあとの関係代名詞which [that] は省略する。

(4) 「6語で」の指定なので，anythingのあとの関係代名詞thatは省略する。

7

(1) which stands ～= standing ～ とする。「丘の上にたっている学校」の意味で,「～している…」の形なので, 現在分詞の形容詞用法を使って表すことができる。

(2) with a red bag = who has a red bag「赤いかばんを持った」

(3)「ジョージによって描かれた」→「ジョージが描いた」

(4) the houseが先行詞なのでwhich [that] を使う。

(5)「この本にはたくさんの写真があります。」
→「これは写真がたくさん載っている本です。」

(6)「ケンタと呼ばれる～」→「名前がケンタの～」

8

① which [that] は省略可。

② A singer who [that] is popular among young peopleを主語にして文を作る。

9

(1) the girlを先行詞にする。

(2)〈give＋人＋物〉の語順。物にあたるthe oneのあとに〈主語＋動詞～〉を続ける。

(3) this bookのあとにI am readingを続ける。this book I am readingが主語になる。

10

第5文で疑問を投げかけ, 第6～7文でそれに対する自分の考えを述べている。

〈日本語〉

日本人は毎日, どれくらいのごみを出しているか知っていますか。現在, 1人につき1キロです。そのごみの約50%が台所から出ます。台所のごみの中には, 私たちが残す食べ物がたくさんあります。ごみの量を減らすために何ができるでしょうか。私たちは食べ物を残さず食べるべきだと思います。食べ物をむだにしてはいけません。

11

(1) 先行詞this carと動詞runsの間に関係代名詞whichを入れて,「電気で走るこの車」という意味の英語にする。

(2) 関係代名詞thatと過去分詞respectedの間にisを入れて,「彼の生徒に尊敬される教師」という意味の英語にする。

(3) 先行詞my sonと助動詞willの間に関係代名詞thatを入れて,「来週5歳になる私の息子」という意味の英語にする。

12

(1) opponent =「対戦相手, 敵」 **ア**「クラブやチームに入った人」 **イ**「学校で勉強している人」 **ウ**「試合であなたとたたかっている人」 **エ**「同じクラブで競技する人」

(2) thingにwe should not forgetを続け, 後ろから修飾する。

(3) supporting ～= who [that] support ～

(4) ① 第2段落最終文参照。 ② 第3段落第2, 3文参照。〈*A*, so *B*〉=「*A*だから*B*」

(5) 最終段落第4文参照。

(6) **ア**「ユウジはトーナメントで勝つために大学生と一緒に柔道を練習しました。」 第2段落と一致する。 **イ**「ユウジは対戦相手がとても強かったので試合をあきらめました。」 第3段落第7文と一致しない。 **ウ**「トーナメントではたくさんの生徒が試合のあとにガッツポーズをとりました。」 本文では述べられていない。 **エ**「トーナメントのあと, 先生はユウジに対戦相手を敬うように言いました。」 第6段落後半の先生の発言と一致する。 **オ**「ユウジは柔道でいちばん大切なことは試合に勝つことだと思っています。」 最終段落第1文と一致しない。

〈日本語〉

こんにちは, みなさん。ぼくの名前はユウジです。ぼくは柔道部の部員です。柔道は相撲や剣道のような日本の武道の1つです。ぼくは1年間, 柔道を練習しています。柔道部は5人しかいませんが, 月曜日から土曜日までとても熱心に柔道を練習しています。

先月, ぼくたちの市で柔道大会がありました。ぼくの最初の大会でした。大会で本当に勝ちたいと思いました。そこで毎週日曜日, 学校の近くの大学の体育館を訪れ, 大学生と一緒に柔道を練習しました。

柔道大会の日が来て, ぼくたちは大会のために市立体育館へ行きました。大勢の生徒がそこで練習していました。とても強そうだったので, ぼくはとても緊張しました。まもなく大会が始まりました。そしてぼくは試合をしました。相手は畳の上でとてもすばやく動き, 何度も投げようとしてきました。相手はとても強かったのですが, ぼくはあきらめませんでした。試合終了の直前, ぼくは相手を畳に投げ倒しました。試合に勝ってとてもうれしかったので, ガッツポーズをとりました。

試合のあと, ぼくは先生のところへ行きました。先生はぼくに言いました。「ユウジ, 試合はよかった。だが, 1つ大切なことを忘れたね。」 そのとき, ぼくはどうして先生がそんなことを言うのかわかりませんでした。「ぼくは何を忘れたんだろう。」とよく考えました。

その日, ぼくは長時間, たくさんの試合を見ました。大会が終わるころ, ぼくは畳の上にいる1人の生徒を見ました。彼は試合には勝てませんでしたが，試合後，礼儀正しく相手に礼をしていました。そのとき突然，ぼくは「大切なこと」がわかりました。ぼくは礼儀正しく礼をせず，ガッツポーズをとったのです。やっと先生の言葉を理解しました。
大会のあと，ぼくは先生に「ぼくは相手に礼儀正しく礼をしませんでした。いつも相手に対して礼儀正しく礼をするべきです。それが忘れてはいけない大切なことです。」と言いました。先生は「その通りだよ！　いいか，ユウジ。相手のおかげで柔道を練習できる。試合を通して，よいところや悪いところも学べる。だから相手を敬いなさい。」と言いました。
今，ぼくは試合に勝つことよりも，相手を敬うことが大事だと思います。ぼくたちは自分たちを支えるすべての人を敬うべきです。ぼくはそのことを柔道から学びました。ぼくは他人を敬える強い人になりたいです。柔道をもっとがんばって練習します。

13
キーワードは以下。
No.1　work，given by the teachers
No.2　take care of sick people，sickness

28
No.1　This is work that is given by the teachers to their students. We usually have to do this at home or during the summer vacation.
Question: What is this?
No.2　This is a person whose job is to take care of sick people. He or she knows a lot about sickness.
Question: Who is this?

〈日本語〉
No.1　これは先生から生徒へ与えられる課題です。私たちはふつう家で，あるいは夏休みの間にこれをしなければなりません。
質問：これは何ですか。
No.2　これは病気の人を世話するのが仕事の人です。彼または彼女は，病気についてよく知っています。
質問：この人はどんな人ですか。

5 いろいろな表現編　仮定法

基礎力チェック

問題➡本冊 P.157

解答
1 ① could help　② would buy　③ knew
2 ① もし明日晴れたら，私は海に行くでしょう。
② 今日が晴れならば，私は海に行くのに。
3 ① could have enjoyed
② would have lent　③ had been
4 ① ウ　② イ　③ ア　④ エ

解説
1
仮定法過去の文。〈If ＋主語＋動詞の過去形～，主語＋助動詞の過去形＋動詞の原形....〉
2
①のifは条件，②のifは事実とは違う仮定を表す。
3
仮定法過去完了の文。〈If＋主語＋had＋過去分詞～，主語＋助動詞の過去形＋have＋過去分詞....〉
4
①〈I wish＋仮定法過去〉の文。
②If it were not for ～＝「もし(今)～がなければ」
③〈as if＋仮定法過去〉の文。
④〈I wish＋仮定法過去完了〉の文。

実践問題

問題➡本冊 P.158

解答
1 (1) could　(2) would　(3) had　(4) didn’t
(5) had told　(6) knew
2 (1) had walked　(2) wish，stopped
(3) studied，could　(4) were，would
(5) had，for　(6) as if[though]
3 (1) could　(2) worked，could
(3) were，for　(4) had，have gone
4 (1) If I lived near your house
(2) If it had not been for the memo
(3) If you had asked me to help
(4) as if she were his mother
(5) I wish I knew how to make
5 (1) If he had spoken English well, I would [might] have employed him.
(2) If it were not for a smartphone, I couldn’t do many things.
(3) I wish you were interested in horror movies.
6 (1) I wish you had called me.
(2) If it were not for[Without, But for] languages, how could we communicate?
(3) If I were you, I wouldn’t say such a thing to her[tell her such a thing].

(4) If that bag had been cheaper, I would have bought it.

7 (1) I with I could surf like you
(2) as
(3) If I had another surfboard, I could teach you
(4) ア

8 No.1 ○ No.2 ×

解説

1

(1) 〈I wish＋仮定法過去〉の文。canを過去形couldにする。
(2) 仮定法過去の文。willを過去形wouldにする。
(3), (4) 仮定法過去の文。Ifのあとにくる動詞は過去形にする。
(5) 仮定法過去完了の文。〈If＋主語＋had＋過去分詞～, 主語＋助動詞の過去形＋have＋過去分詞....〉
(6) as ifより前の動詞が現在形なので，as ifのあとは仮定法過去を使う。

2

(1) 仮定法過去完了の文。
(2) 「～ならいいのに」＝〈I wish＋仮定法過去〉
(3) 仮定法過去の文。
(4) 仮定法過去の文。whatのあとは疑問文の語順。
(5) 「もし(あの時)～がなかったら」＝If it had not been for ～
(6) 「まるで～だったかのように」＝〈as if[though]＋仮定法過去完了〉

3

(1) 上の文は「速く泳げなくて残念だ。」という文。下の文がI wishで始まっていることから「速く泳げたらいいのに。」と願望を表す文にすると考える。現在の願望は〈I wish＋仮定法過去〉で表す。
(2) 上の文の「彼は一生懸命働かないので，たくさんのお金を稼げない。」をIfで始まる仮定法を使って「彼は一生懸命働けば，たくさんのお金を稼げるのに。」という文にする。
(3) Without ～ はIf it were not for ～ に書き換えることができる。
(4) 上の文の「昨日は雨だったので，ハイキングに行けなかった。」という文を仮定法で書き換える。上の文が過去の文なので，下の文には仮定法過去完了を使う。

4

(1) 「もし(今)～なら」は〈If＋主語＋動詞の過去形～〉の語順。
(2) 「もし(あの時)～がなかったら」はIf it had not been for ～の語順。
(3) 「もし(あの時)～だったなら」は〈If＋主語＋had＋過去分詞～〉の語順。「(人に)～するように頼む」＝〈ask＋人＋to *do*〉
(4) 「まるで～のように」＝〈as if＋仮定法過去〉
(5) 「～ならいいのに」＝〈I wish＋仮定法過去〉「～のしかた」＝how to *do*

5

(1) もとの英文が過去の文なので，仮定法過去完了を使う。
(2) But for ～はIf it were not for ～に書き換えることができる。
(3) 「あなたがホラー映画に興味がなくて残念だ。」という文を〈I wish＋仮定法過去〉を使って「あなたがホラー映画に興味があったらいいのに。」と書き換える。

6

(1) 「～してくれたらよかったのに」＝〈I wish＋仮定法過去完了〉
(2) 「もし(今)～がなければ」＝If it were not for ～, howを使った疑問文の語順にする。
(3) 「もし(今)～なら，…だろう」＝〈If＋主語＋動詞の過去形～, 主語＋助動詞の過去形＋動詞の原形....〉
(4) 「もし(あの時)～だったなら，…だっただろう」＝〈If＋主語＋had＋過去分詞～, 主語＋助動詞の過去形＋have＋過去分詞....〉

7

(1) 〈I wish＋仮定法過去〉の文。
(2) 〈as if＋仮定法過去〉で「まるで～のように」。
(3) 「もし(今)～なら，…だろう」＝〈If＋主語＋動詞の過去形～, 主語＋助動詞の過去形＋動詞の原形....〉。
(4) ア「ジョシュにサーフィンを教えた人は彼の父でした。」 ジョシュの2回目の発言の内容と一致。
イ「ジョシュは彼の父のようなプロサーファーになりたがっています。」 ジョシュの2回目の発言の第2文から，ジョシュの父はプロサーファーではないことがわかる。また，ジョシュがプロサーファーになりたがっているという発言はない。
ウ「ジョシュのサーフボードは，ロンとメラニーが使えるくらい大きいです。」 ジョシュの3回目の発言と一致しない。

エ「メラニーの母は先月，メラニーにサーフボードを買いました。」 メラニーの３回目の発言と一致しない。

〈日本語〉
メラニー：わあ，あなたはとても上手にサーフィンができるのね，ジョシュ。知らなかったわ。
ジョシュ：ぼくはたとえ少し寒いときでもほとんど毎週この浜辺に来るんだよ。
ロン　　：ぼくたちを招待してくれてうれしいよ，ジョシュ。ぼくも君のようにサーフィンができればいいのに。
ジョシュ：もし父がいなかったら，彼がぼくに教えてくれた特別な動きを学ぶことはできなかっただろうね。彼が若かったとき，彼はプロのサーファーになりたかったんだけど，ある日彼は脚をけがしてしまったんだ。
メラニー：まあ，それは残念ね。でも彼はあなたのことをとても誇りに思っているにちがいないわ。あなたはすでにまるでプロみたいにサーフィンをするもの。
ロン　　：ねえ，ぼくたちに動きを教えてよ！
ジョシュ：うーん，ぼくのボードは君たちが使うのには大きすぎると思うな。もしぼくが別のサーフボードを持っていれば，君たちに教えることができるのに。
メラニー：私の母はスポーツ用品店の経営者なの。多分もし私がうまく頼めば，来月私の誕生日に私にボードを買ってくれるわ。そしたらあなたと共有できるわよ，ロン。
ロン　　：わあ，本当？　君たち２人はぼくの親友だよ！

8

No.1　ジェーンの２つ目の発言を聞き取る。ジェーンは日本語で小説が読めたらいいのにと思っている。

No.2　シュントの４つ目の発言を聞き取る。「そういう本（＝子ども用の絵本）を持っていれば，君に貸すのに。」と仮定法過去を用いて言っているので，実際は絵本を持っていない。

29

Shunto : Hi, Jane. Are you enjoying your stay in Japan?

Jane : Yes. But I don't think my Japanese is so good.

Shunto : You can speak Japanese well.

Jane : Thanks. But I can't read Japanese smoothly. I wish I could read novels in Japanese. *Kana* and *kanji* are difficult for me.

Shunto : Hmm... You should read books written in easy Japanese. How about picture books for children?

Jane : Sounds good. Where can I get one?

Shunto : If I had such a book, I would lend it to you. Shall we go to the library? You can find books for children.

Jane : OK. Let's go!

〈日本語〉
シュント：やあ，ジェーン。日本での滞在を楽しんでる？
ジェーン：ええ。でも私の日本語はあまりよくないと思うの。
シュント：君は上手に日本語を話せているよ。
ジェーン：ありがとう。でも私は日本語をすらすら読めないの。日本語で小説が読めたらいいのに。かなや漢字は私には難しいわ。
シュント：うーん…。簡単な日本語で書かれた本を読むべきだよ。子ども向けの絵本はどう？
ジェーン：それはいいわね。どこでそれを手に入れられるかしら。
シュント：ぼくがそういう本を持っていたら，君に貸すのに。図書館に行かない？　子ども向けの本を見つけられるよ。
ジェーン：わかったわ。行きましょう！

入試予想問題

第1回

問題➡本冊P.162

解答

1 (1) No.1 イ　No.2 エ　No.3 ア
(2) ① teach　② six　③ Watching

2 (1) libraries　(2) saw　(3) been
(4) higher　(5) sending　(6) his

3 (1) busiest　(2) made, surprised
(3) have worked, for　(4) what to say

4 (1) doll made by my grandmother
(2) too sleepy to take a bath
(3) asked me to teach him how
(4) that girl who is reading a book

5 (1) イ　(2) エ　(3) ウ　(4) ウ

6 (1) エ　(2) イ　(3) イ　(4) エ

7 ア→ウ→イ

8 ① カ　② エ　③ ク　④ ウ

9 Ⓐ take　Ⓑ help
Ⓒ before　Ⓓ forget
① Why　② is

10 (1) ウ
(2) ピッコロのためのソロ曲
(3) ア
(4) 奏者は高い音を出すために強く息を吹かなければいけないから。
(5) people with large hands may think it is difficult to press the keys
(6) イ

11 例 I like e-books better because they're easier to carry around.

解説

1

(1) No.1 映画が始まる時間が２時半と聞いて，エマは「あと 15 分しかない。」と言っているので，エマの時計は２時15分を示している。
No.2 ノートにその写真を貼ってアルバムをつくるという提案に「明日それを買いに行くよ。」と言っているので，男子は明日ノートを買うと考えられる。

(2) 英文が流れる前にメモの内容を見ておく。
① 第４文，② 第５文，③ 第７文をそれぞれ聞き取る。

30

(1) No.1 *Emma* : Masato, the movie will start at three, won't it?
Masato : No, Emma. It will start at two thirty.
Emma : Really? We have only fifteen minutes before it starts.
Masato : It's two now. We have enough time.
Emma : Oh, my watch is not right. Thank you, Masato.
Question : What time does Emma's watch show?

No.2 *Boy* : Jessica is going to go back to her country this month. Shall we have a party for her next Sunday?
Girl : That's good. Let's buy a cake on Sunday morning.
Boy : I took a lot of pictures when we went on the school trip. I want to give her those pictures.
Girl : How about making an album? You can put the pictures in a notebook.
Boy : Good idea. I'll buy one tomorrow.
Question : What will the boy buy tomorrow?

No.3 *Mom* : Jack, what are you looking for?
Jack : Oh, Mom, have you seen my cap?
Mom : It's usually on the wall.
Jack : Yes. But it wasn't there. I looked around my bed, too, but I didn't find it.
Mom : Oh, look. It's on your chair.
Question : Where is Jack's cap usually?

31

(2) Hello, everyone. My name is Mike White. I'm from Australia. Five years ago, I came to Japan to teach students English. I have lived in Osaka for six months. I like watching movies. Watching movies in foreign languages is good to learn foreign languages and cultures. So I want you to watch many movies in English. I'm happy if you enjoy my class. Thank you.

〈日本語〉

(1) No.1 エマ：マサト，映画は３時に始まるのよね？
マサト：いいや，エマ。２時半に始まるよ。
エマ：本当？　始まるまでたった 15 分しかないじゃない。
マサト：今は2時だよ。時間は十分あるよ。
エマ：あら，私の腕時計が正しくなかったわ。ありがとう，マサト。

質問：エマの腕時計は何時を示していますか。
No.2 男子：ジェシカは今月彼女の国に帰る予定だよ。次の日曜日，彼女のためにパーティーをしない？
女子：それはいいわね。日曜の午前中にケーキを買いましょう。
男子：ぼくは修学旅行に行ったときたくさん写真を撮ったんだ。彼女にあの写真をあげたいな。
女子：アルバムをつくるのはどう？　ノートにその写真を貼ることができるわ。
男子：いい考えだね。明日それを買いに行くよ。
質問：男の子は明日何を買うつもりですか。
No.3 母親：ジャック，何を探しているの？
ジャック：ああ，お母さん，ぼくの帽子を見なかった？
母親：ふだんは壁にかかっているわよね。
ジャック：うん。でもそこになかったんだ。ベッドのまわりも見たけど，見つけられなかったよ。
母親：あら，見て。あなたのいすの上にあるわ。
質問：ジャックの帽子はふだんどこにありますか。
(2) みなさん，こんにちは。私の名前はマイク・ホワイトです。私はオーストラリア出身です。5年前，私は生徒たちに英語を教えるために日本に来ました。私は大阪に6か月間住んでいます。私は映画を見ることが好きです。外国語で映画を見ることは外国のことばや文化を学ぶのにいいです。なので，私はあなたたちに英語でたくさんの映画を見てほしいと思っています。あなたたちが私の授業を楽しんでくれたらうれしいです。ありがとう。
〈メモ〉
・ホワイト先生は英語を教えるためにオーストラリアから日本に来た。
・彼は大阪に6か月間住んでいる。
・英語で映画を見ることは英語を学ぶのにいい。

2
(1) How many ～?「いくつの～」とたずねるときは，あとの名詞は複数形にする。
(2) yesterday＝「昨日」から，過去形にする。
(3) 現在完了の文なので，過去分詞にする。
(4) 後ろのthanから，比較級の文と考える。
(5) forが前置詞なので，そのあとの動詞は動名詞の形にする。
(6) 名詞の前におくので，「～の」の所有格の形にする。

〈日本語〉
(1) この市にはいくつの図書館がありますか。
(2) 私は昨日，駅の前で私の英語の先生を見かけた。
(3) A：私の父は一度シドニーに行ったことがあります。
B：まあ，本当ですか。私はずっとそこに行きたいと思っています。
(4) 富士山は日本のほかのどの山よりも高い。
(5) 私にメールを送ってくれてありがとう。
(6) A：この男性はだれですか。
B：彼は人気のある日本人ミュージシャンです。多くの若者が彼の歌が大好きです。

3
(1) 「私の家族の中でだれも母より忙しくない。」をMy motherを主語にして表すので，「家族でいちばん忙しい」と考える。
(2) 「驚くべきニュースを聞いた」をThe newsを主語にして表すので，「そのニュースは私を驚かせた」と考える。〈make＋目的語＋形容詞〉＝「～を…にする」
(3) 「10年前に教師として働き始めた。」→「教師として10年間働いている。」
(4) 〈what to＋動詞の原形〉で「何を～すべきか」。

〈日本語〉
(1) 私の家族でだれも母より忙しくない。/ 私の母は家族でいちばん忙しい。
(2) 私は姉［妹］からその驚くべきニュースを聞いた。/ 私の姉［妹］からのニュースは私を驚かせた。
(3) 私は10年前に教師として働き始めた。/ 私は10年間教師として働いている。
(4) 私たちは彼に何と言うべきかわからなかった。

4
(1) 「祖母によって作られた」と考え，〈名詞＋過去分詞＋by ～〉の語順にする。
(2) 「あまりに～で…できない」はtoo ～ to *do*の語順。
(3) 「(人)に～するように頼む」は〈ask＋人＋to *do*〉，「(人)に(もの)を教える」は〈teach＋人＋もの〉の語順。「～のしかた」＝how to *do*
(4) 先行詞that girlを関係代名詞whoを使って後ろから修飾する。

5
(1) during＝「～の間に」
(2) 〈as＋原級＋as ～〉＝「～と同じくらい…」
(3) somethingを不定詞が修飾するときは，不定詞をその直後に置く。
(4) If it were not for ～＝「もし(今)～がなければ」withoutやbut forとほとんど同じ意味を表す。

〈日本語〉
(1) 春の間にはたくさんの人々が桜を見るために私たちの市を訪れる。
(2) ジョンは彼の父と同じくらい背が高くなった。
(3) あなたは何か食べるものが欲しいですか。あな・

たにサンドイッチをつくりましょうか。
(4) もし言語がなければ，私たちはどうやって自分の考えを表現できるだろうか。

6

(1) 〈let＋目的語＋原形不定詞〉で「(目的語)を自由に～させておく」 letは原形不定詞をとるので，動詞の前にtoは不要。

(2) 目的格の関係代名詞が省略されている文。I boughtの目的語であるThe bookが先行詞として前に出ているので，そのあとの目的語(it)は不要。

(3) a manを「帽子をかぶっている」と後ろから修飾するには，主格の関係代名詞whoを使ってa man who is wearing a hatとするか，現在分詞を使ってa man wearing a hatとする。

(4) excitingは「(人を)興奮させる」という意味の形容詞。「(人が)興奮した」という場合は，excitedを使う。

〈日本語〉
(1) もしあなたが私に仕事を手伝ってほしいなら，私に知らせてください。
(2) 私が昨日買った本は世界中の多くの人々に読まれている。
(3) 私が学校に向かって歩いていたとき，帽子をかぶった男性が私に話しかけてきた。
(4) 私の兄［弟］は日本のマンガが大好きだ。彼はそれらを英語で読むだけでなく，日本語でも読む。彼はマンガを読んでいるとき，いつも興奮している。

7

スミス先生がスピーチのアドバイスとして言ったこと。**ア**ではスピーチのときに早口になってしまうということを言っているので，直前の「ゆっくり話すべき」というアドバイスのあとに**ア**の文が続くと考えられる。そのあとに，**ウ**の文で早口になってはいけない理由を示す。最後に，Second＝「2つ目に」と2つ目のアドバイスをしている**イ**の文が続く。

〈日本語〉
私たちの英語の先生のスミス先生は私に「エミ，来週の英語の授業でスピーチをしてくれませんか？」と言いました。私は人前で話すことが好きではないので，彼女に「どうやったらいいスピーチをすることができますか。」とたずねました。彼女は「1つ目に，ゆっくり話すべきよ。スピーチをするとき，ふだんよりも早く話してしまうことが多いわ。でも，もし早く話しすぎてしまうと，人々は言っていることを理解することができないわ。2つ目に，お友だちの目を見なさい。そうすれば，あなたはいいスピーチをすることができるわ。」と言いました。

8

① 忙しいかと聞いてきたサリーにWhat's up?「どうしたの？」と聞いている。

② 映画を見ようと提案されている。直後に「それとも，映画館に行きたい？」と言っているので，それと対になるような選択肢の「DVDを見たい？」を選ぶ。

③ サリーは友だちからDVDを借りたと言い，それを見ないかどうかジェフに提案している。

④ 「ポップコーンを作ってくれる？」とたずねられて，No problem.「いいよ。」と答えている。

〈日本語〉
サリー：こんにちは，ジェフ，忙しい？
ジェフ：いいや，忙しくないよ，サリー。どうしたの？
サリー：今夜映画を見ましょう！
ジェフ：いいよ。DVDを見たい？ それとも，映画館に行きたい？
サリー：ええと，私は金曜日に友だちからDVDを借りたの。それを見ない？
ジェフ：もちろん。とにかく家にいたいんだ。
サリー：わかったわ。DVDを持ってくるわね。ポップコーンを作ってくれる？
ジェフ：いいよ。
サリー：15分後に映画を始めましょう。

〈選択肢の意味〉
ア いいえ，結構です。 イ 私を手伝ってくれますか。 ウ いいよ。 エ あなたはDVDで見たいですか。 オ 私は時間がありません。 カ どうしたの？ キ 映画館に行きましょう。 ク それを見ませんか。

9

Ⓐ want toのあとなので，動詞が入ると考える。語群にある動詞のうち，takeを入れて「写真を撮りたい」とするのが適切。

Ⓑ 「何か手伝える？」とたずねたあとに「写真に使えるものはないか」と聞かれるという流れが適切。

Ⓒ 「お寺のだれかに許可を求めるのを覚えておいて」と「あなたはカメラを使う」という2つの文の間に接続詞を入れる。語群にある接続詞but，before，andのうち，beforeを入れて「カメラを使う前にお寺のだれかに許可を求めるのを覚えておいて。」という文にするのが適切。

Ⓓ 「～するのを覚えておいて。」と言われているので，forgetを入れて「忘れないよ。」とするのが適切。

① Why don't you ～？＝「～してはどうですか。」

② あとに続く名詞が単数なので，be動詞はisを使う。

〈日本語〉

ジェイク：やあ，お母さん！　忙しい？
母親　　：ほんの少しね，ジェイク。何がいるの？
ジェイク：僕は何かすてきなものの写真を撮りたいんだ。学校の写真コンテストのためのものなんだ。
母親　　：それはいいわね！　何か手伝える？
ジェイク：写真に使える何か古いものか伝統的なものはない？　コンテストで賞を取るためには伝統的なものの写真がいちばんいいと思うんだ。
母親　　：うーん。あなたのおばあちゃんが作った古いブランケットがあるわよ。
ジェイク：ああ，それは見たことがあるよ。それはすてきだけど，色が暗すぎるよ。いい写真にならないと思うな。
母親　　：図書館の近くのお寺に行くのはどう？
ジェイク：それはすばらしい考えだね！　そこはすべてのものが伝統的だ。
母親　　：お寺の裏に行けば，たくさんの像があるすてきな庭があるわよ。
ジェイク：ありがとう！　そこへ行くよ。
母親　　：カメラを使う前に，お寺のだれかに許可を求めるのを覚えておいてね。
ジェイク：忘れないよ！　ありがとう，お母さん！

10

(1) 先行詞はa wind instrumentで，管楽器の音という意味にするために，**ウ** whoseを選ぶ。

(2) 直前の文のa solo piece for the piccoloをさす。

(3) 直後のベートーベンの曲はピッコロが様々な音色を奏でることができることを示す具体例なので，**ア**を選ぶ。for example＝「例えば」

(4) 直後のbecause以下の内容をまとめる。

(5) people with large handsを主語にして，動詞(may) thinkのあとにit is ... to *do*を続ける。

(6) **ア**「ピッコロの音はフルートと似ているので，フルートの代わりに多くの音楽グループで使われている。」 第1段落後半の内容と一致しない。　**イ**「ピッコロのパートがある楽譜が初めて書かれたとき，音楽家たちはピッコロを重要な楽器だと思っていなかった。」 第2段落の最初の2文と一致する。　**ウ**「ほとんどのピッコロ奏者は軽い音が好きで，木でできたピッコロを使う。」 第4段落第2文の内容と一致しない。　**エ**「ピッコロの本体は小さいので，ピッコロを演奏することはそれほど難しくはない。」 第4段落第7文の内容と一致しない。

〈日本語〉

あなたはピッコロについて聞いたことがありますか。ピッコロは穴から息を吹き込み，細長い円形の本体を空気が通るときにその音が鳴る管楽器のひとつです。ピッコロという言葉はイタリア語で「小さい」という意味で，基本的に小さなフルートです。より有名なフルートがほとんどどんな種類の音楽グループでも使われている一方で，ピッコロは主にオーケストラやマーチングバンドで使われてきました。ピッコロが重要な楽器だと認められるまでに長い時間がかかりましたが，時が経つにつれて作曲家たちは徐々にその独特な音を認めるようになりました。それは音楽に特別な響きを持たせることができます。

初めてピッコロのパートが楽譜に現れたのは，バロック様式の時代，ゲオルグ・ヘンデルのオペラである『リナルド(1711)』です。当時，ピッコロは重要な役割ではありませんでした。時が経ち，ピッコロはウォルフガング・モーツァルトのオペラである『魔笛(1791)』のように，より多くの作品に含まれるようになりました。この演劇では，ピッコロはおどけていてこっけいな登場人物と一緒に演奏されました。1世紀後，ジョン・フィリップ・スーザの行進曲，『星条旗よ永遠なれ(1896)』で，ピッコロ奏者は音楽史の中で最も忘れることのできない役割の1つを与えられました。近年では，ヴィンセント・パーシケッティがピッコロのための『パラブル第12(1973)』を書きました。それはピッコロのためのソロ曲でした。それはピッコロがそれ自体で美しい演奏ができるということを示しました。

ピッコロは高い音域を持ち，様々な種類の音を奏でることができます。柔らかく演奏されるときは，すばらしく優雅で繊細に聞こえますが，大きく演奏されるとその音はとても力強くなります。例えば，ルートヴィヒ・ヴァン・ベートーヴェンの『交響曲第6番(1808)』では，ピッコロのヒューヒューという音は嵐の感じを作るために使われました。ジュゼッペ・ヴェルディのオペラ，『リゴレッド(1851)』では，その力強い音はいなずまを表しました。

現代のピッコロは一般的に頭部管と本体の2つの部分があります。ほとんどの奏者は金属製のピッコロを使いますが，木製のピッコロはより軽い音をしていて，特定の種類の演奏のために使われることがあります。ピッコロの演奏法はフルートとよく似ています。奏者は頭部管にある歌口に息を吹き込み，その空気は本体の管を通ります。一方で，奏者はピッコロ本体にある穴をふさぐためにキーを押さえる必要があります。このようにして，さまざまな音階が演奏されます。しかし，ピッコロはその小さいサイズのために演奏はより困難になりえます。ピッコロの内部の管は空間が少ないので，奏者は演奏している間，肺からの空気をすべて吐き出すことができません。奏者は再び空気を吸い込む前に演奏を止めて，残った空気を吐き出す必要があるかもしれません。また，空間が小さいせいでピッコロ奏者が高い音をやわらかく演奏することはより困難になりえます。というのも，奏者は高い音を出すために強く息を吹き込まなければならないためです。最後に，手の大きな人はキーを押すのが難しいと思うかもしれません。
　もしあなたがピッコロを演奏することに興味があるなら，あなたはまずフルートから始めたいと思うかもしれません。いくらか経験を得たあとに，ピッコロに挑戦しましょう！

11

質問は「あなたは紙の本と電子書籍とではどちらのほうが好きですか。」という意味。紙の本と電子書籍のどちらが好きかということと，その理由を答えるので，〈I like paper books [e-books] better because＋理由.〉の形で書くとよい。

入試予想問題 第2回

問題 ➡ 本冊 P.168

解答

1 (1) No.1 ア　No.2 ウ　No.3 イ
(2) No.1 エ　No.2 イ

2 (1) cleaning　(2) call　(3) sounds
(4) made [makes]　(5) let　(6) taken

3 (1) エ　(2) ア　(3) イ　(4) ウ　(5) エ
(6) イ

4 (1) I want you to carry these boxes
(2) If you had gone to bed
(3) she is too young to have

5 (1) How long
(2) Which, better
(3) Who helped

6 ① half　② Washing　③ hardest

7 (1) 例 おじがブルーベリーマフィンを少なくとも1日に20ダース売っていること。
(2) ① エ　② ア　③ ウ　④ イ
(3) 例 店の常連客が町の人からパン屋のための寄付を集め始め，それがすでに800ドル以上集まっているということ。
(4) 例 祖父のロールパンが以前と同じ味ではなくなっていること。
(5) Could we try making something different
(6) イ

8 (1) ウ
(2) ② week　③ June
(3) I was too young to ride him
(4) イ
(5) 例 I'm looking forward to learning how to take care of plants because I like growing vegetables.

解説

1

(1) No.1 「彼にあとでかけ直すように伝えていただけますか。」とたずねている。「もちろん。」と答えているアを選ぶ。イは「彼は1時間以内に戻るでしょう。」，ウは「私は伝言を残しましょう。」，エは「電号を間違えています。」という意味。
No.2 直後に「もう少し大きいものをお持ちしま

す。」と言っている。「それは私には小さすぎます。」と言っている**ウ**を選ぶ。**ア**は「いいですね。それを買います。」，**イ**は「それはいくらですか。」，**エ**は「私は青いものを探しています。」という意味。

No.3「どれくらい時間がかかりますか。」とたずねている。「約20分です。」と答えている**イ**を選ぶ。**ア**は「あなたは電車に乗ることもできます。」，**ウ**は「それは病院の前です。」，**エ**は「私たちの市には図書館が2つあります。」という意味。

(2) No.1 第2文を聞き取る。それぞれの選択肢は，**ア**「3週間。」，**イ**「スミス夫妻と一緒に。」，**ウ**「夏休みの間に。」，**エ**「英語を勉強するために。」という意味。

No.2 最終文を聞き取る。それぞれの選択肢は，**ア**「彼は再び彼のホストファミリーに会いたいと思っています。」，**イ**「彼は日本文化を勉強したいと思っています。」，**ウ**「彼はアメリカで教師になりたいと思っています。」，**エ**「彼はアメリカの歴史を知りたいと思っています。」という意味。

32

(1) No.1 *Kento* : Hello. This is Kento. May I speak to George?

George's mother : Hello, Kento. I'm sorry but he's out now.

Kento : Oh, I see. Could you tell him to call me back later?

George's mother : (チャイム)

No.2 *Customer* : Excuse me. I'm looking for a jacket.

Clerk : How about this one? It's very popular now.

Customer : (チャイム)

Clerk : OK. I'll bring a bigger one.

No.3 *Boy* : Let's go to the City Library to do our homework.

Girl : Sure. But I've never been there.

Boy : You can go there by bus from our school.

Girl : How long does it take?

Boy : (チャイム)

33

(2) Hi, I'm Makoto. During summer vacation, I stayed in America to study English. I stayed with my host family Mr. and Mrs. Smith for three weeks. They have a son. His name is Nick. He was very interested in Japan. He asked me many questions about Japanese history and culture. But I couldn't answer his questions well. I wish I had learned more about Japanese culture. Now, I want to study not only English but also about my country hard.

Question : No. 1 Why did Makoto stay in America?

No. 2 What does Makoto want to do now?

〈日本語〉

(1) No.1 ケント：もしもし。ケントです。ジョージをお願いします。

ジョージの母：こんにちは，ケント。ごめんなさい，彼は今，留守なの。

ケント：はい，わかりました。彼にあとでかけ直すように伝えていただけますか。

ジョージの母：(**ア** もちろん。)

No.2 客：すみません。ジャケットを探しているのですが。

店員：こちらはいかがですか。今とても人気があります。

客：(**ウ** それは私には小さすぎます。)

店員：わかりました。もう少し大きいものをお持ちします。

No.3 男子：市立図書館に宿題をしに行こう。

女子：いいわよ。でも，私はそこに行ったことがないの。

男子：ぼくたちの学校からバスで行くことができるよ。

女子：どれくらい時間がかかるの？

男子：(**イ** 約20分だよ。)

(2) こんにちは，ぼくはマコトです。夏休みの間，ぼくは英語を勉強するためにアメリカに滞在しました。ぼくはホストファミリーのスミス夫妻のところに3週間滞在しました。彼らには息子が1人います。彼の名前はニックです。彼は日本にとても興味を持っていました。彼はぼくに日本の歴史や文化についてたくさんの質問をしました。しかし，ぼくは彼の質問にうまく答えることができませんでした。もっと日本の文化について学んでいたらなあと思いました。今，ぼくは英語だけでなく自分の国についても一生懸命勉強したいと思っています。

質問 No. 1 なぜマコトはアメリカに滞在したのですか。

No. 2 マコトは今何をしたいと思っていますか。

2

(1) clean＝「掃除する」 finishは動名詞を目的語にとるので，動名詞の形にする。

(2) 〈call＋人＋呼び名〉＝「(人)を(呼び名)と呼ぶ」命令文なので，動詞の原形を使う。

(3) sound＝「(～に)聞こえる」 3単現のsをつける。

(4) 〈make＋目的語＋形容詞〉＝「～を…にする」

(5) 〈let ＋目的語＋原形不定詞〉で「(目的語) を自由に～させておく」。

(6) take＝「(写真を) とる」「祖父によってとられた」と名詞を後ろから修飾するので，過去分詞にする。

〈日本語〉
(1) ケンはもう彼の部屋を掃除し終えましたか。
(2) 私の名前はオカダマミコです。私をマミと呼んでください。
(3) A：私は今年の夏に家族とイタリアを訪れる予定です。
B：それはすばらしいですね！　楽しんで。
(4) 私が昨日聞いたニュースは私を幸せにした。
(5) 私の父は私を夜に外出させてくれない。
(6) 私は 30 年前に祖父によって撮られたこれらの写真が大好きだ。

3

(1) Why don't you ～？＝「～してはどうですか。」

(2) look forward to ～「～を楽しみに待つ」

(3) 間接疑問文では，疑問詞のあとは肯定文の語順になる。「彼は私たちの数学の先生です。」と答えているので，現在のことをたずねていると判断して，teaches を選ぶ。

(4) 〈either *A* or *B*〉＝「*A* か *B* のどちらか」

(5) 〈to ＋動詞の原形〉＝「～するために」と目的を表す。

(6) 最上級の文で「～の中で」を表す in と of は，〈in ＋集団，範囲，場所を表す語句〉と〈of ＋複数を表す語句〉を使い分ける。

〈日本語〉
(1) A：明日，私たちのパーティーに来ませんか。
B：ええ，ぜひとも。私は食べ物を持って行きます。
(2) A：あなたはあなたのお気に入りのミュージシャンのコンサートに行くんですよね。
B：そうなの！　私はそれを楽しみにしています。
(3) A：彼が何の教科を教えているか知っていますか。
B：彼は私たちの数学の先生です。
(4) A：おはよう，お母さん。
B：おはよう。朝食にご飯かパンを食べられるわよ。どちらがいい？
(5) A：マキは昨日あなたを訪ねましたか。
B：はい，訪ねました。彼女はテレビゲームを借りるために私の家に来ました。
(6) A：ユウジがまたテストで 100 点を取ったと聞きました。
B：彼は私たちみんなの中でいちばん熱心に勉強します。

4

(1) 〈want＋人＋to *do*〉＝「(人) に～してほしい」

(2) 仮定法過去完了は，〈If ＋主語＋ had ＋過去分詞～，主語＋助動詞の過去形＋ have ＋過去分詞～.〉の語順。

(3) 「…するには～すぎる」は too ～ to *do* の語順。

〈日本語〉
(1) A：忙しそうですね。お手伝いしましょうか。
B：ええ，お願いします。私はあなたにこれらの箱を教室に運んでほしいです。
(2) A：私は今日学校に遅刻しました。私は今朝 8 時に起きたのです。
B：あなたは昨夜遅くまで起きていたのでしょう。もし早く寝ていたら，あなたは寝過ごさなかったでしょうに。
(3) A：娘には誕生日にスマートフォンをあげようと思う。君はどう思う？
B：私は反対よ。彼女はそんなものを持つには若すぎると思うわ。

5

(1) 期間をたずねるので，How long ～？「どのくらいの間」を使う。

(2) どちらのほうが好きかをたずねるので，Which do you like better, A or B? を使う。

(3) 「だれが」とたずねるので，Who を使う。過去の疑問文なので，動詞は過去形にする。

〈日本語〉
(1) ジョーダンさんは 8 年間名古屋に住んでいる。／ジョーダンさんはどれくらいの間名古屋に住んでいますか。
(2) 私はあの黄色いシャツよりこの青いほうが好きだ。／この青いシャツとあの黄色いのとでは，あなたはどちらのほうが好きですか。
(3) ジュリアはあなたが宿題をするのを手伝った。／あなたが宿題をするのをだれが手伝ったのですか。

6

① ゴミ出しをしている生徒について話している。メモから，①には「半分」が入ることがわかる。

② 女子の間で人気がある家事は皿洗い。

③ メモから「いちばん大変な家事はトイレ掃除だ」という文を作ればよいとわかる。hard「大変な」の最上級 hardest を入れる。

〈日本語〉
あなたは家でどんな家事をしますか。私のクラスでは，25 人の生徒が 1 種類の家事をしています。12 人の生徒が 2 種類以上の家事をしています。いちばんよくある家事はゴミ出しですが，それをしている生徒の半分はゴミ出しが好きではないと言いました。皿洗いは特に女子の間で人気があります。ほとんど全員が，いちばん大変な家事はトイレ掃除だという意見で一致しました。私の家で，私は洗濯物をたたまなければいけません。

7

(1) 直前の文の内容をまとめる。

(2) ②直前にパン屋の台所でぼやが起こったと述べられている。**エ**「私の祖父母だけが中にいて，彼らはすぐに建物から出ました。」が適切。 ③直前に，パン屋の客が祖父母の健康状態をたずねてきたと述べられている。**ア**「町中の人々が私の祖父母のことを気にかけてくれているようなのでうれしかったです。」が適切。 ⑤この段落以前が1月～3月のできごと，この次の段落が9月のできごとなので，**ウ**「8月に，私はおじと一緒にパン屋を手伝い始めました。」が適切。 ⑦空所の前で，店に来た女性が自分たちのスーパーでおじのマフィンを売らせてほしいと言っている。空所のあとではその事業が成功したとある。**イ**「その日から，おじはパン屋でいちばん忙しい人になりました。」が適切。

(3) 第2段落第7文の内容をまとめる。

(4) 「何人かの人が来るのをやめたので，私は客もそれに気づいたのだと思います。」という文なので，it の内容は客足が遠のいた理由だと考えられる。有名だった祖父のロールパンが以前と同じ味ではなくなったことをさしている。

(5) something を形容詞で修飾する場合，〈something＋形容詞〉の語順になる。この Could we ～？は提案する表現。

(6) **ア**「メグの祖父母は自らの貯金を使って台所を修理することができました。」 第2段落第2文の内容と一致しない。 **イ**「通りでメグに話しかけた人々は，パン屋の客でした。」 第2段落第4文の内容と一致する。 **ウ**「スーツを着た女性は，彼女の娘がマフィンをほしがっていたのでパン屋にやって来ました。」 第4段落の内容と一致しない。 **エ**「メグは町の他の人々を助けることは大変だと思っています。」 最終文に「家族を助けることの大切さについてたくさん学んだ」とあるが，町の人々を助けることについての記述はない。

〈日本語〉

私の名前はメグです。私の家族のパン屋について話します。先月，私の祖父母は私たちの街にある彼らのパン屋を幸せに退職しました。そのパン屋は今おじによって経営されています。彼はブルーベリーマフィンを作るのが得意です。「私は一日に少なくとも20ダースのマフィンを売るんだ。」と誇らしげに言います。私の両親はそれをとてもよろこんでいます。なぜなら去年はとても大変で，私の家族のだれも事態がよくなるかどうかわからなかったからです。去年1月，パン屋の台所でぼやがありました。私の祖父母だけが中にいて，彼らはすぐに建物から出ました。消防士たちが来て，火に水をかけました。隊長は古い電気コードによって火事が起きたと言いました。のちに，私たちは祖父の腕が折れていることがわかりました。「走って逃げる間にけがしたんだろう。」と彼は言いました。

祖父母はその出来事から1か月以上パン屋を開店することができませんでした。火事は台所に損傷を与え，家族にはそれを直すのに十分なお金がありませんでした。パン屋の閉店のニュースはすぐに町中に広まりました。ときどき私が道を歩いていると，私がよく知らない客が祖父母の健康状態についてたずねました。町中の人々が私の祖父母のことを気にかけてくれているようなので，私はうれしかったです。2月のある日，父が満面の笑みを浮かべて帰ってきました。彼は母に，常連客のメイソンさんが町中の人々から寄付を集めはじめて，すでに800ドル以上集めていると言いました。「十分ではないが，町の人は本当にパン屋に再開してほしがっていると思うよ！」と彼は大声で言いました。数日後，両親とおじは貯金のいくらかを祖父母に渡し，3月にパン屋は再開しました。

その後の数か月は家族みんなが大変でした。祖父は手作りのロールパンでとても有名だったのですが，彼の腕は火事のあとは前と同じというわけにはいきませんでした。両親とおじは彼がロールパンを作るのを手伝おうとしましたが，ロールパンは同じ味ではありませんでした。不幸なことに数人の客が来るのをやめてしまったので，客もそのことに気づいていたのだと思います。8月に，私はおじと一緒にパン屋を手伝い始めました。「何か違うものを作ってみない？」と私は彼にたずねました。それがおじのブルーベリーマフィンの始まりでした。数年前，おじはカリフォルニアに住んでいて，彼の家の近くには新鮮なくだものの果樹園がたくさんありました。彼はよく新鮮なブルーベリーを買って，近所の人からマフィンの作り方を習ったと私に言いました。

9月，私たちがマフィンを売り始めたあとに，スーツを着た女性が店に入ってきました。彼女は「私の娘が私にあなたのブルーベリーマフィンを買ってくれて，それがとてもおいしかったのです！ 私はチェーンのスーパーで働いているのですが，あなたのマフィンを私たちの店で売りたいのです。」その日から，おじはパン屋でいちばん忙しい人になりました。その事業は成功しました！ 祖父母はついに退職する余裕ができ，おじは今年の初めに店を受け継ぎました。今回，私は家族を助けることの大切さについてたくさん学びました。

8

(1) 直後のソウタの発言で，生物学を学びたいと答えていることから，**ウ**「あなたは何に興味がありますか。」が適切。**ア**は「あなたはいつ活動に参加する予定ですか。」，**イ**は「あなたは大学で勉強したいですか。」，**エ**は「あなたは休みの間に何をするつもりですか。」という意味。

(2) ②プログラムの日程は August 6 〜 August 14 の9日間なので，約1週間。　③直後に「申し込むのに約1か月ある」と言っていることと，申し込みの締め切りが7月20日なので，今日は6月22日。

(3) 〈too 〜 to *do*〉=「…するにはあまりに〜すぎる」

(4) joined the program「プログラムに参加した」が先行詞 students を後ろから修飾している。先行詞が人の主格の関係代名詞は who。

(5) プログラムの内容で楽しみなことと，その理由を答える。〈I'm looking forward to 〜 because +理由〉の形で書くとよい。be looking forward to のあとは名詞か動名詞がくることに注意する。

〈日本語〉

テイラー先生：こんにちは，アヤカ。農場でのこのプログラムに申し込みたい？
アヤカ　　　：はい。それは私にはとてもおもしろそうに思えます。
テイラー先生：やるべきおもしろいことがたくさんあるわよ。あなたはこのプログラムで何を楽しみにしているの？
アヤカ　　　：［　　　　　］

〈日本語〉

ソウタ　　　：テイラー先生，ぼくは夏休みの間にできる教育活動を探しています。何か機会をご存じですか？
テイラー先生：ええ，ソウタ。今年はたくさんプログラムがあるわよ。あなたは何に興味があるの？
ソウタ　　　：ぼくはいつか大学で生物学を学びたいので，動物や植物に関することを何かをしたいです。
テイラー先生：ええと，私が昨日受け取った，約1週間田舎の農場に滞在するというお知らせをあなたに見せるわ。あなたは本物の農場主からたくさんのことのやり方を学ぶことができるから，これはすばらしいプログラムよ。
ソウタ　　　：いいですね！　今日は6月22日です。申し込むのに約1か月あるので，それについて考える時間をとることができますね。
テイラー先生：実は，そのプログラムはとても人気があるから，あなたは次の月曜日までに申し込むべきだと思うわ。
ソウタ　　　：おお，教えてくれてありがとうございます。ところで，あなたは農場に行ったことがありますか。
テイラー先生：ええ。私は子どものときよくおじの農場に泊まったわ。
ソウタ　　　：そこに滞在することを楽しみましたか。
テイラー先生：楽しんだわ！　おじは馬を飼っていて，私は彼にえさをあげることをとても楽しんだわ。でも当時，私は彼に乗るには幼すぎたの。私は庭の世話をするのも好きだったわ。
ソウタ　　　：農場で過ごすのはとても楽しそうですね。この機会にわくわくしてきました。
テイラー先生：もしあなたが魚について学びたければ，農場にある湖で1日過ごすこともできるわ。去年，このプログラムに参加した生徒たちは水の中でさまざまな魚や植物を見たと言っていたわ。
ソウタ　　　：わあ，つまりこの農場はぼくがほしいものがほとんどすべてそろっています！　すぐに申し込みます！

学生のための農場滞在プログラム
日付：8月6日〜8月14日

・動物と一緒に働いたり植物の世話をしたりします。
・農場には湖があるので，魚について学ぶことができます。
・農場の近くの山では野生の花を見て楽しむことができます。

もしこのプログラムに興味があれば，
7月20日までに申し込んでください。

MEMO

MEMO

MEMO

〔中学総合的研究問題集　英語　改訂版　別冊〕 S3n080